KB252605

돈은 어떻게 자라는가

돈은 어떻게 자라는가

지은이 권오상은 비정형 옵션 트레이더로 금융계에 뛰어들어 도이체방크 홍콩 지점과 서울 지점, 바클레이스캐피털 런던 지점, 바클레이스은행 싱가포르 지점 등 세계 수위를 다투는 투자은행에서 7년간 근무하며 현장과 실무를 경험했다. 삼성SDS 수석보와 기아자동차 주임 연구원을 거쳤고, 고려대학교 경영전문대학원과 중앙대학교 경영학부에서 재무를 가르쳤으며, 한국과학기술원(KAIST) 기술경영전문대학원 겸직 교수를 지냈다. 경영학과 공학을 넘나드는 활발한 연구 및 저술 활동을 하고 있으며, 현재 CHA의과학대학교 글로벌경영학과 교수로 재직 중이다.

서울대학교 기계설계학과에서 학사, 한국과학기술원 기계공학과에서 석사, 미국 캘리포니아 버클리대학 기계공학과에서 박사 학위를 받았고, 프랑스 인시아드 경영대학원에서 MBA를 취득했다. 국제재무위험관리사(Financial Risk Manager)이기도 하다.

지은 책으로 『파생금융 사용설명서』 『노벨상과 수리공』 『기업은 투자자의 장난감이 아니다』 『금융의 대량살상무기』 등이 있다.

2014년 4월 25일 초판 1쇄 발행
2017년 3월 3일 초판 3쇄 발행

지은이 권오상
펴낸곳 부키(주)
펴낸이 박윤우
등록일 2012년 9월 27일 등록번호 제312-2012-000045호
주소 03785 서울 서대문구 신촌로3길 15 산성빌딩 6층
전화 02) 325-0846
팩스 02) 3141-4066
홈페이지 www.bookie.co.kr
이메일 webmaster@bookie.co.kr
제작대행 올인피앤비 bobys1@nate.com
ISBN 978-89-6051-386-0 13320

돈은 어떻게 자라는가

투자하기 전에 알아야 할 8가지 돈 문제

권오상 지음

부·키

감사의 말

이 책이 세상에 나올 수 있게 해 준 부키 정희용 부장에게 감사의 마음을 전한다. 일반인도 쉽게 이해할 수 있는 글을 써 보자는 끊임없는 채근과 격려가 없었다면 아마도 지금의 형태로 책을 완성시키지 못했을 것이다. 한국의 아이반 멀케이히(Ivan Mulcahy)를 꿈꾸는 그의 소망이 언젠가 꼭 이뤄지기를 기원한다.

사랑하는 아내 윤경이에게도 고마운 마음을 전하고 싶다. 책의 여러 부분을 읽고 귀중한 조언을 해 주었다. 특히 금융이나 투자에 전문적이지 않은 주부들도 쉽게 이해할 수 있는 책이면 좋을 것 같다는 한마디는 머릿속에 큰 울림으로 남았다. 그럼에도 설명이 충분치 못하거나 어렵게 느껴지는 부분이 있다면 전적으로 내 책임이다. 혹시라도 있을지 모르는 여러 오류와 더불어 너그러운 마음으로 양해를 바란다.

마지막으로 언제나처럼 하느님께 감사드린다. 이 책의 모든 과는 내 탓이요, 조그마한 공이라도 있다면 그것은 하느님께 돌릴 영광이다.

2014년 4월

용산 자택에서

권오상

돈의 세계는 왜 이다지도 이중적인가

돈이란 존재는 참으로 희한하다. 사람들은 대부분 돈을 원하고 바란다. 가난한 사람은 절실하게 원하고, 부자들은 지금 가진 것보다 더 많이 원한다. 그러면서도 대놓고 언급하거나 그런 티를 내는 태도는 천시한다. 우리는 이렇게 돈을 이중적으로 대한다.

우리는 누구나 경제적인 자유를 꿈꾼다. 하지만 현실은 대개 녹록지 않다. 쥐꼬리만 한 월급으로 생활비와 아이들 교육비, 적금, 보험료를 대고 아파트 담보 대출 이자를 갚아 나가는 것은 쉽지 않은 일이다. 다른 사람들은 부동산, 주식, 펀드에 투자해 돈을 벌었다는데, 막상 내가 하려고 하면 어디서부터 어떻게 시작해야 할지 막막하기만 하다. 돈을 벌고, 번 돈을 불리는 것은 어느 누구도 피해 갈 수 없는 삶의 중요한 부분이다. 그럼에도 우리 사회에서 돈에 대한 교육은 놀랄 정도로 찾아보기 어렵다. 그저 돈은 많으면 좋은 것일 뿐, 돈을 어떻게 지키고 굴리는지에 대해서는 까막눈에 가깝다. 경영학을 공부했다면 돈에 대한 이론을 일부나마 접해 봤을 수도 있겠지만 그렇다고 모든 사람이 경영학과에 갈 수는 없는 노릇 아닌가.

우리는 살면서 돈을 세 영역에서 만난다. 직업을 통해 돈을 버는 것, 그렇게 번 돈을 불려 나가는 것, 그렇게 벌고 불린 돈을 쓰는 것이다. 이 셋 모두 경중을 가릴 수 없을 정도로 중요하다. 하지만 이 책에서는 '돈을 불려 가는' 측면을 다루고자 한다. 돈을 버는 것과 쓰는 것은 주관적인 관점이 조금 더 중요할 수 있지만, 돈을 불리는 것은 어느 정도 객관적인 이론을 이야기할 수 있기 때문이다. 어쩌면 사람들은 이 부분이 가장 취약할 수 있다. 저마다 돈을 버는 데만 혈안이 돼 있기 때문에 막상 그 돈을 어떻게 지키고 불릴지에 대해서는 준비가 돼 있지 않다.

돈을 학문으로 배우는 사람들은 이런 대비가 잘돼 있을까? 그렇지도 않다. 돈은 현실 세계와 학문의 영역에서 철저하게 다른 모습이기 때문이다. 여기에서도 돈의 이중성이 나타난다. 물론 더 중요한 것은 현실 세계의 돈이다. 하지만 그렇다고 돈에 대한 여러 학문적 이론을 전연 도외시하면 더 많은 시행착오를 겪을 수도 있다. 현실적 감각과 이론적 성취를 잘 조화시킬 때 우리는 돈을 잘 다루는 건전한 경제인, 생활인이 될 수 있다.

그러나 돈의 이론에 대해 최소한의 지식이라도 갖추고 있는 사람은 사실 그렇게 많지 않다. 나도 별반 다르지 않았다. 1993년 첫 직장이었던 기아자동차에서 병역 특례 연구원으로 일하며 받은 연봉은 세전 1천만 원이 채 안 됐다. 그러니 처음에는 월급을 받으면 전달의 카드 값을 갚기 바빴다. 시간이 어느 정도 지나면서 미국 유학 자금을 마련하기 위해 월급을 모았는데 이를 어떻게 불려 갈지 몰라 그냥 은행의 보통 예금에 넣어 둘 수밖에 없었다. 그렇게 해서 한 2년 동안의 학비와 생활비를 감당할 수 있을 정도의 자금을 모았다. 그런데 1997년 IMF 위기가 닥치면서 계획이 어그러졌다. 회사가 부도나 월급을 받지 못하게 됐고, 700~800원이던 환율이 2천 원에 육박해 2년치 유학 자금이 순식간에 한 학기 겨우 버틸 수 있는 돈으로 쪼그라들었다. 1998년 초반, 하루하루 피를 말리는 심정으로 환율을 지켜보다가 1430원에 가지고 있던 돈을 모두 달러로 바꿨다. 참으로 허망한 생각이 들었다. 딱 1년 버틸 만큼의 달러였기 때문이다. 그 1년 안에 박사 과정 예비 시험을 통과하고 지도 교수를 정하지 못한다면 그대로 보따리를 싸서 다시 한국으로 돌아와야 했다. 나는 요즘도 가끔 그 시절 악몽을 꾼다.

우리는 돈의 일면만 보며 살고 있다

그렇다면 과연 돈에 대한 학문이란 어떤 모습일까? 돈을 다루니 금(金)학이라고 해야 할까? 돈에 대한 학문에서 간과해서는 안 되는 것이 하나 있으니, 바로 돈은 인간과 항상 결부시켜 생각해야 한다는 점이다. 왜일까? 우리가 살아가는 데 긴요하기 때문에 돈에 관심을 가지는 것이지, 인간이 빠진 돈 자체는 아무 의미 없는 숫자에 불과하기 때문이다. 그렇다면 인간에 대해서도 조금은 알 필요가 있을 것이다.

인간을 한마디로 정의해 본다면, 그것은 한마디로 정의할 수 없는 대상이라는 것이다. 인간은 매우 복잡하고 다면적인 존재다. 그래서 인간을 제대로 이해하려면 인간의 성향과 품성, 가치관, 인식, 경험,

교훈을 다 다룰 필요가 있다. 하나의 학문으로 이 모든 것을 다 취급할 수는 없고, 역사, 철학, 윤리, 문학, 심리 등의 분야가 모두 인간과 관련이 있으므로 이러한 인문학에 관심을 가져야 한다.

돈에 대한 학문도 마찬가지다. 돈도 인간과 마찬가지로 굉장히 복잡하고 다면적이다. 경영학의 하위 분야로서의 재무학이나 금융론, 그리고 경제학에서 다뤄지는 돈의 모습은 사실 코끼리 다리에 불과하다. 돈은 숫자로 표현되기 때문에 수학이 빠질 수 없다. 변동성을 다뤄야 하기에 통계학도 관련이 있다. 또 투자는 결국 사람이 하는 것이기 때문에 심리학도 빼놓을 수 없다. 이 외에도 파생금융을 다루는 금융공학을 비롯해 심지어는 물리경제학, 양자금융학이라는 것도 있다.

이 복잡한 학문 세계를 일반인이 대략적으로라도 다 이해하기는 매우 어렵다. 게다가 앞에서 언급했듯이 돈은 현실 세계와 학문 영역의 모습이 전혀 다르게 나타날 수 있다. 자연과학에서 다루는 대상과 돈은 다른 성질을 가지고 있기 때문이다. 그래서 돈은 현실과 이론을 조화시켜 이해하고 품어야 한다. 좀 더 구체적으로는, 다음 4가지를 알아야 그 범위를 한번 아울러 보았다고 할 수 있다. 첫째, 일반인의 현실 감각. 둘째, 투자은행 등 금융 회사에서 돈을 다루는 실무 관행. 셋째, 돈을 연구한 학문적 성과와 이론. 넷째, 돈을 대하는 사람의 심리와 행동 방식.

그렇다고 이러한 이론, 이른바 돈에 대한 과학을 이해하면 일사천리 만사형통할 거라는 이야기는 아니다.(재테크 책들은 그런 주장을 하고 있지만 말이다.) 금융 문제를 어떤 관점으로 바라보느냐에 따라 그 성격이 많이 달라질 수 있다. 과학의 관점으로 바라보는 것이 있고, 공학 혹은 엔지니어링의 관점으로 바라보는 것이 있다. 과학의 관점으로 돈 문제를 바라보면 이론을 맹신하기 쉽다. 대표적인 예가 마치 섞어찌개처럼 여러 금융 자산을 섞어 만든 CDO(부채 담보부 증권)다. CDO를 가능케 한 이론을 과학이라고 착각한 금융 회사들은 CDO가 절대로 부도나지 않을 것이라고 믿고 거래했다가 결국 감당하기 버거운 엄청난 손실을 입고 말았다.(이들은 CDO의 본질은 이해하지 못한 채 복잡한 수식만 보고 그것이 대단한 과학적 산물인 양 스스로를 기만했을 가능성이 크다.)

반면 엔지니어링의 관점에서 돈을 바라보면, 현실을 있는 그대로 인식하게 되고 자연스럽게 실용적인 태도를 가지게 된다. 과학의 관점이 무턱대고 앞에 있는 장애물들을 들이받으려는 양과 같다면, 엔지니어링의 관점은 상황에 따라 영리하게 처신하는 여우와 같다. 바로 그러한 엔지니어링의 시각으로 돈에 대한 학문을 바라볼 필요가 있다. 이론은 목적이 아니라 도구일 뿐이다.

과신은 금물이지만 기본은 알아야 한다

나는 보통 사람의 입장에서 투자와 재산 불리기에 도움이 될 만한, 거품을 다 뺀 진솔한 이야기를 해 볼 수 있지 않을까 하는 고민에서 이 책을 썼다. 투자은행에서 돈을 만들어 내고 버는 일을 했고, 이론에 관해서는 학교에서 재무를 가르치고 논문을 발표했으며 재무 관련 책도 여러 권 썼다. 박사 과정과 MBA 과정을 통해 학계에서 다루는 여러 학문을 폭넓고 깊게 접했고, 무엇보다도 이론과 실제가 어떻게 접목될 수 있는지, 이론이 어느 시점부터 종교와 유사한 모습으로 변해 버리는지 누구보다 진지하게 고민해 왔다. 이 책을 그간의 그러한 경험과 고민을 증류시킨 결과라고 봐도 좋을 것이다.

이 책은 본격적인 투자에 나서기에 앞서 돈에 관해 기본적으로 알아둬야 할 사항들부터, 실제 투자를 결정할 때 알아 두면 도움이 되는 것들, 그리고 투자 이후 따라오는 위험 관리에 대한 내용을 다룬 8개 장으로 구성돼 있다. 각 장 말미에는 '금융학의 세계로'라는 지면이 있는데, 반드시 알 필요는 없지만 좀 더 이론적인 내용에 관심 있는 독자라면 한번 읽어 봐도 좋겠다.

돈에 관한 이 복잡한 것들을 보통 사람들이 굳이 다 알아야 할까? 현실에서 수많은 개인 투자자가 실패를 경험하는 것은 잘 모르는데도 알고 있다고 과신하기 때문이다. 금융 전문가도 마찬가지다. 터무니없는 금융 버블을 일으키거나 조장했고, 금융공학자들은 그들대로 서브프라임 같은 사태에 일조했다. 우리가 식물이 자라는 기본 원리를 알면 적어도 내 아파트 베란다에 벼 모종을 거꾸로 심어 놓고 벼가 자라기를 바라는 우매함은 피해 갈 수 있지 않을까. 좀 더 공부하면 어떤 종류의 수종을 가꾸는 것이 좋은지도 결정할 수 있을 것이다. 딱 그 정도만 알아도 살아가면서 좋지 않을까. 내가 식물학자가 될 필요는 없지만, 식물학자들이 알려 주는 기본을 알아 두면 내 생활에 적지 않은 도움이 되고 낭패를 보는 일도 없는 것처럼 말이다.

미국 소설가 어니스트 헤밍웨이(Ernest Hemingway)의 일화(로 알려진 이야기)가 하나 있다. 어느 날 헤밍웨이의 친구들이 그에게 10달러짜리 내기를 제안했다.(당시 10달러는 꽤 큰돈이다!) 10단어가 넘지 않는 소설로 사람들을 울릴 수 있겠느냐는 것. 헤밍웨이는 잠시 생각한 뒤

다음과 같은 글을 냅킨에 휘갈겨 썼고, 내기에서 이겼다.

For sale. Baby shoes. Never worn.(아기 신발 팝니다. 한 번도 신지 않은 거예요.)

이 책의 내용을 10개 이내의 단어로 표현할 자신은 없으나 그래도 한번 해 보겠다. 물론 당신을 울릴 자신은 없다.

Know yourself. Stay skeptical of arm-chair theorists. Be antifragile.(자신을 알아라. 공론만 일삼는 이론가들은 믿지 마라. 삶의 불확실성을 우군으로 만들어라.)

아무쪼록 이 책이 당신의 돈을 자라게 하는 데 조금이라도 보탬이 됐으면 한다. 행운을 빈다!

1장

지키는 게 중요할까
버는 게 중요할까

다각화의 이점과 해악

나이 마흔의 중견 기업 선임 과장인 K.

오늘도 아침 식사는 갓 내린 진한 커피로 갈음하기로 한 K 과장은 식탁에 앉아 습관적으로 경제 신문을 펴 들었다. 재테크 면을 펼치자 "지난해 주식 시장 개인 투자자 큰 손실"이라는 기사가 눈에 들어온다.

"하…… 투자로 돈을 벌기는커녕 손해만 보는 사람들이 이렇게 많다는 얘기인데……."

K 과장은 혀를 끌끌 찼다. 종잣돈이 좀 모이면 주식 투자를 시작해 보려 요즘 열심히 경제 신문을 읽고 있는 K 과장은 근본적 의문이 든다.

"과연 투자로 돈을 벌 수 있기는 한 걸까? 요즘 같은 때는 차라리 돈을 그냥 은행에 넣어 두고 잘 지키기만 해도 남는 장사 아닐까?"

"최고 우량주라는 삼성전자와 현대자동차의 주식을 섞어서 사면 그래도 손해 보는 일은 없지 않을까? 그런데 어떤 비율로 섞어야 하지?"

번다는 것과 지킨다는 것, 오늘도 어김없이 붐비는 지하철에서 부대끼며 출근하는 동안 K 과장의 머릿속을 떠나지 않는 화두다.

무조건 따로
담으라구
하셔서….

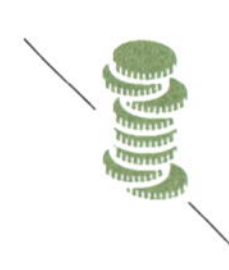

　재산이 어느 정도 있는 사람이라면 관심거리가 딱 두 가지다. "어떻게 하면 이 재산을 크게 불릴 수 있을까?" 아니면 "이 재산을 얼마나 잃지 않고 지킬 수 있는가?" 우리는 통상 투자란 전자의 경우처럼 재산을 불리는 것이라고 생각하는 경우가 많다. 그러나 사실 인류 역사의 거의 대부분의 기간 동안 투자란 후자의 관점을 의미했다. 즉 어떻게 하면 재산을 잃지 않고 지킬 수 있는가가 훨씬 더 중요한 문제였다. 전자가 당연한 것으로 여겨지기 시작한 것은 100년도 채 안 된 최근의 일이다.

　다음과 같은 상황을 한번 가정해 보자. 당신은 수천 년 전 지중해 유역에 있는 한 부족의 족장이다. 부족이 가진 재산이라곤 약간의 땅뿐이다. 이 땅이 있어야 작물을 재배하고 가축을 길러 부족민을 먹여 살릴 수 있다. 그렇다면 이 재산을 어떻게 늘릴 수 있을까? 당시로서는 재산을 늘린다는 것은 전쟁을 벌여 이웃 부족의 땅을 빼앗는 것을 의미했다. 이 말을 뒤집어 생각해 보면, 이웃 부족의 침략으로 우리 부족의 땅을 빼앗기고 부족민들이 노예로 팔려 가는 일이 비일비재했다는 의미이기도 하다.

　그뿐 아니다. 전제 군주인 왕은 변덕이 심해 아무런 이유 없이 땅을 몰수하기도 했다. 가뭄이 들어 죽어 나가는 사람이 속출할 정도로 굶주리기도 하고, 잘 키우고 있던 양들이 전염병에 걸려 몰살당하는 등의 일이 언제라도 벌어질 수 있다. 자연히 인류는 오랜 기간 동안 재산을 불리기보다는 지키는 방법을 더 많이 고민해 왔다.

투자는 돈을 벌기보다 지키는 것이 먼저였다

왕의 변심, 이웃 부족의 침략, 흉년과 전염병 등과 같은 미래의 '불확실성'에 직면한 사람에게 투자란 '얼마나 큰 이익을 얻어 재산을 늘릴 것인가'와 같이 수익을 먼저 도모할 문제가 결코 아니었다. 가령 양을 키우는 것이 곡물과 야채를 기르는 것보다 수익이 훨씬 좋다 하더라도 가지고 있는 땅을 모조리 양의 방목에 투입하는 것은 결코 현명하지 못한 처사였다. 그랬다가 실제로 양들이 모두 병에 걸려 죽게 되면 그 부족은 먹고살 길이 막막해져 뿔뿔이 흩어지게 될지도 모르기 때문이다.

당시 사람들의 평균 수명이 40세 정도였지만 그 짧은 생애에도 그러한 위험이 최소한 몇 번은 닥쳤다. 그렇기 때문에 현명하고 신중한 사람이라면 누구든 재산을 잘 분산시켜 이른바 '다각화(diversification)'하는 것이 중요하다는 것을 잘 알고 있었다. 양을 기르는 것이 아무리 수익률이 좋아 보여도 양만 키우지 않고 소도 키우고 염소도 키웠다. 또 목축 외에 다양한 농작물도 경작했다. 그리고 이렇게 모은 재산 중 일부는 금이나 보석 같은 귀금속으로 바꿔 장롱 속에 넣어 뒀다. 혹시라도 이웃 부족의 침략이나 왕의 학정으로 인해 급히 도망가야 하는 일이 생기면, 약간의 귀금속이라도 몸에 지녀야 생존의 최후 보루로 사용할 수 있기 때문이다.

경험으로 터득한 이러한 삶의 지혜는 이후 "모든 계란을 한 바구니에 담지 말라."라는 격언으로 인구에 회자돼 왔다. 심지어는 구약 성서 『전도서』에도 다음과 같이 언급돼 있다.

"당신의 몫을 일곱이나 여덟 가지 정도로 나누도록 하라. 왜냐하면 이 지구상에 어떠한 불행이 닥칠지 알지 못하기에."

유대인의 처세서 『탈무드』에는 좀 더 노골적으로 표현돼 있다.

"모든 사람은 자신의 돈을 세 부분으로 나누도록 하라. 3분의 1은 토지에, 3분의 1은 사업에, 3분의 1은 현금에."

여기서 세 부분으로 나누는 것이 맞느냐, 일고여덟 부분으로 나누는 것이 맞느냐, 또는 그 비율을 균등하게 하는 것이 옳으냐, 아니면 달리하는 것이 옳으냐 하는 것은 핵심이 아니다. 중요한 것은 이러한 다각화를 통해 재산을 불리겠다는 것이 아니라 완전히 파산해 버리는 일, 즉 생존이 불가능해지는 상황을 피하는 것이 현명한 생각이라는 것이다.

이렇게 다각화한 투자 자산을 섞어 놓은 것을 영어에서는 '포트폴리오(portfolio)'라고 부른다. 원래 포트폴리오는 접는 가방, 즉 서류를 운반하는 가방을 뜻하는 단어다. 가방 안에 서류를 하나만 넣고 다닐 리 없으니 자연스럽게 여러 가지 일련의 작품이나 상품의 목록이라는 의미가 더해졌다. 미술이나 건축 같은 분야에서는 지금도 그러한 의미로 사용된다. 또 서류 가방의 이미지와 '격식을 갖추고 해야 하는 여러 임무'라는 의미가 중첩돼 영국에서는 장관의 직위를 뜻하는 단어로도 사용됐다. 그러던 것이 현대에 들어 '일련의 금융 자산 보유 목록'이라는 의미가 추가됐고, 지금은 그러한 의미로 가장 광범위하게 사용되고 있다.

포트폴리오가 가지는 특성을 한마디로 요약하면 다각화의 효과가 있다는 것이다. 즉 한 가지만 가지고 있는 것보다 여러 가지를 가지고 있는 것이 낫다는 뜻이다. 상식적이고 지당한 이야기처럼 들린다. 빵만 가지고 있는 것보다는 빵과 우유를 반반씩 섞어 가지고 있는 것이 낫다. 아니, 빵과 우유뿐 아니라 빵과 우유, 밥, 반찬, 국수, 과자 등을 조금씩 가지고 있는 것이 더 낫다는 것이다.

그러나 이러한 항목을 계속 늘려 가는 것이 언제까지나 바람직한지는 확신하기 어렵다. 항목이 너무 많아지면, 이를 관리하느라 효율성이 극히 떨어지기 때문이다. 따라서 적절하게 관리할 수 있는 범위로 한정한다면 다각화를 통한 이득이 어느 정도 있다는 것은 부인하기 어렵다.

자, 그럼 이제 선조들이 오랫동안 골몰했던 투자의 기초, 즉 위험을 회피하고 보유 자산을 다각화하는 문제로 넘어가 보자. 모든 투자에서 돈을 벌기 이전에 가장 원천적인 문제는 지키는 일이었음을 상기하면서 이야기를 이어 나가 보자.

리스크와 수익률의 관계, 현실적으로 보기

요즘 네 살 난 우리 아들이 한창 씨름하고 있는 개념이 있다. 바로 '취사선택'이다. 아들은 아침마다 떠먹는 요구르트와 곰 모양 젤리를 모두 먹고 싶어 한다. 하지만 나는 아들에게 이가 썩으니 요구르트와 젤리 중에 하나만 먹을 수 있다고 말해 준다. 그러면 아들은 무척이나 곤란한 표정을 짓는다.

이처럼 경제의 원리는 모든 것을 다 가질 수는 없다는 것을 알게 해 준다. 공부도 잘하는데 성격도 좋고 게다가 부모 말도 잘 듣는 '엄친아', '엄친딸'의 이야기는 그래서 비현실적으로 들린다. 실제로 이런 사람이 몇이나 될까? 현실적으로는 상당히 어렵다는 것을 우리는 경험으로 잘 알고 있다.

투자 다각화를 통해 얻을 수 있는 가장 큰 혜택은 투자 리스크를 상당히 줄여 준다는 것이다. 리스크는 '투자 수익률의 분산 혹은 표준 편차'인데, 이 말이 가슴에 잘 와 닿지 않을 것이다. 그러니 여기에서는 투자 리스크란 그냥 '손실을 보는 것' 정도로만 알아 두자.

K 과장 이야기로 돌아가 보자. 재테크에 뛰어들고자 하는 K 과장은 주식 투자를 고려하고 있다. 리스크를 줄이기 위해 우량주로 다각화를 하고 싶은데 어떻게 해야 할지 몰라 고민하는 중이다. 그래서 삼성전자 주식과 현대자동차 주식을 반반씩 섞어 매수하기로 했다고 해보자. 둘 중 하나를 골라 바구니를 다 채웠는데 그 주식이 폭락해 버리면 손실이 이만저만이 아니다. 하지만 K 과장처럼 반반씩 바구니에 담으면 하나가 폭락하더라도 다른 하나가 이익을 보면 전체적으로는 괜찮을 수 있다. 이처럼 다각화를 하게 되면 확실히 리스크가 줄어드는 것처럼 보인다.

물론 떠먹는 요구르트와 곰 모양 젤리를 동시에 얻을 수는 없다. 리스크를 줄이는 대신 잃게 되는 것이 있으니, 바로 '최대 수익률'이다.

현대자동차와 삼성전자 중 한쪽 주식만 택해 매수했는데 더 많이 오를 주식을 운 좋게 잘 맞췄다면 수익률이 극대화될 수 있다. 그러나 반반씩 섞어 놨다면 수익률은 나머지 하나 때문에 별 볼 일 없어질 수도 있다.

그렇다면 리스크를 최소화하면서 동시에 수익률을 최대화할 수는 없을까? 이는 경제학에서 자주 등장하는 표현인 "최소 비용으로 최대 효과를 거둔다."라는 말과 비슷해 보인다. 그런 일이 가능하면 정말 좋겠지만, 실제 그런 것은 존재하지 않는다. 엄친아, 엄친딸이 실제로 얼마나 가능하겠는가. 사실, 리스크를 최소화하면서 동시에 수익률을 최대화한다는 말은 다음과 같이 이야기하는 것이 좀 더 현실적으로 의미가 있다. "주어진 수익률에 대해 리스크를 최소화하거나 혹은 주어진 리스크에 대해 수익률을 최대화한다."

리스크를 최소화하는 것이 궁극적인 목표라면 사실 다각화보다 더 단순한 방법이 있다. 절대 망할 리 없다고 생각되는 은행의 정기 예금에 가입하거나 국채만 사는 것이다. 이때 수익률은 물론 보잘것없다. 최소 비용으로 최대 효과를 얻을 수 있는 길은 실제로는 없다. 정기 예금을 통해 얻을 수 있는 수익률이 만족스러운지 아닌지는 개인의 취향 문제다.

다음의 예를 보자. 한 증권사에서 새로운 파생거래를 심의한 적이 있었다. 대한민국 국채에 레버리지를 걸어(즉 자기 자금뿐 아니라 빌린 자금까지 더해) 수익률을 조금 더 올리는 거래였다. 그때 리스크 관리 부서 팀장이 문제를 제기했다.

"우리 회사 자본금이 5천억 원 정도에 불과한데, 이 거래는 국채 10

조 원 정도를 사는 것과 동일합니다. 그러다가 만에 하나 국채가 부도나면 그 리스크를 어떻게 감당합니까?"

거래를 수행하려던 트레이딩 부서 팀장은 얼굴이 붉으락푸르락해지면서 반문했다.

"대한민국 정부가 부도나면 어차피 다 망하는 건데, 무슨 상관인가요?"

대한민국 정부의 부도는 우리 국민 거의 모두에게 피하기 어려운 리스크다. 어차피 회피가 불가능한 리스크라면 트레이딩 부서 팀장의 주장 같은 것이 아예 말이 안 되는 것은 아니다. 그렇다면 10조 원이 아니라 100조 원, 1000조 원의 국채를 사는 정도의 리스크를 지는 거래가 더 유리한 것은 아닐까? 대답하기 쉽지 않은 문제다.

국채 부도는 상상하기 어려운 일이지만, 인간의 역사를 보면 절대 있을 수 없다는 일들도 간혹 발생한다. 영화 〈300〉으로 유명한 고대 그리스 도시국가 스파르타는 당대 최고의 군사력을 바탕으로 라이벌 아테네를 펠로폰네소스 전쟁에서 이겨 패권을 잡았다. 하지만 30여 년 뒤에는 스파르타도 멸망을 당했다. 아테네를 굴복시킬 정도의 힘을 가진 당시의 스파르타인들이 자신들도 곧 망할 것을 상상이나 했겠는가. 16세기 말 스페인 무적함대는 그 규모와 실력 면에서 어느 국가도 상대할 수 없을 정도로 뛰어났다. 하지만 결정적인 순간에 변방의 섬나라 영국의 해군에 궤멸됐다. 당시 스페인 사람들 중 자국 함대의 궤멸을 예상한 사람이 얼마나 됐을까? 1990년대 우리나라 재계 서열 8위이던 기아그룹도 지금은 현대자동차그룹의 일부가 됐다. 현재는 승승장구하고 있는 것처럼 보이는 삼성전자와 현대자동차도 이런 관점에서 보면 언제 어떻게 될지 아무도 모른다.

그렇기 때문에 다각화는 여전히 장점이 많은 전략이다. 이른바 사회 지도층이라는 사람들이 해외 부동산을 매입하고, 해외 은행 계좌를 트는 것이 다 재산을 다각화하려는 것이다.

한 가지 더 이야기할 것이 있다. 다각화를 하면 리스크를 상당히 줄일 수 있는 것은 맞는다. 심지어는 절대 망할 리 없다는 것만 가지고 있을 때보다도 리스크를 더 줄였다고 볼 수도 있다. 그렇다고 리스크가 완전히 사라지는 것은 아니다. 예를 들어 삼성전자가 망할 때 현대자동차도 망하면 다각화는 무용지물이 된다. "에이, 설마 그런 일이 일어나겠어?" 하고 생각하기 쉽지만, 나쁜 일은 빠르게 전염되고 한꺼번에 일어나는 특징이 있기 때문에 쉽게 생각해서는 안 된다.

다각화 원리를 구현해 주는 인덱스 펀드

"모든 계란을 한 바구니에 담지 말라"는 고대의 지혜에 어느 정도 수긍이 간다면, 인덱스 펀드나 ETF(상장 지수 펀드)를 투자 대상으로 고려할 만하다.

먼저 인덱스 펀드를 살펴보자. 투자 포트폴리오에서 다각화 효과를 극대화하는 한 가지 방법은 모든 종류의 주식에 조금씩 투자하는 것이다. 그런데 이를 직접 수행하는 것은 현실적으로 어렵다. 현재 우리나라 주식 시장에 상장돼 있는 주식 종목 수는 '코스피'라고 불리는 유가 증권 시장에 약 800개, 코스닥 시장에 1000개 넘게 있다. 한 종목당 거래를 수행하는 데 1분씩 걸린다고 가정하면 장이 열리는 오전 9

시부터 장을 마감하는 오후 3시까지 아무것도 안 하고 오직 거래만 한다고 하더라도 360개 종목만 살 수 있을 뿐이다. 즉 다각화해 투자한다는 것이 현실적으로 간단한 일이 아니라는 것을 알 수 있다.

인덱스 펀드는 증권 거래소가 기계적으로 공표하는 지수, 즉 인덱스를 기준으로 해 사고팔 수 있는 펀드다. 어느 주식이 오를지 고민할 필요 없이 다각화 효과를 극대화해 주식 시장 전체를 거래할 수 있는 현실적인 방법이다. 펀드 매니저가 오를 것 같은 주식을 선별하는 작업이 필요 없으므로 펀드를 운용하는 자산 운용사 입장에서는 비용이 별로 들지 않는다. 따라서 펀드 매니저가 개입돼 있는 능동적 펀드, 즉 액티브 펀드보다 운용 보수가 훨씬 낮다. 통상적으로 액티브 펀드의 운용 보수는 최소 연 1퍼센트 이상, 많게는 연 3퍼센트 이상인 데 반해, 인덱스 펀드의 운용 보수는 많아야 연 0.5퍼센트 정도에 불과하다.

ETF 또한 인덱스 펀드와 유사한 효과를 거둘 수 있다. ETF라는 말은 exchange-traded fund, 즉 장내 거래소에서 거래되는 펀드라는 의미다. 인덱스 펀드가 편하게 거래될 수 있도록 거래소에 상장돼 있는 것을 말한다. 거래소에 상장돼 있으므로 거래 상대방이 존재하는 한 실시간으로 거래할 수 있다. 즉 일반 주식을 거래하는 것처럼 오전 10시에 샀다가 가격이 오르면 같은 날 오후 2시에 이익을 보고 팔 수 있다.

하루에 한 번, 그것도 종가로만 거래할 수 있는 인덱스 펀드에 비해 ETF는 좀 더 유연성이 있다. 대신 ETF의 유동성이 떨어지는 상황에서는 원하는 거래를 제대로 마무리 짓지 못하게 될 가능성도 있으니, 인덱스 펀드와 ETF 중 어느 것이 더 바람직할지에 대해서는 각자의 취향대로 판단할 일이다.

인덱스 펀드의 장점을 이야기하는 이들이 꽤 있다. 특히 학계는 인덱스 펀드만이 유일하게 제대로 된 투자 방법이라고 주장하기까지 한다. 그 근거로 '현대 포트폴리오 이론'을 든다. 좋은 주식을 골라낼 실력이 없으면서 높은 운용 보수를 가져가는 펀드 매니저들이 없지 않다는 것을 생각하면, 운용 보수가 적은 인덱스 펀드는 충분히 매력적이다. 펀드 매니저의 운용 성과도 예측할 수 없고 주식 시장 전체의 변화도 예측할 수 없다면, 운용 보수라도 적은 쪽이 투자자 입장에서는 더 유리할 테니까.

하지만 인덱스 펀드 자체가 만병통치약이 될 수는 없다. 이를 선택하겠다는 것은 결국 "나는 좋은 주식을 골라낼 능력이 없으니 그저 중간이라도 가겠다."와 다름없다. 이는 경쟁에 지친 고등학생이 공부 잘하는 것을 무의미한 것으로 치부해 버리고 그냥 반 평균 성적에 만족하겠다는 것과 같다. 중요한 것은 자신이 반 평균 성적에 만족할 만한 사람인지 아닌지 잘 판단해야 한다는 점이다. 인덱스 펀드가 모두에게 정답이 될 수는 없다는 말이다.

인덱스 펀드를 선택한다는 것은 다각화의 원리를 주식 시장에서 싼 비용으로 구현하겠다는 뜻이다. 그렇다면 투자 가능한 자산 종류가 더 많다면 좀 더 다각화되는 것이 아닌가 하는 생각이 들 수도 있다. 우선, 채권이 있고, 부동산, 원자재, 외환 같은 것들도 투자 대상이 될 수 있다. 좀 더 나아가면 사모 주식 펀드(private equity fund)나 헤지 펀드 같은 집합 투자 기구에 대한 투자, 그런 펀드들을 잘 선별해 펀드 세계에서의 다각화를 달성하게 해 준다는 펀드 오브 펀드(funds of funds) 같은 것도 있다.

주식 자산에 대해 인덱스 펀드를 택하는 것이 옳다고 생각하는 입장이라면 주식이 아닌 다른 투자 자산에 대해서도 어떤 식으로든 다각화해 투자하는 것이 일관성 있는 모양새가 될 것이다. 그렇다면 현실적으로 어느 정도까지 다각화하는 것이 유리할까? 현대 포트폴리오 이론은 이 범위를 엄밀하게 구할 수 있다는 입장이다. 하지만 이 이론을 실제 적용하는 데는 적잖은 문제가 있다.(자세한 내용은 이 장 끝부분의 '금융학의 세계로 1'을 참조하기 바란다.)

카사노바의 양다리 전략
vs 페넬로페의 순애보

다각화의 효용을 높이 평가한다면 이를 좀 더 확장시켜 비전통적인 투자 자산도 포트폴리오에 포함시키는 것이 바람직하다는 결론이 자연스럽게 나온다. 여기에는 특허 같은 지적 자산과 보석, 유물, 미술품과 같은 사치품부터 빈티지 와인 같은 것까지 포함될 수 있다. 극단적으로는 인적 자산도 포함시켜야 한다는 주장도 나올 수 있다. 이론이 일관성을 지녀야 하는 것은 맞지만 이를 현실적으로 구현하는 것은 결코 쉽지 않다.

이러한 다각화의 효용이 투자와 금융 외의 영역에서도 성립할 수 있을까? 먼저 연애를 생각해 보자. 동시에 여러 파트너를 만나는 것이 더 좋다고 생각하는 사람도 있을 것이고, 정반대로 한 명에게 집중하는 편이 낫다고 생각하는 사람도 있을 것이다. 역사상 연애에 있어서 다각화를 극한까지 밀어붙인 유명한 인물이 있다. 바로 18세기의 자코모 카사노바(Giacomo Casanova)다.

카사노바는 1725년 이탈리아 베네치아에서 태어났다. 그는 초년에는 성직자, 군인, 바이올리니스트 등의 직업을 전전했다. 간통 혐의 등으로 투옥됐다가 1756년 탈옥한 이후로 남은 생의 거의 대부분을 유럽 곳곳을 떠돌아다니는 파란만장한 삶을 살았다. 모험가이자 문필가였던 카사노바는 폭넓은 교양을 지니고 있었고 임기응변에 능했다. 120명이 넘는 여성을 사귀며 상대의 나이, 외모, 성격, 지식, 재산 등 그 어떤 것을 두고도 차별 대우를 하지 않고 두루두루 깊은 사랑을 나눠 주었다. 그래서 헤어진 이후에도 누구에게도 원망을 듣지 않았다 한다.

그런 카사노바와 대척점에 설 만한 인물은 그리스 신화에 나오는 영웅 오디세우스의 아내 페넬로페다. 오디세우스는 이타카의 왕으로서 트로이 전쟁에 참가했다. 그는 병사들을 거대한 목마에 숨겨 놓고 후퇴하는 척했다가 방심한 트로이인들이 목마를 성안에 끌고 들어가 파티를 벌인 틈을 타서 성문을 열어 트로이를 함락시킨 인물이다. 이후 고향으로 돌아오는 길에 거인 폴리페모스에게 잡혔다가 탈출하기도 하고, 마녀 키르케의 마술에 의해 부하들이 돼지로 변하는 수모를 겪기도 했으며, 요괴 미녀 세이렌의 유혹을 피하기 위해 부하들의 귀를 밀초로 막고 자신의 몸을 돛대에 묶은 채 항해를 하는 등 온갖 고초를 겪은 후 20년 만에야 고향으로 돌아오게 된다.

그 20년 동안 이타카에는 오디세우스가 이미 바다의 객이 됐다는 소문이 무성했다. 페넬로페는 졸지에 과부와 다름없는 처지가 됐다. 자신의 아름다움에 반한 수많은 남성이 구혼을 멈추지 않아 이러지도 저러지도 못하는 상황에 처했다. 아무리 구혼해도 페넬로페가 꿈쩍도 하지 않자 구혼자들은 자신들 중 누가 되든 한 명을 골라 재혼하라고 심한 압박을 가했다. 페넬로페는 포악한 구혼자들의 온갖 횡포에 도 저히 견딜 수 없자 시아버지의 수의를 다 짜면 재혼하겠노라고 약속 했다. 페넬로페는 낮에는 구혼자들이 지켜보는 앞에서 자수를 짜고, 밤이 되어 모두들 집으로 돌아가면 낮 동안 짠 자수를 다시 푸는 방법 으로 시간을 벌었다. 페넬로페는 무려 20년 동안이나 그러한 생활을 하며 버텼다. 결국 오디세우스가 거지 행색으로 나타나 구혼자들을 죽이고 왕위를 되찾아 다시 단란한 가정을 꾸렸다.

다각화의 효용이 연애 분야에서도 성립된다면 카사노바가 페넬로페 보다 더 나은 삶을 살았다고 해야 한다. 페넬로페는 오직 한 사람만으 로 파트너 포트폴리오를 꾸렸고, 카사노바는 자신이 만날 수 있는 모 든 여성을 대상으로 파트너 포트폴리오를 꾸렸기 때문이다. 페넬로페 는 남편이 살아 돌아올 것이라는 확신도 없이 모든 것을 오디세우스 에게 걸었는데, 만약 사람들이 말한 대로 오디세우스가 죽었다면 절 망적인 상황에서 벗어날 방법이 없었을 것이다. 반면 카사노바는 연 인들 중 한두 명쯤 자신을 떠난다고 하더라도 다른 연인들을 통해 충 분히 행복한 삶을 영위해 나갈 수 있었을 것이다.

그런데 결과적으로 보면 페넬로페 쪽의 포트폴리오 구성이 더 나았 던 것 같다. 카사노바는 말년에 보헤미아 지방의 한 백작의 사서로 일 하다가 죽었는데, 아무도 그를 거들떠보지 않았다고 한다. 카사노바 는 그때 『나의 삶 이야기(Histoire de ma vie)』라는 12권의 회상록을 남졌고, 이를 통해 그의 애정 행각이 세상에 알려졌다. 아이러니한 것은 나이 들어 별 볼 일 없는 늙은이가 된 카사노바는 더 이상 어떤 여성으로부터도 관심을 받지 못하게 됐고 쓸쓸하게 말년을 보내다 죽었다. 반면 무모할 정도로 한 사람에게 모든 것을 걸었던 페넬로페는 사랑하는 남편과 아들과 함께 결국 행복하게 살았다고 한다.

다각화의 명암, 어느 쪽을 선택할 것인가

배우자 문제는 특수한 경우라 포트폴리오 이론을 적용할 만한 사항이 아니라고 생각할지도 모르겠다. 그럼 이번에는 직업을 한번 생각해 보자. 이론대로라면 한 가지 직업에 몰두하는 것보다 여러 직업, 그것도 가능한 한 많은 수의 직업을 동시에 보유하는 것이 마땅할 것이다. 그런데 그런 일이 가능할까? 여러 직업을 가지고 또 동시에 유지해 나갈 수 있는 사람도 일부 있을 수는 있겠지만 보편적으로 가능한 일은 아니다. 설혹 그렇게 할 수 있다고 하더라도, 그러한 다각화로 크게 성공하기보다는 다각화를 포기하고 한 가지에 집중해 일정한 경지에 오른 사람들과의 경쟁에서 밀리기 쉽다. 성공한 사람들은 십중팔구 한 가지 분야에 몰두해 그 분야에서 일가를 이룬 경우가 대부분이다. 다방면에 예술적 재능이 있어 노래도 조금 하고, 춤도 조금 추고, 연기도 조금 하는 사람들은 골고루 조금씩은 다 할 수 있지만 결국 어느 한 분야에서 뛰어난 것은 아니어서 이도 저도 아니게 되는 경우가 많다.

기업에서도 마찬가지다. 1950년대에 현대 포트폴리오 이론이 등장하자 이를 확대·적용해 기업 또한 사업 부문을 다각화하는 것이 현명하다고 주장하는 이들이 생겨났다. 그래서 1960년대 미국에서는 거대 '복합 기업(conglomerate)'이 최첨단 기업 형태로 소개되면서 크게 유행했다. 상관관계가 불완전한 사업들을 묶으면 전체 기업 집단의 변동성을 줄일 수 있다는 취지에서 자신들과 전혀 무관한 회사를 인수해 문어발식으로 규모만 늘려 나갔다. 하지만 이런 식으로 생겨난 복합 기업들은 이후 한 분야에 전력하는 전문 기업과의 경쟁에서 밀리면서 지금은 거의 명맥을 찾아볼 수 없다.

물론 다각화하지 않고 한 가지에만 집중한다고 성공이 저절로 담보되는 것은 아니다. 시대 변화와 흐름에는 눈감은 채 타조처럼 고개를 아래로만 처박고 있다 망한 기업들이 수두룩하다. 한때 카메라 필름 분야에서 세계 1위였던 코닥은 디지털 기술의 발전과 범용화 추세에도 아랑곳 않고 기존 기술에만 집착하다 급기야 2012년 1월 법원에 파산 보호 신청을 냈다. 미국 내 오프라인 서점으로 부동의 1위였던 반스앤드노블 역시 온라인 서점 아마존의 약진으로 끝없는 쇠락의 길을 걷고 있다. 멀리 갈 것도 없이 음악을 MP3 같은 디지털 파일 형태로 다운로드해서 듣는 것이 보편화된 지금 LP와 CD를 취급하는 동네 레코드 가게들이 거의 사라져 버린 것을 보면 메시지는 분명하다.

결국 핵심은 무엇인가? 다각화는 잘해 봐야 중간 정도만 하겠다는 것으로서, 한 번에 완전히 망하는 것은 피하겠다는 철학의 산물이다. 다각화만 가지고는 절대로 1등을 할 수 없다. 그것이 연애든, 직업이든 아니면 사업이든 말이다. 이미 가진 것이 많아 더 이상 늘리기보다는 크게 잃지 말고 지켜야겠다고 생각하는 사람이라면 다각화의 원칙을 삶에 확장하고 적용해 볼 수는 있다. 하지만 이러한 다각화를 통해 정상에 오르는 경우는 없다는 것을 명심해야 한다. 한마디로 다각화 이론은 소심한 겁쟁이들의 이론이다.

 현대 포트폴리오 이론의 한계

현대 포트폴리오 이론(modern portfolio theory)은 다각화의 장점을 수학적으로 이론화한 것이다. 현대 금융론을 지탱하는 5가지 이론[*] 중의 하나로, 어쩌면 그중 가장 중요한 것일지도 모른다. 또 시기적으로도 제일 앞섰다. 현대 금융론은 이 현대 포트폴리오 이론에서 시작됐다.

현대 포트폴리오 이론을 최초로 제시한 이는 해리 마코위츠(Harry Markowitz)다. 시카고 근교의 야채 가겟집 아들이었던 마코위츠는 고등학교 때는 물리학과 철학에 관심을 보였고 이후 시카고 대학에 입학해 학부 과정을 2년 만에 마치고 같은 대학 박사 과정에 진학했다. 우연한 기회에 주식 시장에 대한 논문을 쓰게 됐는데, 이 논문으로 경제학 박사 학위를 받았다.

윌리엄스에게서 새로운 발상을 얻다

마코위츠가 다각화 아이디어를 얻은 책은 존 버 윌리엄스(John Burr Williams)가 쓴 『투자 가치의 이론(The Theory of Investment Value)』(1938)이다. 윌리엄스는 흔하지 않은 경력을 가진 인물이었다. 투자은행 직원이었다가 1929년 대공황이 닥치자 일자리를 잃고 그 후 하버

---

[*] 현대 포트폴리오 이론, 무관성 정리, 자본 자산 가격 결정 모형(CAPM), 효율적 시장 가설(EMH), 옵션 가격 결정 이론을 말한다. 순서대로 이 책의 1장, 2장, 5장, 3장, 7장에서 다루고 있다.

드 대학에 들어가 경제학 박사 학위를 받았다. 그의 박사 논문 지도 교수는 '창조적 파괴(creative destruction)'라는 개념으로 너무나도 유명한 조지프 슘페터(Joseph Schumpeter)다.

여기서 슘페터 이야기를 안 할 수 없다. 슘페터는 오스트리아 출신 경제학자로, 1919년 오스트리아 재무부 장관, 1921년 비더만 은행 총재 직무를 수행하다 독일 본 대학 교수가 됐지만 나치의 압박을 피해 미국으로 망명한 인물이다. 슘페터는 말년에 3가지 소원이 있었다고 한다. 오스트리아 최고의 낭만적인 연인이 되는 것, 유럽 최고의 기수(騎手)가 되는 것, 세계 최고의 경제학자가 되는 것. 앞의 2가지 소원은 이루지 못했지만 마지막 소원은 이뤘다는 것이 세간의 평가다. 슘페터 본인은 3가지 소원 중 어느 것인지는 밝히지 않았지만 2가지를 이뤘다고 자평한 바 있다.

윌리엄스가 주장한 핵심은 이렇다. 주식의 가치는 주식 소유자에게 지급될 미래의 배당금의 현재 가치의 합이어야 한다. 따라서 그보다 낮은 가격에, 그것도 가능한 한 제일 낮은 가격에 살 수 있는 주식이 최고의 투자 대상이다. 그런데 마코위츠는 여기서 뭔가 빠진 것이 있다고 느꼈다. "틀림없이 투자자들은 리스크를 줄이기 위해 다각화를 하는데……." 하고 생각한 것이다. 수익률의 분산 혹은 표준 편차를 리스크라고 보면, 다각화할수록 리스크가 줄어듦을 수학적으로 쉽게 보일 수 있다. 마코위츠는 수익률의 표준 편차가 금융업계가 생각하는 리스크는 아니라는 것을 잘 알고 있었다. 하지만 그 이전까지 리스크가 명시적으로 다뤄진 적은 거의 없었으므로 자신의 착상이 적어도 하나의 발전은 될 수 있겠다고 자위했다. 뭔가 새로운 주제로 박사 학위 논문을 써야 하는 그의 입장에서는 어쩌면 당연한 일이었을 것이다.

"해리, 이건 경제학이 아니야"

마코위츠가 경제학 박사 학위를 받은 과정은 결코 순탄치 않았다. 1955년, 마코위츠의 박사 학위 논문 심사 위원회가 열렸다. 분위기는 그다지 호의적이지 않았다. 보통 논문 지도 교수를 포함해 4명의 교수들로 구성되는 이 심사 위원회는 짧으면 3시간, 길면 하루 종일에 걸쳐 논문 제출자를 이렇게도 찔러 보고 저렇게도 찔러 본다. 교수들이 만족할 만한 답변을 하지 못하면 박사 학위는 거절되며, 이러한 기회가 통상 최대 2번까지 주어진다. 만약 2번 모두 만족할 만한 답변이 나오지 않으면 더 이상 그 학교에서의 학위 수여는 불가능하다.

그런데 발표를 시작한 지 겨우 2분이 지났을 때 영향력 있는 한 교수가 딴죽을 걸기 시작했다. "음, 수학 공식에 오류가 있는 것은 아닌데, 이건 도저히 경제학 논문이라고 볼 수가 없어. 경제학 박사 학위는 줄 수 없겠는데?" 심사 내내 툴툴거리던 그 교수는 훗날 "시장경제의 대부"로 불리는 밀턴 프리드먼(Milton Friedman)이었다. "해리, 너한테 문제가 있어. 이건 경제학이 아니야. 경영학도 아니고. 그렇다고 수학도 아니란 말이지." 이 문제로 심사 위원들 간에 논쟁이 벌어졌다. 이런 분위기라면 심사에서 탈락해도 놀라운 일이 아니었다. 하지만 결국 심사 위원회는 마코위츠에게 박사 학위를 수여하기로 결정했다.

수익률의 표준 편차로 투자의 리스크를 나타낼 수 있다고 제안함으로써 마코위츠는 유명 인사의 반열에 올랐다. 하지만 자신의 생각을 교조적으로 맹신한 것은 아니었다. 자산 수익률이 정규 분포를 갖는다는 것은 아직 입증되지 않은 하나의 가정에 불과하다는 것을 잘 알고 있었다. 특히 손실이 났을 때의 분산과 이익이 났을 때의 분산을 하나로 취급하는 것이 문제가 될 수 있다고 생각했다. 그래서 1959년 발간한 책에서는 반(半)분산(semivariance)이라는 것을 주창해 손실이 났을 때의 분산만이 리스크라는 생각을 구체화하고자 했다.

마코위츠가 이 이론에 대해 실용적인 관점을 가지고 있었다는 것만은 분명하다. 이는 미국의 대표적 두뇌 집단의 하나인 랜드 연구소[*] 같은 데서 일한 경험 때문일 수도 있고, 또 기본적으로 작전 연구[**](operations research)를 수행했기 때문일 수도 있다. 마코위츠는 수익률의 표준 편차가 리스크라는 것은 하나의 시도일 뿐 단단한 반석 위에 올려놓을 만한 것은 못 된다고 조심스러운 태도를 취했다. 그럼에도 동시대 연구자들은 그의 경고를 전혀 귀담아들으려 하지 않았다.

마코위츠는 그러한 시류에 염증을 느꼈다. 결국 금융 연구에서는 완전히 손을 떼고 컴퓨터 시뮬레이션 언어를 개발하는 분야로 관심을 돌렸다. 현대 금융론의 시초이자 반석인 현대 포트폴리오 이론의 창시자가 자발적으로 재무학계를 떠났다는 사실은 시사하는 바가 크다.

---

[*] 랜드 연구소(RAND Corporation)는 1946년에 미래의 무기를 연구하는 목적으로 설립됐다. 그러다 1948년 미국 국가 이익에 봉사하는 정책 및 군사 전략 연구로 방향을 바꿨다. 참고로 '랜드'라는 이름은 영어로 R&D, 즉 연구 개발(Research ANd Development)의 머리 글자를 따서 만든 신조어다.

[**] 수학이나 컴퓨터를 도입해 기업 운영을 계량적으로 최적화하는 것을 지칭한다. 작전 연구는 2차 세계대전에서 독일, 이탈리아, 일본의 추축군에 맞서는 연합군의 전투 능력을 배가하기 위해 전투 및 전투력에 대한 수학적 모델을 만들면서 시작됐다. 경영과학(management science)이라는 이름으로도 불린다.

현대 포트폴리오 이론의 현실적인 문제점

현대 포트폴리오 이론을 이용하면 실제로 "어떻게 투자 포트폴리오를 구성하는 것이 바람직한가"라는 질문에 대한 답을 얻을 수 있다. 앞에서 말한 "삼성전자와 현대자동차의 주식을 어떤 비율로 섞는 것이 좋은가"와 같은 질문에 대한 답을 얻을 수 있다는 말이다. 이를 위해서는 먼저 3가지 사항을 알아야 한다. ①개별 자산에 대한 예상 수익률, ②예상 수익률의 표준 편차, ③예상 수익률 사이에 존재할 것으로 가정되는 상관 계수. 이러한 수익률, 표준 편차, 상관 계수가 주어질 때 각 개별 자산에 투자되는 금액의 가중치를 변화시켜 가며 전체 포트폴리오의 기대 수익률과 표준 편차가 어떻게 변동되는지 살펴봄으로써 최선의 포트폴리오를 구성할 수 있다는 것이 현대 포트폴리오 이론이다. 여기서 사용되는 수학은 사실 고등학교 수학 수준에 불과하다.(마코위츠 논문의 심사 위원들이 괜히 시비를 건 것은 아니다.)

현대 포트폴리오 이론은 현실적인 문제를 안고 있다. 앞서 설명한 것처럼 최선의 포트폴리오를 구성하려면 각 개별 자산의 수익률과 표준 편차, 상관 계수를 알아야 한다. 미래의 시점에 실현될 수익률과 수익률의 표준 편차, 수익률 간의 상관 계수를 미리 예측해야만 이 이론을 쓸 수 있다는 뜻이다. 그런데 과연 예측한 대로 미래에 실현될 가능성이 얼마나 될까? 솔직히 말하면 별로 없다.

수익률 등을 예측할 때 가장 흔히 사용하는 방법은 과거에 그 변수가 어떤 값을 가지고 있었는지 관찰한 후 적당히 보간(interpolation) 또는 외삽(extrapolation)하여 얼마가 될 것이라고 예측하는 것이다.(여기서 보간이란 변수와 변수 사이의 임의 변숫값에 대한 함숫값을 구하는 것을 말하고, 외삽은 변역 외의 변수에 대한 함숫값을 구하는 것이다.)

자연계를 대상으로 예측하는 것이라면 이러한 방법은 어느 정도 신뢰할 만하다. 그러나 자산 수익률같이 금융 시장에서 관찰되는 것들을 대상으로 하는 예측이라면 그 방법에 큰 의미를 부여하지 않는 편이 더 안전하다. 금융 시장에서는 비이성적인 가격 거품이 발생할 수 있고, 확실성을 가지고 수익률을 예측하기는 불가능하다는 것도 너무나 잘 알려진 사실이다. 이렇게 생각해 보라. 만약 한 자산의 기대 수익률을 거의 틀림없이 맞힐 수 있는 사람이라면 굳이 포트폴리오 이론 같은 것을 이용할 필요 없이 그냥 그 자산에 집중 투자하면 된다. 그 편이 좀 더 확실하지 않겠는가.

표준 편차를 예측하는 것은 그래도 수익률을 예측하는 것보다는 조금 상황이 낫다. 예측하는 방법은 둘이 대동소이하나, 표준 편차 예측이 수익률 예측에 비해 덜 틀린다. 표준 편차는 마이너스 값이 될 수 없어서다. 즉 제일 작으면 0이기 때문에 대충 적당한 플러스 값을 찍고 나면 적어도 부호가 바뀌는 불상사는 벌어지지 않는다. 그에 비해 수익률은 플러스 값을 예상했다가 마이너스 값이 실현되는 일이 늘 벌어진다.(그러고 나서는 아무도 예상할 수 없었던 일이 벌어졌다며 책임을 회피하는 경우가 예외 없이 뒤따른다.)

현대 포트폴리오 이론의 제일 큰 문제는 바로 상관 계수다. 이를 예측하는 방법 또한 표준 편차를 예측하는 방법과 별반 다르지 않다. 그런데 상관 계수의 불안정성은 한마디로 악명이 높다. 게다가 수익률이나 표준 편차는 선형성이 있어서 그 의미가 쉽게 이해되는 반면, 상관 계수는 그렇지 않다.

　예를 들어, 수익률과 표준 편차가 5퍼센트에서 10퍼센트로 커졌다고 하자. 그러면 "아, 크기가 2배 커졌구나." 하는 것을 직관적으로 이해할 수 있지만 상관 계수가 5퍼센트에서 10퍼센트로 변한 것을 보고 "상관관계가 2배 강해졌구나." 하고 말할 수가 없다는 것이다. 상관 계수가 5퍼센트에서 10퍼센트로 변한 것과 20퍼센트에서 40퍼센트로 변한 것과 50퍼센트에서 100퍼센트로 변한 것은 모두 숫자상으로는 2배가 된 것이지만 서로 비교할 수는 없다. 그렇다고 0퍼센트에서 10퍼센트로 변한 것과 40퍼센트에서 50퍼센트로 변한 것과 80퍼센트에서 90퍼센트로 변한 것이 같은 것도 아니다.

　현대 포트폴리오 이론에서 수익률과 표준 편차, 상관 계수를 예측해 최선의 포트폴리오를 구성하겠다는 발상은 이론상으로는 오류가 없다. 하지만 입력하는 예측 값이 안 맞는 경우, 계산은 엄밀해 보이지만 결과는 엉터리다. 쓰레기가 들어가면 쓰레기가 나올 수밖에 없다.

돈의 기초

현실의 돈에 관한 기초 지식

K 과장은 월요일 아침부터 회의와 미팅으로 바쁘게 보냈다. 오전 내 먹은 것이라곤 커피 몇 잔이 전부니 점심시간이 가까워지자 몹시 출출했다. 그런데 회사 동료 P가 중요한 이야기가 있다며 이번에 새로 생긴 일식집으로 그를 이끌었다.

"한번 투자해 봐. 이건 확실한 정보야. 나도 돈이 모자라 4천만 원 대출까지 받아서 넣었어."

증권 회사에 다니는 동생이 주는 정보로 쏠쏠한 부수입을 올리는 P의 제안이라 솔깃하다. 하지만 문제는 역시 돈이다. 눈앞에 좋은 기회가 찾아왔는데 여윳돈은 없으니 어떻게 할 것인가? 돈을 마련할 만한 방법이 없을까?

K 과장은 문득 아내가 붓고 있는 적금이 생각났다.

'적금을 깨자고 해 볼까? 아니야, 그러면 좋은 소리 못 듣지. 마이너스 통장을 하나 만들까? 그래 봐야 1천만 원 정도밖에 안 될 텐데 그것으로는 턱없지. 아예 아파트 담보 대출을 1억 원쯤 받으면 어떨까?'

K 과장은 하루 종일 P가 귀띔해 준 좋은 투자처 이야기가 머릿속에 맴돌아 일이 손에 잡히지 않는다.

마눌님
2014년 3월 21일 금요일
오후 6:44 여봉~
마눌님
왜 오후 6:44
오후 6:44 내가 좀 알아봤는데
마눌님
돈 없어 오후 6:44
오후 6:44 ㅋㅋ
무슨 소리 할 줄 알고 돈부터 없대
오후 6:45
있잖아 이거 진짜 잘만 하면 완전 대박난대
오후 6:46
진짜 돈 없어? 오후 6:46
여보 오후 6:46
여보 오후 6:46
여보 오후 6:46
여보 오후 6:46

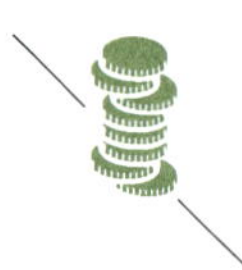

이 장에서는 본격적인 투자에 나서기 전에 반드시 알아 둬야 할 현실의 돈에 관한 3가지 기초 지식을 살펴보려고 한다.

현실의 돈에 관한 기초 지식 ①
돈의 가치는 시간과 연동된다

내게는 매우 가깝게 지내는 검사 친구가 한 명 있다. 법대를 나오지 않았는데도 용케 사법 고시에 합격한 친구다. 당시 전국 석차 200등 정도는 돼야 들어갈 수 있었던 서울대 전자공학과를 졸업했다. 취미는 천체 관측인데, 자기 손으로 직접 천체 망원경을 만들 정도로 전문가 수준이다. 학창 시절에는 운동 실력이 형편없었지만 지금은 마라톤 풀코스를 완주하고, 철인 3종 경기 대회에 참가하기도 한다. 범인도 제법 잘 잡는다고 소문났다. 게다가 얼마 전 큰아이는 서울대와 KAIST에 동시에 합격하기도 했다. 한마디로 어디에 내놔도 꿀리지 않는 엘리트 중의 엘리트다.

그 친구가 얼마 전 내게 연락을 해 왔다. 아들에게 논술 지도를 하다가 금융 문제가 나오자 막힌 것이다. "금융에 관해서는 나보다 네가 더 잘 알지 않냐."라며. 보내 온 예문을 보니 친구가 왜 막힐 수밖에 없었는지 한눈에 들어왔다. "자산 가격이 15퍼센트 오르면"이라는 표현이 문제였다. 바로 그 부분을 지적하자 친구는 도통 못 알아듣겠다고 했다. 도리어 그게 뭐가 문제냐고 반문했다. 그때 다시 한 번 깨달았다. 엘리트 중의 엘리트도 이런 기본적인 돈 문제는 깜깜하다는 것을!

물론 친구의 잘못은 아니다. 제대로 배운 적이 없기 때문이다. 혹시 이 글을 읽고 있는 당신은 저 표현의 문제점을 깨달았는가? 그렇다면 적어도 돈 문제에 관해서는 내 부장 검사 친구보다 낫다고 자부해도 좋다. "자산 가격이 15퍼센트 오르면"이라는 표현에 무슨 문제가 있을까?

바로 수익률에 시간 개념이 빠져 있다는 점이다. 즉 15퍼센트가 얼마 만에 오른 것인지 알 수 없으면 아무 의미가 없는 것이다. 15퍼센트가 오른 게 한 달 만인지 10년 만인지에 따라 그 의미가 완전히 달라진다. 현실의 돈에 관해 알아야 할 첫 번째 기초 지식은 바로 이 돈과 시간의 관계다.

금융업계에서 일하게 되면 제일 먼저 배우는 것이 이 시간 개념이다. 사람마다 시간 개념이 다르기 때문에 그대로는 의사소통이 어렵다. 금융업계에서는 보통 1년이라는 기간을 기준으로 수익률을 정의한다. 은행에서 가입하는 정기 예금의 이자율을 자세히 들여다본 적이 있는가? 정기 예금을 비롯해 모든 예금은 1년이라는 기간의 이자로 그 이자율을 정의한다. 그래서 이자율은 그냥 3퍼센트가 아니라 항상 '연 3퍼센트'와 같이 말한다. 보통 사람들은 '연' 자를 붙이지 않고 말하는 경우가 자주 있지만, 투자은행 등 금융 회사에서는 이런 버릇을 들이지 않으면 꽤 무시당한다.

이자가 연 3퍼센트면 1천만 원의 예금을 1년간 들었을 경우 원금의 3퍼센트, 즉 30만 원을 1년 후에 이자로 받게 된다. 만약 1년보다 짧은 기간이라면 어떻게 될까? 계산은 별로 어렵지 않다. 1년은 365일이니 만약 1천만 원의 예금을 100일 동안 들었다면 3퍼센트의 365분의 100, 즉 0.822퍼센트를 이자로 받는다. 돈으로 따지면 8만 2191원이다.

1년보다 길어진다면 어떻게 될까? 이때는 약간 복잡해진다. 연 3퍼센트라는 이자가 단리인지 복리인지, 복리라면 얼마의 기간마다 복리를 적용하는지 등에 따라 달라진다. 단리는 방금 말한 대로 날짜 수를 계산하는 방식이다. 1년이 넘어가면 보통은 복리인데, 그리 어려운 내용은 아니지만 설명하려고 들면 적잖은 독자들이 책을 덮을 것 같다. 그러니 단리로 계산할 때보다 이자가 조금 더 생긴다는 정도만 기억해 두자. 웬만해서는 은행에서 복리 계산을 틀리지는 않는다.

그리고 만기가 길어도 괜찮다면 은행의 정기 예금과 유사한 국채를 살 수 있다. 국채는 정부가 발행하는 채권이다. 쉽게 말해 정부가 우리한테 돈을 빌리는 것이다. 국채는 30년 만기까지 있으니 이만하면 미래를 내다보는 투자로서 웬만큼의 기간을 커버할 수 있다.

여기서 한 가지 생각해 볼 것이 있다. 앞에서 이야기한 연 3퍼센트의 이자가 온전히 우리 수중에 들어오는 경우는 없다는 점이다. 세금을 내야 하기 때문이다. "왜 내가 받은 이자에 세금을 내야 하지?"라고 생각하는 사람도 있을 것이다. 하지만 법이 그렇다. 소득이 있는 곳에 세금이 있다. 월급을 받아도 100퍼센트 내 손에 들어오지 않는다.

근로소득세도 내고 건강보험료도 내야 한다.

이자도 마찬가지다. 개인 입장에서는 물론 실제로 내 손에 들어오는 돈, 즉 세후 소득 혹은 세후 이자가 중요하다.(이자에 대한 세율은 계속 바뀌고 있으니 여기서는 자세히 설명하지 않겠다.) 일반적으로 우리나라에서는 이자소득세를 15.4퍼센트 물린다. 즉 연 3퍼센트의 이자를 받는다면 실제로는 연 2.538퍼센트가 내 손에 들어오는 셈이다.

세후 이자 = 세전 이자 × (1 − 0.154)

= 3퍼센트 × 0.846 = 2.538퍼센트

이제 1천만 원을 은행에 1년짜리 정기 예금으로 맡기고 연 3퍼센트의 이자를 받는다고 하면 만기 때 1025만 3800원을 돌려받는다는 사실을 알았다. 단, 단서 조항이 있다. '은행이 망하지 않을 때만' 돈을 돌려받는다.

은행이 망할 수도 있을까? 물론 가능하다. 최근 유럽 금융 위기로 인해 그리스 은행들이 부도가 나서 IMF(국제통화기금)와 유럽연합의 구제 금융 패키지(채무 탕감, 거액의 구제 금융 제공 등)가 투입되기도 했다. 이 은행들에 예금을 들었던 그리스 사람들은 원금을 다 돌려받지 못하게 됐다. 이들이 길거리에 몰려나와 시위하기도 했지만 은행이 망해 돈이 없는데 어쩌겠는가. 결국 돈은 돌려받지 못했다.

그리스가 최초의 사례는 아니다. 역사적으로 이런 일은 계속 있었다. 따라서 '아무' 은행에나 예금을 들면 안 된다. 우리나라의 경우 예금자 보호법에 의해 금융 회사 별로 예금자 1인당 5천만 원까지는 정부가 원금과 이자를 보장해 준다. 그러나 5천만 원을 넘어서는 금액에 대해서는 100퍼센트 다 돌려받는다는 보장이 없으니 조심해야 한다. 물론 정상적인 은행이라면 웬만해서는 망하지 않으므로 너무 걱정할 필요는 없다. 다만 은행의 건전성이 유지되는지 계속해서 관심을 갖고 살피는 일은 다른 사람에게 맡겨서는 안 된다. 은행에 돈을 빌려 준 채권자는 바로 당신이니까.

현재의 돈은 미래의 돈과 연결된다

은행이 망하지 않는다는 가정 아래, 이런 생각이 들 수 있다. "1천만 원이 1년이 지나면 저절로 1025만 3800원이 되네." 즉 현재 시점의 1천만 원은 1년 후 1025만 3800원과 같다고 볼 수 있지 않을까? 현재의 돈은 이자율이라는 매개체를 통해 미래의 돈과 연결된다. 지금은 1천만 원이 꽤 큰돈이지만, 30년 후가 되면 1천만 원은 그리 큰돈이 아닐 수도 있다. 이렇듯 이자율이나 수익률을 말할 때 기간을 빼놓고 이야기할 수 없는 것처럼, 돈 자체도 어느 시점의 돈인지를 이야기하지 않으면 의미가 모호해진다.

나는 1991년 국비 장학생으로 KAIST 석사 과정에 진학할 때 등록금 외에도 월 7만 원씩 수당을 받았다. 그 돈은 당시 기준에 그리 큰돈은 아니었다. 하지만 처음 KAIST가 설립된 1970년대에도 동일한 금액이 지급됐는데, 그때는 그 돈으로 세 식구가 먹고사는 데 큰 지장이 없었다고 한다. KAIST 설립 직전인 1972년에 80킬로그램 쌀 한 가마니의 가격이 채 1만 원이 안 됐고, 1975년에는 2만 원에 약간 못 미쳤으니 충분히 가능한 일이다.

지금의 1천만 원이 10년 후 2천만 원과 같다고 할 때, 거꾸로 10년 후 1천만 원은 지금의 얼마와 같을까? 그 비율인 1대 2를 그대로 적용해 보면 10년 후 1천만 원은 지금 500만 원과 같다는 것을 쉽게 알 수 있다. 현재 돈의 미래 시점의 가치, 즉 미래 가치를 알고 있으면 반대로 미래 돈의 현재 시점의 가치, 즉 현재 가치도 계산이 가능하다.

이처럼 은행의 정기 예금이나 국채 같은 것은 금융 시장에서 사고팔 수 있으므로 이를 통해 현재의 돈이 미래의 특정 시점에 얼마가 될지 계산할 수 있고 또 그로부터 미래 특정 시점의 돈을 현재의 돈으로 변환할 때 얼마가 될지 계산할 수 있다. 미래 돈의 현재 가치를 계산만 할 수 있는 것이 아니라 직접 현금으로 바꿀 수도 있다. 다시 말해 3년 뒤 원금과 이자를 포함해 1천만 원을 받기로 약속한 채권을 가지고 있다면, 이 채권을 팔아 현금으로 바꾸는 것도 가능하다. 이와 같이 직접적인 거래가 가능한 이자율을 통해 돈은 미래로도 과거로도 여행이 가능하다는 점을 기억해 두자.

현실의 돈에 관한 기초 지식 ②
수익률은 '확정되지 않은' 이자율이다

돈의 시간 가치에서 이자율은 중요한 역할을 한다. 그런데 이자율에는 확정된 것과 확정되지 않은 것이 있다. 예금 이자는 확정된 것이지만 주식 수익률은 확정되지 않은 것이다. 우리는 이 둘을 잘 구분하지 못해 종종 실수를 저지르기도 한다. 자산의 수익률은 대부분 이 불확실한 이자율을 가리키는 말이다. 여기서 우리가 알아야 할 두 번째 기초 지식은 수익률은 누가 뭐래도 절대 확실하지 않다는 것이다.

수익률의 실체를 설명하기에 금보다 좋은 것은 없다. 1990년대에 걸쳐 금값은 온스당 300달러 정도에 불과했다. 그러다 안전 자산으로서 금의 인기가 높아지면서 2005년 말에는 500달러를 돌파했고, 2013년에는 1200달러를 넘어섰다. 미국의 양적 완화 정책으로 인해 전 세계에 돈이 너무 많이 풀렸고 안전 자산에 대한 수요는 더욱 커질 수밖에 없어 금값이 2천 달러까지 올라갈 것이라고 전망하는 사람들도 있다.(물론 말할 것도 없이 금 관련 업종에 종사하는 사람들이다.)

지금이라도 금에 투자하면 수익률이 적어도 50퍼센트는 될 것이라는 투자 전문가들을 심심찮게 만날 수 있다. 나는 그들에게 2가지를 묻고 싶다. 투자 수익률이 얼마 만에 50퍼센트가 되느냐고.(이들은 아직도 돈의 시간 가치에 대한 개념이 부족하다.) 그리고 50퍼센트가 확실하다면 왜 나한테 이런 좋은 정보를 주느냐고. 수익률이 그렇게 확실하다면 나라면 아무한테도 말하지 않고 혼자만 투자할 것 같다. 남들에게 떠들고 다니다 막상 내가 살 금이 안 남아 있으면 어쩌란 말인가. 따라서 그들이 말하는 50퍼센트의 수익률은 확정된 것이 아니라 불확실한 것임에 틀림없다.

은행의 정기 예금이나 국채도 만기까지 보유하고 있는 것이 아니라면 수익률이 불확실하다. 기대 수익률이니 예상 수익률이니 하는 것은 모두 확정되지 않은, 그저 잘됐으면 하고 바라는 희망 사항에 불과하다. 주식, 부동산, 펀드 등 우리가 생각해 볼 수 있는 모든 투자 대상은 이처럼 수익률이 불확실하다. 아무리 전문가처럼 보이는 사람이 이번 투자 건은 확실하다고 말해도 그렇게 되지 않을 수 있다는 것을 유념해야 한다.

이 불확실한 예상 수익률도 현재의 돈과 미래의 돈을 연결시킬 수 있다. 즉 현재의 돈이 미래의 특정 시점에 얼마가 될지 계산할 수 있다. 기본적인 개념은 앞에서 말한 정기 예금의 이자율과 동일하다. 하지만 이 경우 수익률이 불확실하기 때문에 그 관계는 느슨하다. 연 25퍼센트의 세후 수익률을 예상하면 지금의 1천만 원은 3년 후 대략 2천만 원으로 변해야 한다. 하지만 예상이 빗나가 연 20퍼센트의 손실을 입게 되면 3년 뒤 1천만 원은 500만 원 정도로 쪼그라든다. 이처럼 투자는 어떤 시나리오가 펼쳐질지 미리 알 수 없기 때문에 어렵다.

한 가지 예를 더 들어 보자. 1960년대 서울 중구 신당동에 당시로서는 매우 보기 드문 아파트가 있었다. 그때 신당동 땅값은 3.3제곱미터당 5만 원 정도였다. 그렇다면 그 시절 강남구 역삼동 땅값은 얼마였을지 짐작이 가는가? 놀라지 마시라. 같은 넓이에 고작 500원 정도였다. 신당동의 100분의 1에 불과했던 것이다. 지금은 물론 말할 것도 없이 동일 면적당 각각 1500만 원, 3천만 원 선으로 올랐다. 1970년대 이후 태어난 이들이라면 신당동이 역삼동보다 땅값이 비쌌다는 사실이 놀라울 것이다. 그런데 타임머신을 타고 1960년대로 돌아가 사람들에게 "역삼동 땅값이 오르니 신당동 땅 팔아 사세요."라고 하면 아마 콧방귀도 뀌지 않을 것이다. "한국 주식 팔고 피지 주식 사세요."라고 하는 것과 진배없다. 한마디로 '밤중에 버티고개에 가 앉을 놈' 취급을 당하기 십상이다.

이처럼 미래의 수익률을 맞히기란 너무 어렵지만 그래도 예상을 해 보고 싶은 것이 인지상정이다. 장밋빛 미래를 꿈꾸는 것이 인간의 습성 아닌가. 원금을 2배 늘리는 데 얼마의 시간이 걸리는지 궁금하다면 '72의 법칙'을 알아 두면 유용하다. 72의 법칙에 따르면 원금이 2배가 되는 햇수는 72를 세후 연 수익률로 나눈 것과 같다. 예를 들어, 세후 수익률의 관점에서 연 6퍼센트를 벌면 원금이 2배가 되는 기간은 (72를 6으로 나눈) 12년이 걸린다. 만약 세후 수익률로 연 24퍼센트를 얻는다면 (72를 24로 나눈) 3년 만에 2배를 달성할 수 있다.

요즘은 은행 이자율이 연 2~3퍼센트에 불과하지만 우리 부모 세대인 1970년대에는 연 15퍼센트에 달했다. 72의 법칙을 적용해 보면 4~5년 만에 원금이 2배가 된다는 것을 알 수 있다. 그렇기 때문에 그때는 재산 불리기가 지금보다 훨씬 쉬웠다. 지금은 세후 이자율이 연 2퍼센트 정도에 불과하니 원금이 2배가 되려면 30년 이상은 각오해야 한다.

당연히 72의 법칙은 정확한 것이 아니라 대략 그 정도의 시간이 된다는 근사식에 불과하다. 가령 세후 연 72퍼센트의 수익률을 얻을 수 있으면 1년 후 2배가 아니라 1.72배가 된다.

지금까지 이야기한 것을 정리해 보자. 돈은 반드시 시간과 결부시켜 생각해야 하는 대상이다. 이자율 또는 수익률을 통해 현재의 돈이 미래의 돈이 될 수 있고, 또 미래의 돈이 현재의 돈이 될 수 있다. 투자는 미래를 바라보는 행위인데, 미래는 불확실하기 때문에 투자 역시 불확실할 수밖에 없다. 그런 의미에서 돈에는 일종의 추상성이 있다고 볼 수 있다.

자금 조달에 대한 오해와 착각

현실의 돈에 관해 알아야 할 세 번째 기초 지식은 '투자할 돈을 어떻게 마련하는가', 즉 자금 조달(파이낸싱)에 대한 것이다. 적금을 해약할지, 아파트 담보 대출을 받을지 K 과장이 고민하던 문제가 바로 자금 조달이다.

그런데 이 자금 조달에 대해 오해하는 이들이 많아 안타깝다. 너무 쉽게 여기거나, 반대로 너무 대단한 일로 여긴다. 자금 조달은 어느 정도까지만 중요한 일이다. 처음에 돈만 구하기만 하면 그다음 투자는 별것 아닌 것처럼 생각하는 사람들이 있다. 반대로 돈을 구하는 것은 대단한 일이 아니고 투자 대상을 찾아내는 것이 중요하다고 생각하는 사람들도 있다. 하지만 둘 다 진실로부터 거리가 꽤 멀다.

안타깝게도 경영학은 이 문제에 그다지 큰 도움을 주지 못한다. 자금 조달에 관한 이론이 있기는 하지만 현실 세계에서는 영 쓸모가 없다.('금융학의 세계로 2' 참조) 그렇다고 무조건 아무 돈이나 구해 오면 될까? 괴테의 희곡 『파우스트(Faust)』의 주인공은 쾌락적 삶을 얻는 대가로 자신의 영혼을 악마에게 팔았다. 사실 영혼을 팔지 않고도 삶에서 즐거움을 찾을 수 있는 방법은 많다. 그럼에도 이와 같은 선택을 한다면 결말이 좋지 않기 마련이다. 희곡에서야 해피엔딩이었지만 검은돈을 빌려 한몫 잡으려다가 신세 망친 이야기가 어디 한둘이랴.

돈을 조달할 때 유념해야 할 사항이 있다. 왜 자금 조달을 하는지 이유가 명확해야 한다. 여기서 중요한 것은 2가지다. ① 자금이 필요한 기간과, ② 그 자금을 갖고 투자하려는 기회의 불확실성 정도다.

조달 기간은 기본적으로 투자 기간과 일치해야 한다. 돈이 필요한 기간이 짧으면 돈도 짧게, 필요한 기간이 길면 돈도 길게 조달해야 한다. 돈이 정확히 한 달 동안만 필요한데 1년 만기 대출을 받으면 약간의 낭비가 생긴다. 물론 돈이 1년간 필요한데 한 달 만기 대출을 받는 것보다는 훨씬 낫다.

일반적으로 만기가 짧을수록 대출 이자율이 낮은 특성이 있기 때문에 이자 비용을 낮추려고 단기 대출을 반복하는 경우가 종종 있다. 그러다가 대출 만기에 이르러 당초 예상과 달리 재대출이 안 돼 곤란을 겪는 경우도 자주 본다. 주변에 사업하다 망했다는 사람들 중 열에 일고여덟은 이런 경우다.

다음으로, 투자 기회가 확실할수록 대출을 통해, 불확실할수록 대출이 아닌 수단을 이용해 자금을 조달하는 것이 바람직하다. 예를 들어, 공기업이나 건실한 회사에는 직원들에게 낮은 이자로 일정액까지 돈을 빌려 주는 제도가 있다. 보통은 주택 구입 자금이나 전세 자금 용도로 제공되는데, 경우에 따라서는 증빙 없이 대출해 주기도 한다.

이런 경우, 가령 연 1퍼센트에 1년 동안 1천만 원을 빌릴 수 있다고 해 보자. 이 돈을 빌려 세후 연 2.5퍼센트의 이자를 주는 1년 만기 정기 예금에 가입하는 것을 생각해 볼 수 있다. 정기 예금은 투자 수익률이 (은행이 망하는 경우를 제외하면) 확실하니 대출을 받는 것이 정당화될 수 있고, 또 자금 조달 기간과 투자 기간을 일치시켜 놨으니 잘못될 일도 없다. 1천만 원의 1.5퍼센트에 해당하는 15만 원을 1년 뒤 확실하게 벌게 된다. '누워서 떡 먹기'처럼 느껴지지 않는가. 물론 이런 기회가 흔하지 않다는 것이 문제다.

이제 자금을 조달할 때 어떤 수단을 동원할 수 있는지 알아보자. 개인 입장에서 언제든 제일 먼저 고려해야 할 자금 조달 수단은 바로 '주머닛돈'이다. 월급을 저축해 모은 돈, 온전히 본인 소유의 돈으로 자금을 조달하는 것이 가장 바람직하다. 이 경우 벌어질 수 있는 최악의 시나리오는 그 돈이 다 없어지는 것인데, 설사 그렇게 되더라도 월급 등 다른 수입이 있으면 여전히 정상적인 생활을 해 나갈 수 있기 때문이다. 이는 누구나 알고 인정하는 사실이다. 대부분 자기 돈이 충분하지 않은 데서부터 고민이 시작된다.

투자에 소요될 돈보다 자기 돈이 부족하다면, 그다음은 '개인 소유의 자산을 매각해' 자금을 조달하는 방법을 고려해야 한다. 더 이상 큰 수익률을 기대하기 어렵다고 판단하는 주식이나 그냥 방치해 둔 장롱 주식 같은 것을 처분해 돈을 마련할 수도 있다. 또 불필요한 물건들을 중고 물품 거래 사이트에 올려서 팔면 약간이나마 현금을 마련할 수 있다. 대개 이러한 방식으로 추가로 확보할 수 있는 돈은 그렇게 많지 않지만, 이는 개인의 삶의 규율을 강화하고 비효율성을 줄이는 긍정적인 효과가 있다. 그리고 본인의 자산 상태를 보다 명확히 인식하게 해 준다.

다음으로, 지분 소유권을 팔아 자금을 조달할 수 있다. 이는 사업 아이디어가 있을 때 그 사업에 대한 일정 지분을 넘기고 그 대가로 자금을 유치하는 것을 말한다. 그러한 지분을 살 수 있는 사람으로 주변의 친척이나 지인, 벤처 캐피털 같은 곳이 있어야 한다. 그렇지만 지분을 얼마나, 얼마에 팔아야 하는지는 답하기 쉽지 않다. 사실 그보다 더 큰 문제는 지분 소유권은 개인의 경우 해당 사항이 별로 없다는 점이다.

돈을 마련하는 최종 수단으로, 고정된 이자를 지급하기로 약속하고 돈을 빌리는 대출이 있다. 대출은 다른 모든 수단을 강구한 후 그래도 방법이 없을 때 동원해야 한다. 돈이 필요할 때 1순위로 떠올리는 조달 수단이 결코 아니다. 대출은 정말 조심해야 한다. 돈을 빌려 준 사람이나 기관에 약속한 이자와 원금을 제때 상환하지 않으면 당신이 가진 모든 것을 빼앗길 수 있기 때문이다.

사업하는 사람들은 잘나갈 때 낮은 금리로 돈을 빌려 쓰라는 유혹을 많이 받는다. 은행 지점장 같은 사람들이 찾아와 굽실굽실하니 스스로 대단한 사람인 양 착각에 빠지기도 한다. 그러다 사업이 어려워져 이자 상환이 조금이라도 늦어져 보라. 금융권 사람들은 즉시 와서 대출을 상환해 간다. 이때 갚을 돈이 부족하면 기업 소유권까지 뺏길 수 있다. 그때는 이미 대출받은 것을 후회해도 늦다.

대출은 최후의 수단이다

대출에 관해 몇 가지 사항을 더 알아보자. 첫째, 그래도 대출을 받아야 한다면 누구로부터 받는 것이 더 나은가? 같은 조건이라면 물론 대출 이자율이 낮은 쪽이 좋다. 일반적으로 은행이 대출 이자율이 제일 낮고 그다음으로 저축은행이나 증권사, 보험사 같은 제2금융권, 마지막으로 대부업체가 이자율이 제일 높다. 각 기관마다 개인에게 빌려 줄 수 있는 한도가 정해져 있어 많이 빌릴수록 대출 이자율은 올라간다. 많이 빌릴수록 갚지 못할 가능성이 커진다고 보기 때문이다. 실제로도 많이 빌린 사람은 망하기 쉽다.

우리나라에는 '이자 제한법'이 있다. 보통 연 30퍼센트까지 이자를 받을 수 있고, 대부업체의 경우 연 39퍼센트까지만 받을 수 있다. 이보다 높은 대출 이자율은 무효이니 개인 대부업자 등으로부터 돈을 빌리는 경우 유념해야 한다. 솔직히 연 20퍼센트가 넘는 대출을 받은 뒤 무사히 갚는 경우는 별로 없다. 그런데 빌려 주는 입장에서는 어떻게 해서든 이자와 원금을 받아 낼 자신이 있기 때문에 빌려 주는 것이다. 그들은 바보가 아니다.

대출 이자율은 고정된 것과 변동하는 것이 있다. 대표적인 예로 부동산 담보 대출이 있다. 집과 같은 부동산은 워낙 많은 자금이 필요하기 때문에 10년 또는 30년이라는 기간을 정해 놓고 원금과 이자를 나눠서 갚는다. 그때 그 전체 기간의 대출 이자율을 100퍼센트 확정해 놓은 것을 고정 이자율, 3개월마다 혹은 6개월마다 변동되는 일정한 금리를 바탕으로 대출 이자율을 정하는 것을 변동 이자율이라고 한다.

직장인이 많이 쓰는 마이너스 통장은 대표적인 변동 이자율 대출이다. 100퍼센트 그런 것은 아니지만 대개의 경우 당장은 변동 이자율이 고정 이자율보다 낮아 보인다. 그렇기 때문에 부동산 담보 대출 같은 경우, 열에 아홉은 변동 이자율로 대출받는다. 하지만 단기간 내 원금까지 상환할 계획이 확실히 서 있지 않다면, 정말이지 변동 이자율로 대출받는 것은 말리고 싶다.

그렇게 확정된 대출 이자율은 당연히 그 대출을 통해 수행하려는 투자의 수익률보다 낮아야 한다. 즉 대출 비용이 예상 수익보다 낮아야 한다. 그래야 이익이 나지 않겠는가. 그런데 그렇지 않은 경우가 너무 많다. 대출 비용으로 연 8퍼센트, 10퍼센트씩 지급하면서 막상 투자 수익은 그보다 낮은 연 2퍼센트, 심지어는 마이너스가 되기도 한다. 왜 이런 투자를 했느냐고 물으면 대부분 대출 이자보다 더 큰 수익이 날 것으로 예상했다고 답한다. 앞에서도 말했지만 대출받은 돈으로 불확실한 투자에 나서는 것은 망하기 위한 확실한 공식과도 같다는 것을 반드시 기억해야 한다.

지금까지 이야기한 것을 다시 한 번 정리해 보자. 투자처가 어떤 성격이냐에 따라 투자금의 출처도 달라져야 한다. 투자 기간과 조달된 돈의 사용 가능 기간은 일치되는 것이 바람직하다. 돈을 마련하는 데는 순서가 있다. 쌈짓돈이 제일 먼저고 대출은 최후의 수단이다. 투자 수익률이 불확실할수록 대출은 피해야 한다.

1970년대 덩샤오핑(鄧小平)은 중국의 개혁·개방 정책을 이끌며 '흑묘백묘(黑猫白猫)'를 천명했다. 즉 검은 고양이든 흰 고양이든 쥐를 잘 잡으면 좋은 고양이이듯이 자본주의든 공산주의든 중국 인민을 잘살게 하면 제일이라는 뜻이다. 물론 쥐 잡는 문제라면 그럴지도 모르겠다. 하지만 돈 문제는 그렇지가 않다. 어떤 쥐를 상대하느냐에 따라 고양이를 다르게 투입해야 한다. 흰 고양이로는 흰 쥐를, 검은 고양이로는 검은 쥐를 잡아야 한다면, 흰 쥐를 잡는 데 함부로 검은 고양이를 동원했다가 되레 쥐에게 호되게 물릴 수도 있다.

# 회사 가치는 부채와 상관없다는 무관성 정리

　현대 자본주의 체제의 기본 구성단위는 어쩌면 주식회사다. 주식회사는 자산의 집합체로 인식된다. "여러분이 회사의 주인입니다."와 같은 슬로건을 내세우는 회사를 본 적이 있을 것이다. 직원이 회사의 가장 중요한 자산이라는 이야기다. 아주 잘못된 말은 아니지만 법적, 회계적으로 보면 어불성설에 불과하다. 법적으로 보면 직원은 회사라고 하는 법인체와 근로 계약을 맺은 객체에 불과하고, 회계적으로 보면 직원은 회사의 자산이 아니라 비용에 불과하기 때문이다. 주식회사도 개인들과 마찬가지로 투자와 사업을 통해 돈을 벌기를 원한다.(주식회사의 주인이 개인들이니 이는 당연한 일이다.) 그렇기 때문에 회사도 파이낸싱 문제를 피해 갈 수 없다.

　회사도 개인과 마찬가지로 크게 보면 원래 회사 돈(자기 자본)과 빌린 돈(부채)의 2가지 방법으로 자금을 조달한다. 그 중간에 쌈짓돈의 성격도 일부 있고 빌린 돈의 성격도 일부 있는 수단도 있기는 하다. 이들을 '하이브리드 증권' 혹은 '잡종 증권'이라고 하며, 우선주나 전환사채 등이 대표적인 예다. 여기서는 그런 것들도 있다는 정도만 알면 충분하다.

　회사 입장에서는 자금을 조달할 때 자기 자본과 부채를 어떤 비율로 가져가는 것이 최선일까 늘 고민스럽다. 얼핏 생각하기로는 자기 자본으로만 구성하는 쪽이 부채가 있는 경우보다 틀림없이 안전할 것이다. 그런데 자기 자본이 사업을 벌일 만큼 충분하지 못한 경우도 있을 것이다. 그렇다고 무턱대고 부채를 늘리다가는 부도 가능성이 높아지기 때문에 일방적으로 그렇게 하기도 곤란하다. 아마도 최적의 자본 구조에 대한 이론이 나오기만 한다면 굉장한 인기를 끌 것이다.

피자는 어떻게 자르든 크기가 같다

경영학은 회사의 파이낸싱에 대해 한 가지 이론을 가지고 있다. 이른바 '무관성 정리(irrelevance theorem)'다.(앞에서 현실 세계에서는 영 쓸모가 없다고 한 이론이 바로 이 무관성 정리다.) 무관성 정리에 의하면 회사의 부채가 얼마이든 회사 가치는 변하지 않는다. 다시 말해 돈을 자기 자본만으로 조달하든 부채를 잔뜩 지며 조달하든 상관없다는 것이다. 이러한 결론은 앞에서 이야기했던 상식적인 인식과 정면으로 배치되는 것이어서 그 파장이 적지 않았다. 이처럼 이론이라는 것은 현실과 동떨어진 이야기를 아무렇지도 않게 할 수 있다.

무관성 정리는 카네기멜런 대학 교수였던 프랑코 모딜리아니(Franco Modigliani)와 머턴 밀러(Merton Miller)의 공동 작품이다. 두 사람은 기업 재무에 대해 특별히 아는 것이 없는 상태에서 한 학기 강의를 맡게 됐다. 아예 백지상태에서 파이낸싱 이론을 새로 만들어 보자고 생각한 두 사람은 논문을 작성해 1958년에 발표했다. 둘 다 성이 M으로 시작하므로 무관성 정리를 'MM 정리' 혹은 'M&M 정리'라고 부르기도 한다.

모딜리아니는 1918년 이탈리아 로마에서 태어났다. 의사였던 아버지는 유대인이었고, 당시 이탈리아를 지배하던 무솔리니의 파시스트

정권에 반대하는 입장이었다. 결국 모딜리아니와 가족은 2차 세계대전이 발발한 해인 1939년 프랑스를 거쳐 미국으로 이민을 가게 됐다. 모딜리아니는 법학과 경제학을 공부했는데, 가정 형편이 좋지 않아 힘들게 주경야독하며 공부를 마쳤다. 한편 1923년 미국 보스턴에서 태어난 밀러도 유대인이었다. 2차 세계대전 중 경제학자로 복무했고, 이후 하버드 대학에서 석사 학위를, 존스홉킨스 대학에서 경제학 박사 학위를 받았다.

모딜리아니와 밀러가 무관성 정리 논문으로 유명해지자 한 언론사에서 인터뷰를 하러 찾아왔다. 기자는 논문의 핵심 내용을 보통 사람도 알아들을 수 있게 30초 이내로 간단히 설명해 달라고 요청했고, 밀러는 고심 끝에 다음의 비유를 들었다.(이 비유는 본래의 이론보다도 더 유명해졌다.)

"회사를 하나의 피자라고 생각해 봅시다. 피자는 이렇게 자를 수도 있고, 저렇게 자를 수도 있고, 경우에 따라서는 자르지 않을 수도 있는데, 어떻게 자르든 피자의 크기가 변하는 것은 아니죠. 자본 구조의 무관성 정리가 말하고자 하는 바가 바로 이겁니다."

설명을 들은 기자는 당혹스러운 표정을 지었다. 피자를 몇 조각을 내든 아예 자르지 않든 전체 피자의 양이 변하지 않는다는 것은 너무나 당연한 말이었기 때문이다. 기자는 목소리를 가다듬고 다시 질문했다.

"그러면 도대체 왜 당신의 논문이 유명한 거죠?"

이 질문에 기분이 완전히 상한 밀러는 다음과 같이 쏘아붙였다.

"이봐요. 나는 그것을 엄밀하게 증명한 거예요!"

상식적으로 당연한 것을 엄밀하게 증명한 게 대단한 일인가? 하지만 놀랍게도 그것을 대단한 일로 여기는 사람이 요즘에도 있다.

부채 수준이 회사의 가치에 전혀 영향을 미치지 않는다는 무관성 정리는 사실 회사가 법인세를 내지 않는다는 가정 아래 얻어진 것이다. 말할 것도 없이 현실과 심각할 정도로 괴리가 있다.

1963년 모딜리아니와 밀러는 회사가 세금을 낸다는 가정 아래 수정 이론을 발표했다. 이에 의하면 회사의 가치는 부채가 늘어날수록 계속 커지게 된다. 부채가 회사 가치에 영향을 미친다는 상식에 한 발 가까워지기는 했지만 여전히 당황스러운 결론을 피해 갈 수는 없다. 이는 부채가 무한대면 회사의 가치도 무한대라는 의미이기 때문이다.

모딜리아니와 밀러는 이후 약간 다른 경로를 밟아 나갔다. 모딜리아니는 1958년에 작성한 논문은 일종의 '지적 장난감' 같은 것으로 실제적 의미를 가지는 것은 아니라는 겸허한 견해를 견지했다. 반면, 밀러는 그 논문을 굉장한 학문적 돌파구이자 업적이라고 자부하면서 추가적인 이론화에 몰두했다. 두 사람의 학문적 결별은 물론 개인적인 성향의 차이에서 비롯된 것일 수 있다. 그러나 모딜리아니는 고학생으로서 낮에는 책을 팔고 밤에는 공부를 하며 생계와 공부를 병행한 경험이 있는 반면, 밀러는 실제적인 일에 종사한 경험이 사실상 없는 온실 속 화초 같은 인물이었다는 점이 그 원인일 수도 있지 않을까?

빚을 내도록 종용하는 사회

무관성 정리 수정 이론은 여전히 말이 안 되기는 했지만, 실제로 존재하는 '조세 혜택(tax shelter)'의 효과가 불완전하게나마 표현됐다는 점에서 의미가 있다. 조세 혜택이란, 회사가 부채를 갖게 되면 그 부채에 대한 이자를 지급해야 하는데, 이자를 먼저 제하고 나서 남는 순이익에 대해 법인세를 내기 때문에 회사 입장에서 누리게 되는 혜택을 말한다. 다른 말로 표현하면, 이자로 지급한 비용만큼 세금 혜택을 누리므로 그만큼 회사 가치가 올라가게 되는 것이다. 여기서 주목할 점은 이런 혜택은 개인에게는 거의 주어지지 않는다는 점이다.(이런 점들이 현대 자본주의 체제의 기본 구성단위를 회사라고 보게 만든다.)

이자 비용을 먼저 제하고 그다음에 세금을 물리는 것이 당연한 것 같지만, 사실 꼭 그렇게 해야 하는 이유가 있는 것은 아니다. 이자를 내기 전의 이익에 대해 세금을 먼저 물린 다음 남는 돈으로 이자를 내도록 법규를 정하는 것도 얼마든지 가능하다. 만약 후자의 방식으로 세금을 물린다면 어떻게 될까? 그러면 부채를 아무리 많이 진다고 하더라도 그로 인해 회사의 가치가 올라가는 일은 벌어지지 않는다. 법인의 이자 비용에 대해 세금 감면 혜택을 주는 것은 자기 자본보다 부채를 더 권장하는 것이다. 다른 말로 하면, 빚내는 사회를 종용한다는 의미로 볼 수 있다.

개인은 회사보다도 더 까다롭게 부채를 바라봐야 한다. 자신의 수입 규모에 비춰 원금 상환이 쉽지 않은 규모의 빚은 일종의 잠재적 시한폭탄과 같기 때문이다. 물론 개인의 소득 수준에 비해 엄청나게 큰 부채를 지고도 오히려 큰 이익을 보는 경우가 없지는 않다. 가령 하이퍼인플레이션이 발생하면 모든 채무자가 저절로 부채가 삭감된 것과 마찬가지의 이득을 보게 된다. 하이퍼인플레이션은 상상도 못 할 정도로 물가가 치솟는 것인데, 이런 상황에서는 돈의 가치가 급속히 떨어지게 된다. 그래서 같은 1천만 원의 빚이라도 나중에 갚는 시점에서 보면 별것 아닌 돈이 돼 버리고, 그렇기 때문에 실제로 부채가 삭감된 것과 같은 상황이 발생하는 것이다.

지난 30여 년 동안 우리나라에서는 "아파트 투기 거래는 돈이 된다."라는 주장을 하나의 공식이자 진리인 것처럼 간주해 왔다. 이는 은행 대출과 전세 제도라는 레버리지(투자 수익률을 극대화하기 위해 빚을 내는 것) 수단, 그리고 아파트 가격은 오르기만 한다는 믿음이 만나서 만들어 낸 것이다. 그런데 투기 대상의 가격이 오르는 것은 고사하고 조금이라도 하락하는 일이 벌어지면 얼마 안 되는 자기 자본이 매우 빠른 속도로 사라질 수도 있다. 한마디로, 부채는 양날의 검과 같아 잘 되면 큰 이익을 볼 수도 있지만, 잘 안 되면 완전한 파멸로 이끄는 무기로 변할 수 있다.

회계는 사실 별것 아니다. 이미 우리도 회계의 개념에 대해 충분히 알고 있다. 어렸을 때 용돈 기입장을 써 본 경험이 있고, 자유 입출금식 통장을 하나씩은 갖고 있지 않은가. 거기에 회계의 기본 원리가 숨어 있다.

회계의 영어 단어는 'accounting'인데, 이를 'bean counting'이라고 부르기도 한다. 즉 콩알 세기다. 콩이 몇 개가 들어오고 나갔는지, 그래서 남은 것은 몇인지 파악하는 것, 이것이 회계의 근본 모습이다. 여기서 콩은 물론 돈이다.

개인 입장에서 회계는 우선 돈이 얼마나 있는지를 파악하는 것이다. 가령 어떤 사람이 현금 3천만 원과 1천만 원어치의 주식, 1천만 원 가치의 부동산을 가지고 있다면 이 사람의 재산은 5천만 원이다. 왜냐하면 그 주식과 부동산을 지금 팔면 곧바로 2천만 원의 현금으로 바꿀 수 있고 그러면 총 5천만 원의 현금이 되니까. 그래서 장부에 그것을 있는 그대로 써 놓는다. 현금 3천만 원, 주식 1천만 원, 부동산 1천만 원, 이렇게 말이다.

여기서 현금을 포함해 예금, 주식, 부동산 등과 같이 현금화할 수 있는 것들, 그러면서 내가 소유권을 가지고 있는 것을 회계에서는 '자산(asset)'이라고 칭한다. 빌린 돈이 없다면 그것으로 끝이다. 자산의 목록을 보고 그 가치를 다 더하면 내 재산 전체가 된다.

만약 빌린 돈이 있다면 어떻게 될까? 예를 들어, 예금 5천만 원이 있는데 대출을 2천만 원 받았다면 내 자산 목록이 달라질까? '달라지지 않는다'가 정답이다. 대출을 받았든 받지 않았든 내 이름으로 돼 있는 5천만 원의 예금은 여전히 다 내 자산이다. 그렇다면 이 대출받은 것은 어떻게 처리해야 할까?

자신의 조달 방식을 보여 주는 대차대조표

이런 것을 처리하는 과정에서 복식 부기가 생겼다. 위의 예에서 자산은 5천만 원이지만 전부 다 내 재산이라고 할 수는 없다.(즉 재산과 자산은 비슷해 보이지만 다르다.) 그중 2천만 원은 빌린 돈이므로 갚아야 하기 때문이다. 갚고 나면 실제로 온전한 내 소유로 남는 것은 3천만 원에 불과하다. 복식 부기에서는 이를 표현하기 위해 빌린 돈은 '부채(liability)'라는 항목으로 모으고, 자산의 합에서 부채의 합을 빼고 남는 '순자산(net asset)'을 계산해 보여 준다. 경우에 따라 순자산을 '자기 자본' 혹은 '자본(equity)'이라고 부르기도 한다. 사실 순자산보다는 자본이 더 흔히 사용된다. 여기서 하나의 등식이 성립되는데, '자산 = 부채 + 자본'이라는 것이다.

이러한 관계를 일목요연하게 보여 주는 것이 바로 '대차대조표'다. 이 표는 왼쪽과 오른쪽으로 구성돼 있으며, 왼쪽을 '차변(debit)', 오른쪽을 '대변(credit)'이라고 부른다. 차변에는 자산 항목이, 대변에는 부채 항목과 잔존 순자산인 자본이 나열돼 있다. 대차대조표라는 명칭은 차변과 대변의 앞 글자를 딴 것이다. 영어로는 'balance sheet'라고 한다. "왼쪽과 오른쪽이 값이 항상 같다", "균형이 항상 맞는다"라는 의미를 담고 있다.

대차대조표는 여러 관점에서 유용하게 파악할 수 있다. 이를 개인의 소유로 돼 있는 모든 자산을 어떤 방식으로 조달했는지 보여 준다고 이해할 수도 있다. 즉 차변은 소유 자산을, 대변은 자금 조달원을 보여 준다. 만약 대출을 전혀 받지 않았다면 자금은 100퍼센트 개인의 재산에서 조달된 것이기에 이 경우 대변에는 자본만 존재한다. 만약 자산이 5천만 원이고 자본이 3천만 원이라면, 5천만 원의 자산 중에서 2천만 원은 빌린 돈으로 마련했음을 알 수 있다.

깡통 아파트, 대차대조표로 이해하기

한동안 깡통 아파트라는 말이 언론에서 오르내리던 적이 있었다. 처음에 이 말을 들었을 때 아파트가 오래돼서 깡통이라거나 날림으로 지어서 깡통 같다는 뜻인 줄 알았다. 그런데 알고 보니 "깡통 찬 꼴이 돼 버린 아파트"라는 의미였다. 이를 방금 전에 이야기했던 대차대조표 개념을 가지고 어떤 상황인지 알아보자.

현금으로 1억 원을 가진 사람이 5억 원짜리 아파트를 아무렇지도 않게 사던 시절이 있었다. 5억 원짜리 아파트가 곧 6억 원이 되고 7억 원이 될 거라고 기대했기 때문이다. 5억 원짜리 아파트를 현금 1억 원을 내고 살 수 있는 방법은 물론 없다. 그러니 어쩌겠는가. 전가의 보도와 같은 대출이 여기서 등장한다. 그렇게 4억 원의 대출을 받아 아파트의 소유권을 얻는다. 여기서 잠깐, 이 시점의 대차대조표를 살펴보도록 하자. 차변에는 5억 원짜리 아파트가 있다. 이번에는 대변을 보자. 부채가 4억 원 있고 원래 자기 돈이었던 1억 원이 자본으로 기록된다.

여기까지는 문제가 없어 보인다.

만약 기대했던 대로 아파트 가격이 6억 원으로 오르면 어떻게 될까? 그러면 차변에 있는 항목은 여전히 아파트 하나뿐이지만 이번에는 그 가치가 5억 원에서 6억 원으로 올랐다. 대변을 보면 부채는 4억 원 그대로여야 한다. 아파트 값이 올랐다고 내가 갚아야 할 대출이 올라가는 것은 아니니 말이다.

그런데 자산의 가치와 부채 및 자본의 가치의 합은 같아야 한다는 회계의 가장 기본적인 대원칙을 다시 상기하자. 그러니 그 원칙을 깨트리지 않으려면 자본이 1억 원에서 2억 원으로 오르는 수밖에는 없다. 즉 이제 이 사람의 자본은 1억 원에서 2억 원으로 올랐다! 만약 이 시점에서 이 아파트를 6억 원에 매도해 현금으로 바꾸면 어떻게 될까? 받은 돈으로 빚진 4억 원을 갚고 나면 차변에는 2억 원의 현금만 남고 대변에는 2억 원의 자본만 남는다. 1억 원의 현금이 눈 깜짝할 사이에 2배로 늘어난 것이다!

그런데 실제로는 정반대의 일이 벌어졌다. 아파트 값이 그대로 있는 것은 고사하고 뚝뚝 떨어진 것이다. 4억 원이 되자 대변에는 4억 원의 부채만 있고 자본은 사라졌다! 이 시점에서는 아파트를 팔아도 내 손에 남는 것은 아무것도 없다. 말 그대로 깡통을 차게 된 것이다. 아파트 가격이 3억 원으로 떨어지면 아무것도 안 남는 정도가 아니라 아파트를 팔아도 빚진 돈을 다 갚을 수 없다. 이런 일이 벌어지고 달리 갚을 수 있는 수단이 없으면 철창신세를 지게 되거나 개인 파산 상태에 빠지게 된다. 회사가 부도 후 청산 상태에 들어가는 것과 같다. 이것이 바로 깡통 아파트의 진실이다.

특정 기간의 돈의 흐름을 보여 주는 손익계산서

이제 회계의 다른 한 축인 돈이 들고 나는 부분을 살펴보자. 이 내용은 더도 덜도 말고 딱 가계부 이야기다. 직장인이라면 월급 등을 통해 돈이 들어오고 생활비, 저축 등으로 돈이 나간다. 한 달에 400만 원을 세후로 받는데 생활비로 400만 원을 쓴다면 남는 것이 없다. 생활비를 아껴 300만 원만 쓴다면 매달 100만 원씩 저금할 수 있는 여력이 생긴다. 카드를 아무 생각 없이 긁다 보니 500만 원을 쓰게 됐다면 이번 달은 예금 잔고가 100만 원 줄 수밖에 없다.

이러한 내용을 미리 정해 놓은 기간 동안 요약해서 보면 어떨까? 가령 전체 지출을 항목별로 분류해 전세 대출금 이자 비용 얼마, 기본 식비 얼마, 애들 교육비 얼마…… 이런 식으로 보면 어디서 좀 더 돈을 아낄 수 있는지, 이달에는 왜 지출이 갑자기 더 늘었는지 등을 알 수 있다. 이렇게 여러 항목별로 정리해 놓은 표를 '손익계산서'라고 한다.

손익계산서와 대차대조표는 독립적이지 않고 서로 연결돼 있다. 무슨 말이냐 하면, 손익계산서의 맨 아래 줄에는 순이익이라는 항목이 있어 그 결과에 따라 대차대조표의 값이 바뀐다. 예를 들어, 이달에 순이익이 100만 원 났다고 해 보자. 그러면 그만큼 예금액이 늘어났을 것이다. 따라서 이달 말의 대차대조표를 보면 전달 말보다 예금이 100만 원 늘고, 또 차변과 대변의 크기가 같아야 하므로 자본도 100만 원 늘어난다. 반대로 순이익이 마이너스인 경우, 가령 100만 원 순손실이 났다면, 예금과 자본이 모두 100만 원씩 줄어든다. 대략 여기까지 이해했다면 개인이 회계에 대해 알아야 할 것은 충분하다.

여기서 잠깐, 대차대조표와 손익계산서가 다루는 대상은 시간적 관점이 다르다는 점에 주목하자. 대차대조표는 시간을 정지시킨 채, 즉 특정 시점에서의 자산과 부채 및 자본의 상태를 보여 주는 표다. 마치 카메라를 들고 스냅 사진을 찍는 것과 같다. 자산 상태에 대한 스틸 사진을 얻는 것이다. 이와 대조적으로 손익계산서는 특정 시점이 아니라 특정 기간 동안의 돈의 흐름을 보여 준다. 이것은 샤워기에서 물이 흘러나오고 또 동시에 배수구로 물이 빠져나가는 욕조가 있을 때, 1분 동안 얼마나 물이 불어났는지 혹은 줄어들었는지를 보는 것과 유사하다.

중요한 것은 맨 아래 줄

마지막으로, 영어로 '보텀 라인(bottom line)'이라는 표현이 있다. 이 표현을 들어 본 적이 있다면 그 사람은 영어 공부를 제법 한 사람일 것이다. 글자 그대로 번역하면 '마지막 줄'이라는 뜻인데, 일반적인 용법은 "The bottom line is……." 같은 식으로 쓰인다. 사전을 찾아보면 '핵심', '요점'이라는 뜻으로 나온다. 나도 예전에 영어 공부를 할 때는 그냥 그렇게 외웠다. 그런데 나중에 MBA 과정에서 회계 과목들을 듣다 보니 이게 바로 회계 용어라는 것을 알게 됐다. 보텀 라인은 손익계산서의 맨 아래 줄인 순이익 항목을 가리킨다. 수입이 얼마이든 지출이 어디에 얼마가 빠져나갔든 결국 중요한 것은 순이익이 얼마인가다. 그래서 보텀 라인이라는 표현이 핵심, 요점의 의미로 사용되는 것이다.

실제로 보텀 라인은 중요하다. 개인의 손익계산서에서 순이익이 적자면 앞날은 어둡다. 지출은 자신의 수입 범위를 넘어서지 않는 수준에서 해야 한다는 것은 초등학생도 이해할 수 있는 원리지만 이를 지키지 못하는 사람들이 많다. 흥미로운 것은, 이런 경우 수입이 늘면 문제가 해결될 것 같지만 대개는 수입이 늘어도 지출이 그 이상으로 늘어 보텀 라인이 여전히 빨간색인 경우가 많다는 점이다.(회계 장부에서 음수는 관행적으로 빨간색으로 표시한다.) 적자 상태는 구조적인 문제라기보다 개인의 심리적인 문제일 가능성이 더 크기 때문이다.

3장

주식 가격을 예측할 수 있을까?

자산 수익률 예측의 어려움

K

P가 말한 주식에 투자하려면 K 과장에겐 최소한 3천만 원의 투자금이 필요하다. K 과장은 그동안 방치해 두었던 장롱 주식을 처분해 1천만 원을, 또 들고 있던 적금을 담보로 1천만 원을 빌리기로 마음먹었다. 모자라는 1천만 원은 아파트를 담보로 빌릴 계획이다. 대출받는 것이 부담스럽기는 하지만 최악의 경우 적금을 해약해 갚을 생각이다. 또 회사를 다니고 있으니 어떻게든 갚을 수 있겠다는 판단이 들었다. 대출 만기도 1년으로 해 적어도 투자 기간 전에 돈을 갚아야 할 걱정은 없다.

그런데 K 과장은 막상 돈을 구하고 나니 새로운 걱정이 앞선다.

'이 주식 투자가 정말 맞는 걸까? P는 자기 말만 믿으라고 하는데, 그렇게 확실한 거라면 왜 나한테 알려 준 거지? 아니야. P의 동생이 준 정보니 확실할 거야. P도 분명히 대출을 받아서 투자한다고 했어······.'

K 과장은 하루에도 마음이 열두 번씩 갈팡질팡했다. 행여나 좋은 기회를 놓칠까 봐 조바심이 났다. 결국 K 과장은 경영학과를 나온 고등학교 동기 S에게 오랜만에 전화를 걸었다. 잠시 안부 인사를 나눈 후 곧바로 주식 투자 이야기를 꺼냈다. 그러자 S는 대뜸 그런 것을 믿지 말라고 한다. 자기 주변 사람들 중에도 남의 말만 믿고 투자했다가 크게 손해 본 사람이 있다며 힘주어 말한다.

"주식 가격은 무작위로 변해서 아무도 맞힐 수가 없어. 학교에서도 그렇게 배웠다고. 아무리 펀드 매니저라도 요즘 날씨처럼 변덕스러운 주가를 무슨 수로 예측할 수 있겠어? 그들은 예언자가 아니야. 다시 생각해 봐."

통화가 끝나자 K 과장은 더 심난하다. 그는 지금 카페인이 간절하다.

앞면만 아홉 번
나왔지만 티 내지 않고
마치 모든 게 운명이라는 듯이
시크한 표정으로 뒷면에
판돈 전부를 걸며…….
올인.
COIN FLIP
F
/2
B
/2
0 0 0 0 0

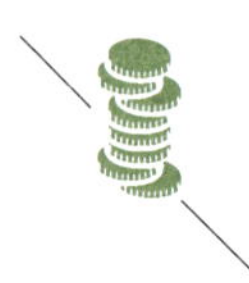

이 장에서는 주식과 같은 투자 자산의 가격을 예측하는 것이 얼마나 가능한지 알아보자. 보통 사람들이 생각하는 투자는 이 단계에 머물러 있다. 주가 예측을 잘하는 것이 무엇보다도 중요하다고 생각한다. 그리고 그럴 능력이 된다고 떠벌리는 사람들이나 금융 회사는 쌔고 쌨다. 그런데 과연 그것이 진짜일까?

투자의 세계에서 미다스의 손은 가능한가

조금 뜬금없어 보이겠지만 동전 던지기 게임을 한번 생각해 보자. 앞면이 나올지 뒷면이 나올지 미리 정한 다음 동전을 던져서 나온 면을 맞히면 1만 원을 벌고 틀리면 건 돈 1만 원을 잃는 게임이다. 이 게임을 한 번 했을 때 돈을 벌 가능성, 즉 확률은 어떻게 될까? 아마도 대부분의 사람들은 반반이라고 대답할 것이다. 이 대답은 사실 맞을 수도 있고 틀릴 수도 있다. 아니, 그게 무슨 말도 안 되는 소리냐고? 동전을 던져 앞면이 나올 확률은 당연히 50퍼센트의 확률 아닌가? 좀 더 이야기를 해 보자.

이번에는 똑같은 동전 던지기 게임을 하는데, 바로 이전까지의 게임에서 앞면이 연속해서 10번 나온 상황이다. 이제 당신은 베팅을 해야 하는데 이런 경우라면 앞면에다 걸겠는가, 뒷면에다 걸겠는가? 아마도 뒷면이라고 대답한 사람들이 적지 않을 것이다. 그 논리는 다음과 같을 것이다. 동전은 앞면이 나올 확률과 뒷면이 나올 확률이 같아야 마땅하다. 그런데 이미 이 동전은 앞면이 연속해서 10번 나왔다. 그러니 이 시점에서 또다시 앞면이 나올 확률은 매우 적어야 한다. 이렇게 계속 앞면만 나오다가는 앞면이 나올 확률과 뒷면이 나올 확률이 각각 50퍼센트로 같아야 한다는 원리에 점점 위배되기 때문이다.

이처럼 생각한 이들에게는 미안한 이야기지만, 이런 논리를 '도박사의 오류(gambler's fallacy)'라고 한다. 도박사의 오류란 도박에 익숙하지 않은 보통 사람들이 흔히 저지르는 오류다. 왜 이것이 오류일까? 동전을 던지는 행위는 이전의 결과가 이후의 결과에 영향을 미칠 수 없는 '독립 시행'에 속하기 때문이다. 즉 이 경우 앞면과 뒷면이 나올 확률이 각각 50퍼센트여야 한다고 생각한다면, 앞에서 무슨 결과가 나왔든 동전을 새로 던질 때 앞면이 나올 확률과 뒷면이 나올 확률은 여전히 같아야만 한다.

물론 동전을 던졌을 때 앞면이 연속해서 10번 나오는 경우는 드문 일이긴 하다.* 하지만 아예 일어나지 않는 것은 아니다. 그 확률은 동전을 10번 던졌을 때 제일 먼저 앞면, 그다음 뒷면, 그다음 다시 앞면, 이런 식으로 앞면과 뒷면이 차례대로 번갈아 나오는 경우와 전적으로 동일하다. 사람들은 후자는 왠지 가끔은 발생할 수 있을 것 같고 전자

---

* 그 확률을 계산해 보면 0.5^{10}으로서 1/1024에 해당한다.

는 굉장히 일어나기 어렵다고 생각하는 오류를 흔히 범한다. 이러한 사고방식은 한편으로는 사물은 균형 상태(equilibrium)로 돌아가기 마련이라는 고전 경제학*의 사고방식과 닮았다. 또 가격이 가치에서 유리되면 언젠가는 다시 그 본래의 가치로 돌아오기 마련이라는 주식 투자에서의 근본주의자(fundamentalist)의 사고방식과도 비슷하다.

이와는 반대로 앞면이라고 대답한 사람들도 소수이기는 하나 일부 있을 것이다. 학교에서 가르치는 통상적인 확률 개념을 가지고 있는 사람들에게 이 소수의 선택은 비합리적으로 느껴질 것이다. 그런데 이 선택은 사람들이 생각하는 것만큼 비합리적이지는 않다. 왜냐하면 이들의 논리는 이런 식이기 때문이다. 앞면이 10번 연속해서 나왔다면 이 동전은 뭔가 앞면이 나오도록 제작된 특수 동전일지도 모른다. 그러므로 다음번 동전을 던졌을 때도 역시 앞면이 나올 가능성이 뒷면이 나올 가능성보다 높다.

이는 과거에 발생한 사건들은 그 자체가 하나의 정보가 돼 미래에 발생할 사건을 예측하는 데 도움이 될 수 있다는 논리로 이해할 수도 있다. 여기에는 일말의 진리가 담겨 있다. 이러한 사고방식은 가격이 과거에 변해 온 이력을 토대로 미래의 변동 양상을 어느 정도까지는 예측할 수 있다고 주장하는 기술적 거래자(technician) 혹은 차티스트(chartist)의 사고방식과 일맥상통한다.

● 사실 이러한 개념은 고전 경제학이 태동하던 18~19세기에 이미 확립돼 있던 물리의 역학 분야에서 차용해 온 것이다. 물리학은 그 후 양자역학, 비선형동역학, 혼돈 이론, 상전이 등의 개념을 정립하면서 균형 상태는 규칙이기보다는 예외에 속한다는 것을 보여 줬지만, 경제학은 여전히 이에 집착하고 있는 모습을 보이고 있다.

앞의 2가지 대답에 더해 동전 던지기는 독립 시행이기 때문에 이전에 앞면이 10번 나온 것과 무관하게 앞면과 뒷면이 나올 확률은 50퍼센트일 것이라는 대답까지 총 3가지 대답 중에서 정답은 무엇일까? 정답은 '알 수 없다'이다. 왜냐하면 당신이 이 동전에 대해 어떤 생각을 가지고 있는가에 따라 달라지기 때문이다. 주의 깊은 사람들이라면 이미 눈치챘을지도 모르지만, 앞에서 이 동전이 공정한 동전, 즉 앞면과 뒷면이 나올 확률이 같다고 가정한 적이 없음을 다시 한 번 확인해 보기 바란다.

당신이 생각하기에 이 동전이 공정한 동전이라면, 이전 10회의 시행 결과와 무관하게 앞면과 뒷면이 나올 확률이 각각 50퍼센트로 같아야 한다고 대답할 것이다. 반대로, 이 동전은 도박사가 뭔가 자신에게 유리하도록 손을 써 놓은 것이어서 앞면이 더 많이 나오는 것이라고 생각한다면, 앞면에 돈을 거는 것은 충분히 합리적인 결정이다.

하지만 이전에 시행된 10번의 동전 던지기 결과만 주어져 있는 상황에서 이 동전이 공정한 동전인지 아닌지에 대해 100퍼센트 확실성을 가지고 결정할 수 있는 수단은 안타깝게도 없다. 상식적으로 생각하면 성립하기 어려운 가설이지만, 뭔가 특별한 이유로 인해 이 동전은 맨처음 언급한 일종의 균형 상태로 돌아가려는 힘에 지배되는 동전이라고 생각한다면, 그것을 말릴 절대적인 방법 또한 없다.

지금까지는 동전을 던진다고 가정하고 이야기해 왔는데, 이 동전 던지기 게임의 결과를 거래 가능한 자산 가격의 변동으로 바꿔 생각한다고 해도 전혀 무리가 아니다. 주가나 원자재 가격 혹은 환율의 변동을 예측한 것으로 볼 수도 있다는 말이다.

세상에는 이처럼 여러 가지 설명을 동원해 가격 변동을 예측할 수 있다고 주장하는 사람들이 있다. 대개 업계에서 직접 트레이딩을 수행하거나 자산 운용을 하고 있는 사람들이다. 반면, 그러한 주장에 의심의 눈초리를 보내는 이들도 있다. 그런 이들은 대개 직접 거래에 나서지 않고 훈수를 두는 것에 만족한다. 훈수 장기에 일가견이 있는 이들은 적어도 언행일치의 미덕을 보여 준다. 예측은 불가능하기 때문에 투자를 하지 않는다고 말이다. 물론 이들이 아무 행동도 하지 않는 것은 자신에게는 없는 전문 거래자들의 일종의 비범한 능력에 대한 질투일 수도 있다.

그래도 자산 가격의 변동을 예측할 수 있다면 곧 엄청난 부의 획득으로 이어지게 되리라는 것만큼은 틀림없는 사실이다. 손대는 것마다 금으로 변해 엄청난 부를 얻게 된 그리스 신화의 미다스 왕처럼, 가격이 오를 자산은 사고 내릴 자산은 팔아서 재산이 기하급수적으로 늘어날 테니 말이다. 그런데 그리스 신화에 의하면, 미다스는 만지는 것마다, 심지어 물과 음식조차도 손에 닿으면 황금으로 변하는 바람에 굶어 죽을 위험에 처했다. 그제야 자신의 손이 재앙임을 깨달은 미다스는 애초에 자신에게 그런 능력을 준 디오니소스 신을 찾아가 자비를 구하며 다시 원래 상태로 되돌려 달라고 간청했다.

주가는 무작위로 변한다?

경영학에는 미래의 주가 변동이 과거와 무관하게 무작위로 결정된다는 주장이 실제로 있다. 만취한 사람이 길을 걸어갈 때 앞으로 갈지

뒤로 갈지 전혀 예측할 수 없을 정도로 무작위로(randomly) 걸어가는
(walk) 것처럼 미래의 주가 변동도 무작위로 움직인다는 의미로 '랜덤
워크 가설(random walk hypothesis)'이라 부른다. 철저하게 무작위적
이면 이전에 뒷걸음질했다고 이번에 뒷걸음질할 가능성이 커지는 것
도 아니고, 이전에 앞으로 나갔다고 이번에 앞으로 갈 가능성이 작아
지는 것도 아니다. 즉 앞으로 가는 것과 뒤로 가는 것의 확률은 각각
50퍼센트로 똑같으며, 이전의 변동 양상에 전혀 영향을 받지 않고 매
번 독립적이다. 따라서 이러한 주가 변동을 예측하려는 시도는 필연
적으로 실패할 수밖에 없다는 것이다.

여기서 주목할 짐은 랜덤 워크 가설이 나타내고자 하는 상황이 앞에
서 설명했던 공정한 동전을 던지는 것과 전적으로 동일한 상황이라는
것이다. 즉 주가의 변동이 랜덤 워크 가설을 따른다면, 그것은 공정한
동전을 연속으로 던지는 것과 같기 때문에 주가를 예측하는 것은 사
실상 불가능하다. 따라서 그로부터 안정적인 초과 수익을 거두는 것
은 있을 수 없는 일이다.

주가가 랜덤 워크로 움직인다고 할 때 그 주가 변동을 통계적으로
바라보면 경제학에서 흔히 가정하는 '정규 분포'를 따른다. 정규 분포
는 평균과 표준 편차의 2가지 변수만 있으면 그 확률 분포의 모든 성
질이 다 묘사되는 특수한 분포로, 독립적이고 무작위한 사건들에 의
해 만들어진다. 연기가 공기 중에 확산되는 현상이라든지, 잉크가 물
속에서 번져 나가는 현상 같은 것이 정규 분포가 성립하는 대표적인
사례다. 그런데 이 특수한 분포에 왜 '정규'라는 이름이 붙었을까? 통
계학에서는 주로 사람들이 자유 의지를 가지고 행동한다고 가정했는

데, 이와 달리 자연계의 사물들은 자유 의지가 있을 수 없기 때문에 무작위한 변동이 오히려 정상적이라고 생각했다. 그래서 이 분포에 '정규(normal)'라는 이름을 붙인 것이다.

시장에서 초과 이익을 얻는 것은 가능한가

랜덤 워크 가설은 이후 좀 더 이론적으로 확장된 형태로 변형된다. 바로 '효율적 시장 가설(efficient-market hypothesis, EMH)'이다. 랜덤 워크 가설이 성립한다면 이로부터 효율적 시장 가설도 성립한다고 볼 수 있다.(하지만 효율적 시장 가설이 성립한다고 꼭 랜덤 워크 가설이 성립하는 것은 아니다.)

효율적 시장 가설은 주가의 무작위성을 금융 시장에서의 정보의 효율성으로 바꿔 표현한 것이다. 정보의 효율성이라는 말은 사실 한 번에 그 의미가 와 닿지 않는다. 조금 쉽게 설명하면, 거래를 하는 데 유용한 정보가 있다면 그 정보를 가지고 있는 사람들은 즉각적으로 거래에 나서기 마련이다. 그로 인해 가격도 즉각적으로 변한다. 결국 가격에는 이용 가능한 정보들이 이미 다 반영된 상태인 것이다. 이처럼 정보가 효율적으로, 다른 말로 매우 빠른 시간 안에 가격에 반영되면 가격을 예측하는 것은 무의미한 시도가 된다. 그렇기 때문에 시장 수익률을 능가하는 초과 수익을 지속적으로 낸다는 것은 불가능하다.

주가에 긍정적일 것 같은 어떤 정보를 접해 주식 거래를 하려고 하는데 이미 그 정보가 다른 사람들에게도 알려진 상태다. 그러면 이미 그 주식은 거래가 이뤄져 주가가 이전보다 올라가 있다는 것이 바로 정보 효율성의 사례다. 주가는 각각의 뉴스에 합당한 만큼씩 순식간에 변해 버리기 때문에 더 이상 이익을 볼 방법이 없다는 것이다.

이용 가능한 정보가 금융 자산 가격에 충분히 반영돼 있다는 효율적 시장 가설은 가격에 반영되는 정보의 범위에 따라 약형, 준강형, 강형의 3가지 형태로 나눌 수 있다.

자산 가격의 과거 변동 이력이 모든 사람에게 알려져 있다고 할 때, 그 이력으로부터 유추할 수 있는 모든 정보는 사람들의 집합적 거래에 의해 이미 가격에 반영돼 있는 상태다. 그렇기 때문에 자산 가격의 과거 변동 이력으로부터 초과 수익을 얻을 수 있는 방법은 없다는 것이 약형(weak form) 효율성이다. 한마디로, 과거의 주가 정보만 가지고 미래의 주가를 예측할 수 있는 방법은 없다는 것이다. 만약 이 약형 효율성이 성립한다면, 앞에서 나왔던 기술적 거래자들이 수익을 거두는 일은 없어야 한다. 기술적 거래자들이 실행하고 있는 수익 모델이 바로 과거의 자산 가격 이력으로부터 미래를 예측해 초과 수익을 거두고자 하는 것이기 때문이다. 따라서 기술적 거래자들이 실제로 시장 수익을 능가하는 초과 수익을 거두고 있는지 아닌지를 살펴보면 약형 효율성이 실제로 성립하는지의 여부를 알 수 있다.

준강형(semi-strong form) 효율성은 과거의 자산 가격뿐 아니라 모든 종류의 공적 정보까지 효율성의 대상으로 포함한 것이다. 공개된 모든 종류의 공적 정보로는 기업의 재무제표나 거시 경제 지표를 비롯해 다른 많은 정보가 포함될 수 있다. 단, 일부에게만 공개된 정보는 준강형 효율성에서 이야기하는 공적 정보가 아니다. 준강형 효율성이 성립한다면 이번에는 가치 투자자들이 시장 수익을 초과하는 수익을 거둘 수 없어야 한다. 가치 투자자들은 재무제표 등을 잘 분석해 좋은 회사를 골라야 수익을 거둘 수 있다고 주장하는데, 재무제표 등은 공적 정보에 속하기 때문이다. 이것이 바로 시장에서 준강형 효율성이 성립하는지를 검증해 볼 수 있는 방법이다.

강형(strong form) 효율성은 정말 극단적으로 강력한 효율성이다. 강형 효율성이 성립한다는 의미는 비단 모두에게 공개된 정보뿐 아니라 일부만이 알고 있는 공개되지 않은 사적 정보를 가지고도 시장 수익을 초과하는 이익을 거둘 수 없다는 것이다. 가격에는 그러한 정보마저 반영돼 있다는 주장이다.

학계는 처음부터 이러한 3가지 형태의 효율성을 동시에 범주화해 제시했다. 이는 실제로 성립하는 것은 어느 것인지 아직 확인되지 않았다는 의미이기도 하다.

시장의 효율성에는 구멍이 있다

그렇다면 이처럼 학계에서도 이론의 여지가 있는 효율적 시장 가설을 어떻게 실제 투자에 접목시킬 수 있을까?

우선, 효율적 시장 가설을 전적으로 믿는 사람이라면 할 수 있는 일은 별로 없다. 어떤 시도도 결국은 초과 이익을 달성하는 데 쓸모가 없기 때문이다. 이 경우 시도할 수 있는 유일한 투자는 무위험 자산인 국채를 매입하거나 신용도가 높은 은행의 예금을 드는 것, 또는 주식 시장 전체에 해당하는 인덱스 펀드 같은 것을 사 놓고 마냥 기다리는 것뿐이다.

시장은 대체로 효율적이지만 완벽하게 효율적인 것은 아니라고 생각하는 투자자라면 할 수 있는 것들이 많다. 우스갯소리처럼 들릴 수도 있지만, 시장에 알려진 비효율성만 집중 공략하는 헤지 펀드들이 있다. 각각의 비효율성을 일일이 다 설명하는 것은 꽤 비효율적인 일이기 때문에 여기서는 그중 몇 가지 대표적인 것만 이야기해 보자.

가치 투자자들의 성과는 어떻게 설명할 것인가?

제일 먼저 워런 버핏(Warren Buffett)을 필두로 하는 가치 투자자들의 투자 방식이다. 이들은 주식 시장을 비롯한 금융 시장이 완벽하게 효율적이라고 생각하지 않는다. 시장에 참가하는 사람들이 완벽하게 합리적이지 않다고 보며, 사람들이 여럿 모이면 군중 심리로 인해 이러한 비합리성이 더 증폭된다고 믿는다. 그래서 금융 시장이 비이성적 과열(irrational exuberance)과 폭락 사이를 오가는 것은 그리 놀라운 일이 아니고, 주식 가격 자체가 그 회사의 가치를 늘 정확히 나타내는 것도 아니라고 생각한다. 이렇듯 가치 투자자들의 생각은 시장에서 거래되는 주가가 항상 그 회사의 실제 가치를 제대로 반영한 것이라는 효율적 시장 가설과 정면으로 배치된다.

효율적 시장 가설을 지지하는 사람들은 버핏이 놀라운 투자 성과를 거둬 왔다고 해서 가치 투자가 실제로 효과가 있는 것은 아니라고 주장한다. 세상에는 수많은 펀드와 펀드 매니저가 있기에 그중 어떤 한 사람이 버핏과 같은 수준의 이익을 지속적으로 거두는 것이 전혀 불가능한 일은 아니라는 것이다.

이를 동전 던지기 게임에 빗대어 생각해 보자. 앞면이 나오면 이익, 뒷면이 나오면 손실이 발생하는 상황인데 연속으로 10번 던졌을 때

10번 모두 앞면이 나오면 그것은 앞면이 나오게 하는 특별한 기술이 있어서라기보다 1천 번 정도 던지면 1번은 그런 일이 생길 수 있다는 것이다.

비슷한 개념으로, 2000년 월가에서는 펀드 매니저와 일반 투자자, 원숭이가 주식 투자 대결을 벌였다.(원숭이에게는 다트 게임을 통해 주식 종목을 고르게 했다.) 2000년 7월부터 2001년 5월까지 원숭이는 −2.7퍼센트, 펀드 매니저는 −13.4퍼센트, 일반 투자자는 −28.6퍼센트의 수익률을 기록했다. 무작위로 다트를 던지는 원숭이가 평균적인 펀드 매니저와 비견할 만한 투자 성과를 거둔 것이다.

그러나 이에 대해 버핏은 반론을 폈다. 펀드 매니저들 중 최고로 뛰어난 성과를 거둬 온 이들이 거의 예외 없이 가치 투자를 수행하는 매니저들이었다면 그것을 결코 우연으로만 치부할 수는 없지 않겠느냐는 것이다.

외환 시장에서는 비효율적인 수익이 계속 나고 있다

또 다른 비효율성의 대표적인 사례로 외환 시장이 있다. 외환 시장은 각국의 통화를 사고파는 시장이다. 통계적으로 보면 이자율이 낮은 통화로 돈을 빌려 이자율이 높은 통화의 예금에 가입하면 아주 크지는 않아도 무시할 만한 수준은 아닌 초과 이익이 발생하는데, 이를 '외환 캐리 트레이드(FX carry trade)'라고 부른다. 외환 시장 트레이더들은 경험을 통해 이러한 사실을 너무 잘 알고 있었고, 실제로 이를 통해 개인적으로 막대한 부를 축적한 트레이더도 많다. 이러한 초과 수익 사례에 대해 회의적인 견해를 가지기 쉬운 학계조차도 외환 캐리 트레이드가 유효하다는 것을 전적으로 부인하지 못했고, 이를 이론적으로 설명하기 위해 골머리를 썩였다.

이 외환 시장의 비효율성은 특히 경제학계의 골칫거리였다. 경제학에는 전가의 보도처럼 취급되는 '아비트라지(arbitrage)' 원리라는 게 있다. 아비트라지는 수익을 보기 위해 싼값에 사서 비싼 값에 파는 것으로(물론 일반적으로 이런 기회가 흔하지는 않다) 흔히 '차익 거래'라고 번역한다. 그런데 이를 계속하다 보면 결국은 가격이 하나의 값으로 수렴해 더 이상 수익을 거둘 수 없게 된다. 따라서 아비트라지 원리에 따르면, 비효율성은 사람들에게 알려지자마자 사라져야 마땅하다. 그러나 외환 시장에서는 비효율적인 수익 기회가 수십 년에 걸쳐 지속되고 있다. 학계는 이를 '외환 시장의 역설'이라 부르고, 정상적인 경제학 원리가 통용되지 않는 문제아로 낙인찍었다.

그렇다면 외환 시장에서는 왜 비효율적인 수익 기회가 쉽사리 사라지지 않는가? 이에 대해서는 여러 이유가 제시돼 왔다. 대표적인 것으로 중앙은행의 존재, 기업 등의 헤지 수요, 국가의 외환 시장 관련 규제 등이 있다. 중앙은행은 필요하다고 판단할 경우 외환 시장에 직간접적인 방법을 동원해 개입하는데, 중앙은행의 목표는 이익을 얻으려는 게 아니라 시장의 안정이나 환율의 인위적 조작이기 때문에 그로부터 초과 이익을 거둘 수 있는 비효율성이 발생할 수 있다. 또 기업들은 리스크 회피를 목적으로 헤지 거래를 주로 하기 때문에, 거시 경제적 변수에 의해 외국 통화의 매입이나 매도 수요가 한쪽으로 쏠리게 되면 그것이 초과 이익의 한 요소가 될 수 있다. 그리고 국가가 외환 시장을 특정한 방식으로 규제하면 비정상적인 초과 이익의 기회가 지속적으로 발생할 수 있는데, 중국 통화인 위안화가 대표적인 예다.

고빈도 거래의 존재

마지막으로 고빈도 거래(high frequency trading, HFT)가 있다.('고주파 거래'라고도 한다.) 일반적으로 남들보다 빠른 속도로 거래를 실행함으로써 리스크가 거의 없는 초과 이익을 달성하는 방법이라고 알려져 있지만, 실상은 그보다 훨씬 복잡하다. 초기에는 자산들 간의 통계적 성질을 이용해 무위험에 가까운 이익을 거두려는 통계적 차익 거래(statistical arbitrage)의 원시적 형태에 사용됐다. 그러다 주문이 거래로 성사되기까지 걸리는 시간을 조금이라도 단축시키고자 컴퓨터를 거래소 서버에 지리적으로 가깝게 위치시키는 것이 하나의 유행처럼 번졌다. 컴퓨터가 주문을 처리하는 속도는 물론 빛의 속도에 가까울 정도로 빠르지만, 물리적인 거리가 차이가 나면 다른 거래자들에 비해 불리할 수 있기 때문이다. 최근에는 거래소나 일종의 가상 거래소인 다크 풀(dark pool)이 거래를 체결시킬 때 사용하는 이른바 오더 북(order book)에 존재하는 복잡한 규칙을 최대한 활용해 글자 그대로 리스크를 전혀 지지 않고 초과 이익을 거두는 방식으로까지 진화했다. 가령 어떤 특정한 조건이 만족되면 자동적으로 매수 혹은 매도 주문이 취소되거나 혹은 새로 생겨나게 하면 리스크 없이 거래하는 것이 가능해진다. 최근 4~5년 사이에 가장 뛰어난 성과를 거둔 헤지 펀드들은 어떤 형태로든 이 고빈도 거래를 수행해 왔다. 이들과 거래소 사이에 모종의 밀약으로 그러한 어마어마한 이익이 가능하기도 했다.

몇 년 전 국내 증권사들이 단타 매매를 전문으로 하는 이른바 스캘퍼

(scalper)들에게 일반인들보다 속도가 빠른 전용선을 제공했다가 기소된 사건은 고빈도 거래의 원시적 형태가 국내에도 들어와 있다는 것을 잘 보여 준다. 전용선 문제는 논외로 치더라도 고빈도 거래의 이러한 약탈적 이익 쟁취가 과연 공정한 것이냐는 비판이 점점 대두되고 있다. 시장 효율성의 관점으로 보면, 고빈도 거래가 공정하냐는 질문이 나온다는 것은 이 고빈도 거래가 비정상적인 초과 이익을 거두고 있다는 방증이기도 하다. 고빈도 거래는 시장 비효율성의 가장 최근 사례다.

효율성의 관점에서 세상과 삶을 바라보면

시장의 효율성을 기계적으로 세상에 적용하면 약간 엉뚱한 결론이 나올 수도 있다. 아무리 노력해도 특별한 초과 이익을 거둘 수 있는 방법이 없으니 그냥 세상에 몸을 맡긴 채 대충 살아도 된다는 식으로 말이다. 세상이 이런 방식으로 효율적이라면 개인은 그저 세상의 평균 수준을 거스를 수 없는 별 볼 일 없는 존재가 될 것이다. 반면 세상은 그저 주어진 것이 아니라 각자의 결정과 노력으로 바꿀 수 있다고 믿는 사람들도 있다. 전자보다 후자에게 가능성과 희망이 있지 않을까.

효율적 시장 가설은 궁극적으로 "리스크를 감안해 조정하고 나면 세상에 공짜로 초과 수익을 거둘 수 있는 방법은 없다."는 의미다. 이는 물리학의 열역학 제2법칙을 연상시킨다. 열역학 제1법칙이 에너지는 형태가 변할 수는 있어도 양적으로는 보존된다는 법칙인 데 반해, 제2법칙은 에너지가 흐르는 방향을 규제하는 법칙이다. 예를 들어 온도가 높은 물과 낮은 물을 섞어 놓으면 그 상태 그대로 있지 않고 다 섞여 버려 종국에는 하나의 온도를 갖는 일종의 평형 상태를 유지하게 된다. 현재의 세상이 다양한 형태의 모습들로 구성돼 있을지라도 시간이 지나면 결국에는 하나의 균일한 모습으로 수렴하게 될 것이라는 말이다.

고전 경제학의 기반이라고도 할 수 있는 균형 개념은 사실 이러한 물리학 개념에서 차용한 것이다. 세상이 아무런 차이도 없고 다양성도 없는 전적으로 동질의 상태가 되는 것이 자연스럽다는 결론은 꽤나 우울하다. 경제학을 왜 "우울한 학문"이라고 하는지 알 것 같다.•

그렇지만 세상을 평균화·균질화하려는 힘에 맞서 새로운 동력을 창출해 내고, 더 나은 세계를 꿈꾸고 만들어 온 것이 인류의 역사라는 것을 상기해 보자. 시장의 효율성은 진리가 될 수 없는 것이다.

사실, 시장의 효율성은 유용한 개념이다. 이것을 법칙으로 떠받들어 금융 시장이 언제 어디서나 완벽하게 성립할 것이라고 기대하지만 않는다면 말이다. 세상도 완벽하지 않고 사람도 완벽하지 않고 삶도 완벽하지 않다. 그러니 그보다 더 중요할 리 없는 금융 시장에 완벽한 모습을 기대하는 것은 지나친 욕심 아닐까.

효율성 개념은 삶에서 유효하다고 알려져 있는 여러 개념들의 연장선상에 있다. 예를 들면, 모든 사람을 잠깐 속일 수도 있고 일부의 사람을 평생 속일 수도 있지만 모든 사람을 평생 속일 수는 없다. 이 말은 삶에서의 정보 효율성을 너무나 적절하게 표현한다.

• 영국 사상가 토머스 칼라일(Thomas Carlyle)이 했던 말로, 19세기 중반에 연애시를 쓰는 기술을 "즐거운 학문(gay science)"이라고 부르는 것이 유행하자 이에 빗대어 만든 표현이다.

이것을 삶에서의 '평판의 문제'로 이해해 볼 수도 있다. 평판이라는 것은 쉽게 드러나지 않는다. 한두 사람에게 잘해 준다고 크게 달라지지도 않는다. 그런데 이 평판이 두고두고 발목을 잡는 경우가 많다. 좋은 평판을 쌓기는 매우 어렵지만, 잃는 것은 순식간이다. 99번 잘하다가도 1번 잘못하면 그것으로 세간의 평이 땅에 떨어질 수 있다. "이 정도쯤이야 괜찮겠지?", "설마 누가 이걸 알겠어?" 하고 함부로 처신했다가는 낭패를 당하기 쉽다. 시장에서 소문은 재빨리 돌지만 그중에는 말도 안 되는 낭설도 섞여 있다. 반면 세상의 평판은 속도는 빠르지 않을지 몰라도 한번 자리 잡기 시작하면 쉽게 바뀌지 않는다.

사실 평판을 관리하는 특별한 방법은 없다. 하루 이틀 관리한다고 될 일도 아니다. 마라톤과 같은 일종의 장거리 경주인 셈이다. 그러니 평판을 관리하는 것은 외면을 바꿔 될 문제가 아니고 본질을 바꿔야 가능하다.

불교에서 말하는 카르마(karma), 즉 업보 또한 전적으로 똑같지는 않다고 하더라도 유사한 개념이다. 본인 혹은 선대에 몸과 입과 마음으로 짓는 선악의 소행은 당장은 아니더라도 미래에 선악의 결과를 가져오는 원인이 된다는 것이다. 즉 선을 행했으면 언젠가는 복을 받을 것이고, 악을 행했으면 언젠가는 벌을 받을 것이다. 이 개념은 전생에 지은 선악에 따라 현재의 행과 불행이 있고, 현세에서의 선악의 결과에 따라 내세에서 행과 불행이 있다는 인과응보와도 맥을 같이한다.

아무도 알아주지 않는 일이라고 하더라도 포기하지 않고 꾸준히 하다 보면 언젠가는 일가를 이루게 된다는 것 또한 삶에는 일종의 느리지만 강력한 효율성이 스며 있다는 것을 방증하는 것이다.

 ## 시장의 효율성을 주장한 경제학자들

실제 일어난 일인지는 확인할 수 없으나 시장의 효율성을 굳게 믿는 경제학자에 대한 유명한 일화가 있다. 어떤 사람이 길을 걷다가 땅에 떨어져 있는 5만 원짜리 지폐를 발견했다. 주위를 둘러보니 아무도 보는 사람이 없다. '이게 웬 떡이야?' 하고 지폐를 주우려는데, 옆에 있던 경제학자가 말린다.

"이보게, 그게 진짜 5만 원짜리 지폐라면 여태껏 아무도 줍지 않았을 리가 없지 않은가. 그건 가짜일 테니 줍지 말게."

주가의 무작위성을 주장한 선구자들

시장의 효율성에 최초로 주목한 사람은 19세기 프랑스의 브로커 쥘 르뇨(Jules Regnault)다. 1834년에 태어난 르뇨는 열두 살 때 공무원으로 일하던 아버지가 돌아가시면서 경제적으로 매우 곤궁한 유소년기를 보냈다. 이후 벨기에의 한 대학교에서 고등수학을 공부하던 형을 따라 브뤼셀로 갔다가 1860년경 형과 함께 다시 파리로 이주해 파리 거래소의 브로커로 일하며 큰돈을 모았다.

르뇨는 생전에 『우연의 계산과 거래소의 철학(Calcul des chances et philosophie de la bourse)』이라는 한 권의 책을 남겼다. 이 책은 르뇨가 브로커로 일하기 시작한 지 얼마 안 된 시점인 1863년에 출간된 것으로, 당시 사람들에게 큰 반향을 불러일으키지는 못했다. 어쨌든 그 책에 "주가의 변동이 무작위하다."라는 개념이 나온다. 사실 주가가 무작위하다는 개념보다 조금 더 놀라운 것은 "가격의 '편차'는 시간의 제곱근에 정비례한다."라는 언급이 있다는 점이다. 편차를 요즘 널리 사용하는 용어인 표준 편차로 이해한다면, 이것은 1970년대에 들어서야 널리 알려진 '확률 미적분학'의 내용과 정확히 일치하는 것이기 때문이다.

랜덤 워크 가설이 일반 대중에게 널리 알려지게 된 것은 프린스턴 대학 경제학과 교수 버턴 맬킬(Burton G. Malkiel) 덕이라고 보는 것이 타당하다. 맬킬은 1973년 『월가에서 비틀거리며 걷기(A Random Walk Down Wall Street)』라는 책을 발표했는데, 당시 베스트셀러였으며 11번째 개정판이 나올 정도로 아직까지 인기를 끌고 있다.(국내에는 "월가에서 배우는 랜덤워크 투자전략"이라는 이름으로 나와 있다.) 이 책에서 맬킬이 하고 싶었던 말은 월가에서 랜덤 워크 이론을 쓴다는 것이 아니다. 오히려 정반대로 월가 금융 회사들이 남들보다 더 뛰어난 투자 성과를 가져다줄 수 있다고 주장하지만, 학계의 랜덤 워크 이론에 의하면 그러한 주장은 다 부질없는 새빨간 거짓말이라는 것이다. 이 책의 영문 제목은 사실 중의적이다. "랜덤 워크가 월가를 침몰시켰다."라는 또 다른 해석도 가능하다.

효율적 시장 가설의 창시자, 파마

시장 효율성이 현대 금융론의 5개 기둥의 하나로 인정받게 된 것은 유진 파마(Eugene Fama) 덕이다. 1939년 미국 보스턴에서 태어난 파마는 1960년 터프츠 대학에서 프랑스어 학사 학위를 받았고, 이후 시카고 대학에 진학해 MBA와 경영학 박사 학위를 받았다. 파마의 박사 논문은 주가의 움직임은 예측이 불가능하고 기본적으로 랜덤 워크를 따른다는 내용을 담고 있다. 파마는 1970년 《저널 오브 파이낸스(Journal of Finance)》에 발표한 「효율적 자본 시장(Efficient Capital Markets)」이라는 논문에서 앞에서 언급한 약형, 준강형, 강형 효율성을 정의하면서 '효율적 시장 가설의 창시자'라는 지위를 얻게 됐다.

효율적 시장 가설이 제시된 이래 실제로 효율적 시장이 성립하는지를 입증하고 검증하기 위한 시도가 끊임없이 이뤄졌다. 특히 파마가 시장 효율성을 3가지 수준에서 정의한 뒤로 실제 금융 시장이 어느 수준의 효율성을 갖고 있을지에 대해 많은 이들이 궁금해했다.

당연한 이야기지만 업계와 학계는 이에 대해 서로 다른 입장을 취했다. 업계는 시장의 효율성 개념은 멋지지만 실제 금융 시장에서 완벽하게 성립하는 것은 아니며, 때때로 시장에는 비효율성이 존재할 수 있고 자신들은 그러한 비효율성을 찾아 초과 이익을 만들어 내는 것이라고 주장했다. 반면, 학계는 몇 가지 예외를 제외하면 시장의 효율성은 대체로 성립한다고 볼 수 있다는 입장이었다.

효율적 시장의 존재를 실증적으로 입증하는 것은 쉽지 않은 임무다. 이는 창시자인 파마도 인정했다. 실증적 검증에는 통상 '사건 연구(event study)'라는 것이 많이 사용된다. 이는 주가에 직접적인 영향을 미치는 뉴스, 예를 들어 기업 인수·합병(M&A)이 공개적으로 발표되는 시점을 전후로 주가가 주식 시장에서 실제로 어떠한 움직임을 보여 왔는지를 통계적으로 분석하는 방법이다. 인수·합병은 대체적으로 인수 회사의 주가에는 부정적으로, 피인수 회사의 주가에는 긍정적으로 영향을 미친다.

따라서 준강형 효율성이 시장에서 성립한다면, 그 인수·합병의 발표 시점 직전 주가의 변동이 있으면 안 되고, 발표 직후 아주 빠른 시간 안에 다른 수준의 주가로 변동돼야 한다. 그동안의 결과들을 보면, 발표를 전후로 주가가 변동되는 것은 사실인데, 이는 어느 정도 정보 효율성이 있다는 의미로 받아들일 수 있다.

한편 거의 예외 없이 공개적인 발표 시점 이전에, 가령 하루나 이틀 전부터 주가가 슬금슬금 변해 온 것을 발견할 수 있는데, 이는 강형 효율성이 성립되지 않는다는 증거로 볼 수 있다. 주식 시장에서는 모두에게 공개된 정보가 아닌 사적 정보를 가지고 거래해서 이익을 보는 '내부자 거래'를 법으로 금지하고 있는데, 공개 발표 이전부터 주가가 슬슬 변한다는 것은 내부자 거래가 실제로 벌어지고 있다는 증거이기도 하다.

40년 가까이 축적된 결과를 보면, 효율적인 것처럼 보이는 경우나 효율성이 부정되는 것처럼 보이는 경우가 모두 있었다는 것이 공정한 평가일 것이다. 살펴본 자료마다 효율성이 인정되지 않는 것을 볼 때, 효율성은 그 주창자들이 이야기하는 만큼 항상 어디에서나 성립하는 개념은 아니라고 보는 것이 타당할 것이다. 어쩌면 효율성은 그저 하나의 사고 틀(framework)로서, 생각하는 방식이나 개념에 불과한 것이라 실증적으로 입증하려는 시도가 애초에 필요 없는 것이었는지도 모른다.

정규 분포에 대한 경제학계의 집착

랜덤 워크 가설을 좀 더 거시적인 관점에서 보면 음미할 점이 많다. 미래에 가격이 오를지 내릴지 알 수 없을 때 그 확률이 각각 반반이 아닐까 하고 생각하는 것은 심미적인 기준으로 보면 꽤 그럴듯하다. 이러한 확률을 '선험적 확률'이라고 한다. 그리고 그러한 확률을 가정하면 그로부터 자연스럽게 따라 나오는 것이 바로 가격의 분포 혹은 가격의 수익률의 분포가 정규 분포라는 점이다. 이것 자체는 참으로 매력적인 결과였다. 그런데 나중에는 이것이 약간 다른 형식으로 변질돼 버렸다. 즉 "수익률의 분포는 정규 분포일 수 있다."가 아니라 "수익률의 분포는 정규 분포이지 않으면 안 된다."가 돼 버린 것이다.

정규 분포에는 2가지 특징이 있다.

우선, 정규 분포를 가지는 확률 변수의 연산이 다른 분포에 비해 훨씬 용이하다는 것이다. 주류 경제학계가 그토록 정규 분포를 버리지 못하는 이유를 이것으로 설명할 수 있다.

다음으로, 정규 분포에 의해 가정되는 미래의 불확실성은 굉장히 얌전한 것이라는 점이다. 정규 분포에 의하면, 미래에 급격한 변동이 발생할 가능성은 이론적으로는 0이 아니라고 하더라도 실제적으로는 0이나 다름없다. 원래 가격 변동은 예측할 수 없기 때문에 이를 확률로 보자고 출발한 것이었는데, 나중에는 그 무작위하다는 것 자체가 또 하나의 예측이 돼 정규 분포에 대한 집착으로 퇴행해 버렸다.

여담이지만 파마(Fama)는 본래 로마 신화에서 소문과 감정을 주관하는 여신의 이름이다.* 파마는 초자연적인 능력을 가진 괴물의 모습으로 묘사되곤 하는데, 눈과 입을 무수히 많이 가지고 있고 또 빠른 속도로 이동하는 것이 가능했다고 한다. 그래서 소문을 듣고 이를 사람들 사이에 즉시 널리 퍼트리는 능력이 있었는데, 그렇게 퍼트린 소문은 사실이기보다는 뜬소문이나 공포, 탐욕, 맹신 등과 같은 비합리적인 감정인 경우가 많았다. 그래서 파마가 소문과 감정의 여신으로 불리게 된 것이다.

최근 많은 관심을 끌고 있는 행동경제학에 의하면, 사람들은 완벽하게 합리적인 존재가 아니며 소문과 감정의 지배를 받아 시장에서 거래하기 때문에 시장은 안정적이기보다 근본적으로 불안정한 특성이 있다. 이와 같은 불안정한 시장과 효율적 시장은 동시에 양립할 수 없는 것이다. 저런 어원의 이름을 가진 파마가 시장의 효율성을 주장했으니 참으로 아이러니하다.

• 'fama'는 라틴어로 소문, 명성, 불명예, 여론 등을 뜻하기도 하는데, 이 단어는 영어의 'fame'과 어원이 같다.

 우리가 범하는 평균의 오류는 생각보다 많다

2012년 통계청 자료에 의하면, 우리나라의 가구당 평균 자산은 약 3.1억 원, 부채는 약 5천만 원, 연 평균 수입은 약 4천만 원이다. 우리나라 인구를 5천만 명이라 하고 가구당 평균적으로 5명의 구성원이 있다고 하면, 우리나라에는 총 1천만 가구가 있다고 할 수 있다. 물론 어디까지나 평균의 얘기다. 가구당 평균 자산이 3.1억 원이고 연 수입이 4천만 원이라는 이야기는 모든 가구가 1년에 4천만 원씩 벌며 3.1억 원의 자산을 가지고 있다는 게 아니다. 자산이 이보다 훨씬 많은 경우도 있고, 아예 없는 경우도 있다.

평균 자산을 구하려면 각 가구의 자산을 일일이 다 더한 후 전체 가구 수로 나누면 된다. 엄청난 일처럼 느껴질 수도 있지만 데이터만 확보돼 있다면 이를 계산하는 것은 손바닥 뒤집는 것보다도 쉽다. 어려운 일은 '통계 분포'를 이루는 원시 상태의 데이터를 긁어모으는 것이다. 왜냐하면 여기에는 지름길이 있을 수 없고 일일이 품을 팔아야 하기 때문이다.* 그런 일을 하는 곳이 바로 통계청이니 "이 많은 걸 다 어떻게 구해야 하나?" 하고 걱정할 필요는 없다. 우리가 기억해야 할 일은 자산의 크기나 연 수입과 같은 통계적 변수들은 하나의 값이 아

* 실제로는 약간의 통계적 지름길을 이용한다. 품을 100퍼센트 다 팔려고 해도 그렇게 할 수 없는 현실적인 제약이 있기 때문이다. 통계 숫자를 어떤 특정한 의도대로 조작하려는 것이 아니라면 이 정도의 지름길은 봐 줄 만하다.

니라 굉장히 넓은 분포를 가진다는 점이다.

통계 집단을 대표해서 보여 주는 평균의 매력

어떤 대상에 대한 통계 분포를 일단 확보하면 많은 것을 계산할 수 있다. 가장 대표적인 것이 바로 평균, 표준 편차, 분산이다. 표준 편차를 제곱한 것이 분산이니, 개념적으로 둘은 사실상 하나다. 즉 둘 다 어떤 통계 분포가 얼마나 넓게 퍼져 있는가를 수치로 표현한 값이다. 표준 편차는 평균과 같은 단위를 가지고 있기 때문에 직관적으로 이해하기가 쉬워 더 많이 쓰인다.

기령 자산의 표준 편차가 1억 원인 경우와 5천만 원인 경우가 있다. 이때 표준 편차가 1억 원인 경우가 자산의 분포가 더 넓게 퍼져 있다고 할 수 있다. 따라서 자산이 1억 원이 안 되는 가구와 10억 원이 넘는 가구의 수 또한 표준 편차가 5천만 원일 때보다 1억 원일 때가 더 많은 경향이 있다고 생각할 수 있다. 그런데 실제 통계 분포의 특성에 따라 바로 앞에서 언급한 경향이 위배될 수도 있으니 이를 너무 기계적인 내용으로 받아들이지 않았으면 한다.

'산술 평균'의 줄임말인 평균은 가장 흔하게 사용되지만 문제점이 많다. 사람의 키나 몸무게 같은 것들은 대개 그 범위가 한정돼 있으므로 평균을 구하고 그 평균으로 전체의 통계 집단을 대표해 나타내는 것이 어느 정도 의미가 있다. 그런데 자산의 크기나 연봉 같은 것은 키나 몸무게와 달리 극단적으로 크거나 작은 값을 갖는다. 흔히 하는 말로 미국 1, 2위의 부호 빌 게이츠(Bill Gates)와 버핏을 빼고 미국의 1인당 국민소득을 구하면 꽤 많이 떨어질 것이라는 농담도 있다.(사실

농담이 아니다!)

이런 경우 '중앙값(median)'을 참고하면 좀 더 균형 있게 이해할 수 있다. 중앙값은 전체 집단에서 딱 가운데 위치하는 값을 말한다. 예를 들면, 99명의 연봉이 있다고 할 때 50번째로 많은 연봉이 바로 중앙값이다. 우리나라 전체 가구의 자산의 중앙값은 얼마나 될까? 통계 조사에 의하면 2억 원에 약간 못 미친다. 우리나라에 1천만 가구가 있다고 가정하면, 딱 그 중앙인 500만 번째 가구의 자산은 평균 자산 3.1억 원보다 1억 원 이상 적다.

평균에만 집착하면 오류를 범하기 쉽다

평균을 구하는 가장 큰 이유는 평균이 통계 분포를 대표해서 보여 줄 수 있기 때문이다. 그런데 이렇게 평균을 구하고 나면 사람들은 평균만 기억하고 원래 분포 자체에 대해서는 눈감아 버리는 경향이 있다.

예를 들어, 당신은 1만 명의 병력을 지휘하는 사단장이다. 행군을 하다 보니 앞에 강이 나타났다. 부관에게 수심이 어떻게 되느냐고 물어보니 평균 80센티미터라고 한다. "우리 병사들 키가 아무리 작아도 그보다는 크잖아. 가슴 높이도 안 되겠는걸." 하고 생각하고 도하할 것을 지시한다. 그런데 이게 웬일인가? 당신은 부하들을 모두 잃고 만다. 강의 제일 깊은 곳의 수심이 5미터였던 것이다. 강의 대부분은 수심 30센티미터도 안 되는 얕은 여울이고 평균은 80센티미터라고 해서 제일 깊은 곳의 수심이 이보다 더 깊지 않다는 보장은 없다. 평균에만 의존하는 의사 결정은 이토록 취약하다.

더 큰 문제는 평균을 구한 것에 그치지 않고 이 평균을 다른 계산에 사용한다는 점이다. 그것이 무슨 문제냐고 생각하는 사람들이 적지 않을 것이다. 단언컨대, 이런 방식으로 계산하면 현실과 동떨어진 결론에 도달하게 되는 경우가 열에 아홉이다.(이것 한 가지만 제대로 깨달아도 이 책을 읽은 보람이 있다.)

예를 들어 보자. 편의상 현재 미화 1달러당 원화의 환율이 1천 원이라고 하자. K 과장이 알고 보니 기러기 아빠였다고 해 보자. K 과장은 한 달 유학비와 생활비로 미화 1만 달러를 아내와 아이들에게 보내 줘야 한다. 현재 K 과장은 1천만 원을 현금으로 가지고 있다. 그리고 환율은 한 달 뒤 500원으로 내려가거나 1500원으로 올라갈 가능성이 반반이다. 그렇다면 환율의 기댓값은 어떻게 될까? 기댓값이란 어떤 사건이 일어날 확률과 그때의 값을 곱한 것인데, 사건이 여러 양상으로 일어나는 경우에는 각 양상이 일어날 확률과 그 값을 곱한 다음 모두 더한 것이 기댓값이 된다. 따라서 K 과장의 상황에서는 한 달 뒤 환율이 50퍼센트의 확률로 500원이 되거나 50퍼센트의 확률로 1500원이 되므로 그 기댓값은 다음과 같이 구할 수 있다.

환율의 기댓값 = 50퍼센트 × 500원 + 50퍼센트 × 1500원 = 1천 원

즉 현재 환율과 같은 1천 원이 나온다. 그러니 한 달 후에 K 과장이 미국으로 보내 줄 수 있는 평균 미 달러 금액은 (1천만 원을 평균 환율 1천 원으로 나눠서) 1만 달러라고 계산할 수 있다. 그런데 환율이 500원으로 내려가면 그때 환전해서 바꾸게 되는 미 달러는 (1천만 원을 500원으로 나눠서) 2만 달러가 된다. 반대로 환율이 1500원으로 올라가면 환

전해서 얻게 되는 미 달러는 (1천만 원을 1500원으로 나눠서) 6667달러가 된다. 그러면 K 과장이 한 달 뒤에 송금할 미 달러의 기댓값을 실제로 구해 보면 다음과 같다.

> 미 달러의 기댓값 = 50퍼센트 × 2만 달러 + 50퍼센트 × 6667달러
> = 1만 3333달러

즉 평균 환율을 가지고 구한 1만 달러가 아니라, 1만 3333달러로 계산된다. 두 값 중 옳은 것은 말할 것도 없이 후자다. 다시 말해, 평균값을 먼저 구하고, 이 값을 다른 계산에 사용하면 전혀 엉뚱한 답을 얻기 십상이다.

통계 분포와 확률이 개입되는, 그래서 평균의 오류가 발생할지도 모르는 상황을 만나면 나는 다음의 문장을 되뇌면서 스스로를 각성시킨다. 이 문장을 기억해 두면 두고두고 큰 도움이 될 것이다.

"술 취한 사람이 차도를 무단 횡단하고 있다. 그 사람의 차도상의 위치의 평균값을 구하면 중앙선 바로 위다. 그 평균 위치에서 차에 치일 확률은 0퍼센트다. 하지만 사실 차에 치일 확률의 평균은 100퍼센트다."

4장

마음이 투자를 망친다

투자 의사 결정의 불합리성

“주가를 예측하는 것은 부질없는 일이야!”

K 과장은 깜짝 놀라 잠에서 깼다. 온몸에 식은땀이 흘렀다. 몇 날 며칠을 주식 투자 문제로 신경 썼더니, 고교 동창 S가 꿈속에까지 나와 전화로 했던 얘기를 무한 반복하는 것이 아닌가.

K 과장은 덜컥 겁이 났다. 결국 P가 말해 준 투자 기회는 잊어버리기로 했다. P에게 고사의 뜻을 어렵게 전하자 P는 그런 K 과장을 몹시 한심해했다.

“아니, 이게 얼마나 좋은 기회인데 그래!”

P는 그동안 자신이 짭짤한 수익을 거둔 사례를 몇 가지 얘기해 주면서 한마디 덧붙였다.

“학교에서 가르쳐 주는 이론대로 투자해서 돈 벌었다는 사람 본 적 있어? 돈 버는 사람들은 그런 거 신경 안 써!”

P의 이야기를 듣다 보니 또다시 K 과장의 마음이 흔들린다. 자신이 ‘팔랑귀’인 것은 알지만, 정말로 이 말도 옳고 저 말도 옳은 것 같다. 이럴 땐 차라리 누군가 대신 결정해 줬으면 좋겠다는 생각이 든다.

꿈자리가 뒤숭숭한 날엔
4가 들어간 숫자는 안 찍지.
이 이상 어떻게 더
합리적인감?

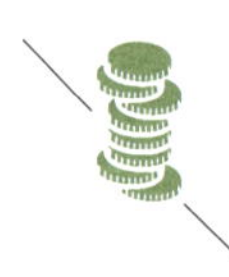

이 장에서는 투자자가 내리는 의사 결정이 실제로 얼마나 합리적인지 알아보자. 투자 결정이 실제로 이성적으로 이뤄진다면 개인 입장에서 조금은 안심이다. 합리적인 규칙이나 이론을 따라 하면 그만이니까. 하지만 합리적이지 않다면 문제는 심각해진다. 자기 딴에는 그럴듯하게 투자한다고 했는데, 실제로는 어이없는 결정을 내릴 수도 있기 때문이다.

로또를 사는 행위는 얼마나 합리적일까?

투자 심리를 알아보기 위해 많은 사람이 재미 삼아 구입하는 로또에 관해 한번 살펴보자. 투자와 돈 이야기를 하다 말고 로또는 또 무슨 소리냐고? 그런데 사실 개인 투자자 입장에서 주식과 로또는 배고픈 사람의 눈앞에 있는 오렌지와 귤과 같다. 일확천금을 꿈꾸는 개인에게는 그저 다 같은 도구일 뿐이다. 그리고 약간은 불편한 진실이지만 수입과 재산이 적을수록 로또를 더 많이 사는 경향이 있다.

로또는 복권의 일종으로, 역사가 오래고 여러 나라에서 두루 팔린다. 우리나라에서는 1부터 45까지의 숫자 중 6개를 골라 다 맞히면 1

등이 된다. 순서는 상관없다.(다른 나라에서는 물론 규칙이 다르다.) 45개의 숫자 중 6개를 맞히는 것은 극히 어렵다. 여기서 어렵다는 말은 임의대로 숫자를 골랐을 때 그 숫자가 맞을 가능성, 즉 확률이 매우 낮다는 뜻이다. 당첨 확률이 얼마나 낮은지 실제로 계산해 보면 대략 800만분의 1보다 조금 더 낮다.

문제를 단순화하기 위해 로또 당첨 확률을 1천만분의 1이라고 하자.(즉 0.00001 퍼센트다.) 즉 1부터 1천만까지의 숫자가 각각 써진 1천만 개의 공을 통에 넣고 눈을 가린 채 하나를 뽑는 셈이다. 그 숫자가 자신이 고른 숫자와 같으면 당첨금을 받고, 아니면 돈을 잃는다.

자, 이제 본격적으로 살펴보자. 로또 1등에 당첨되면 50억 원을 받는다. 당첨되지 않으면 1천 원을 날린다. 지난 12년 동안 로또 1등 당첨금은 평균 20억 9531만 원이었다. 당첨금만 봐도 몸이 근질거리지 않는가. 50억 원에서 세금을 내도 34억 원의 현금이 내 손에 들어온다. 잃어 봐야 고작 1천 원이다. 이쯤 되면 왜 그토록 로또가 인기인지 충분히 이해될 것이다.

그러나 경제학자들은 의견이 다르다. 보통 사람들이 확률을 잘 몰라서 속고 있다는 것이다. 그들은 이럴 때 제대로 된 판단을 하려면 기댓값을 구해야 한다고 주장한다. 이때의 기댓값은 이익이나 손실 금액에 그 확률을 각각 곱해 다 더한 것이다. 예를 들어, 가상의 로또 1장의 기댓값을 구해 보면 500원 손실로 계산된다. 1천 원을 잃을 확률은 99.99999퍼센트라서 곱하면 1천 원이 나오고, 50억 원에 0.00001퍼센트를 곱하면 500원이 나오기 때문이다.

경제학자들은 이와 같이 마이너스 기댓값, 즉 불리한 확률을 가지는 로또 같은 것에는 투자하지 말아야 한다고 주장한다. 사실 경제학자들만 이러한 주장을 하는 것은 아니다. 수학자들도 이에 동의할 것이다. 그럼에도 수많은 사람이 이에 개의치 않고 로또를 산다. 경제학자들은 혀를 끌끌 차며 사람들이 합리적인 의사 결정을 하지 못한다고 지적한다.(나도 한때 그렇게 생각했던 적이 있었다.)

그렇다면 이번에는 문제를 좀 더 재미있게 만들어 보자. 로또 1등이 되면 50억 원의 당첨금을 받는 것은 같은데, 당첨되는 경우가 3가지로 늘었다고 해 보자. 즉 당첨 확률이 0.00001퍼센트에서 0.00003퍼센트로 올라간 것이다. 1등이 되기 위해 맞혀야 하는 숫자를 1개로 줄이고 당첨금을 150억 원으로 올렸다고 생각해도 무방하다. 이 경우 기댓값을 계산해 보면 500원 이익으로 나온다.(실제로는 이런 일이 벌어지지 않는다. 로또 수입금에서 대략 50퍼센트를 떼고 나머지를 당첨금으로 주는 규칙 때문이다.)

경제학자들이여, 이번에는 로또를 사야 한다고 조언할 것인가? 아마도 그럴 것이다. 심지어 몇몇 경제학자들은 직접 로또를 사기도 할 것 같다. 1천 원을 들여 로또 1장을 살 때마다 500원의 이익을 예상할 수 있으니 많이 살수록 벌 수 있는 돈의 기댓값도 커진다. 이대로라면 1억 원어치를 사면 5천만 원을 벌 수 있고, 10억 원어치를 사면 5억 원 벌 수 있다고 기대할 수 있다.(실제로는 로또 구입액에 상한선이 있어 1인당 10만 원까지만 살 수 있다. 그런데 로또 판매점을 여러 군데 돌아다니는 수고를 마다하지 않는다면 이 제한은 피해 갈 수 있다. 귀찮지만 불가능하지는 않다.) 황금의 나라, 엘도라도가 따로 없지 않은가!

경제학적 관점에서 보면, 전자의 로또를 사는 것은 바보 같은 일이지만 후자의 로또를 사는 것은 놓쳐서는 안 될 기회다. 그런데 이 문제를 조금 다른 관점에서 바라보자. 로또는 1주일에 1번 발행된다. 현재 우리나라는 규정상 만 19세가 되는 1월 1일부터 로또를 구입할 수 있다. 매주 1천 원짜리 로또를 1장씩 산다고 가정해 보자. 1년은 52주이니 10년을 계속하면 520번, 60년을 계속하면 총 3120번 살 수 있다. 만 78세까지 살고 죽게 되면 딱 60년이다.

그렇다면 죽을 때까지 1등에 당첨될 확률은 얼마나 될까? 1등 숫자가 1개라면 그 확률은 0.03퍼센트다. 1등 숫자가 3개여도 그 확률은 0.09퍼센트에 불과하다. 확률이 0.03퍼센트라는 말은 3천 명 중 1명 정도 평생 1번 로또에 당첨될 가능성이 있다는 말이다. 다른 말로 하면, 99.97퍼센트의 확률로 60년 동안 매주 1천 원씩 날리면서 살다가 저세상으로 간다는 뜻이다. 그래도 500원이라는 플러스 기댓값 때문에 로또를 살 것인가?

이번에는 문제를 이렇게 바꿔 보자. 맨 처음에 언급한 로또와 유사한데, 1천만분의 1의 확률로 50억 원을 잃을 수 있고, 나머지 경우에는 1천 원을 버는 경우다. 손익의 방향이 정반대가 됐다고 생각하면 된다. 물론 기댓값은 앞에서 계산한 −500원에 −1을 곱해 500원 이익으로 나온다. 거의 모든 경우 1천 원이라는 돈을 벌지만, 1번이라도 재수 없는 일이 벌어지면 그동안 번 돈과는 비교할 수 없을 정도로 큰 돈을 잃게 된다.(어디서 많이 들어 본 이야기 같지 않은가? 실제 금융 문제에는 이와 비견될 만한 상황이 너무나 많다.)

앞에서 마이너스 기댓값에도 불구하고 첫 번째 로또를 사던 사람이 이 거래에서는 어떠한 태도를 보일까? "설마 재수 없는 일이 나한테 벌어지겠어?" 하며 1천 원의 이익을 보자고 50억 원의 손실 가능성을 떠안는 사람이 없지는 않을 것이다. 경제학자들은 기댓값이 플러스니까 이러한 선택은 정당화될 수 있다고 하겠지만, 만약 손실 금액이 150억 원으로 올라간다면 어떨까? 50억 원의 손실 가능성에 대해 개의치 않아 하던 사람이 최대 손실이 150억 원이 됐다고 이를 그만둘까? 그렇지 않을 것이다. 기댓값이 마이너스이므로 그만둬야 한다고 경제학자들이 주장한다고 해서 그들이 로또 구입을 중단할 것 같지는 않다. 사람들이 이러한 결정을 하는 것을 보면 경제학이 뭔가 놓치고 있는 부분이 있음을 알 수 있다.

손실은 외면하고 싶고 이익에는 조바심 나고

　로또의 기댓값이 마이너스임에도 사람들이 계속 로또를 사는 것처럼, 투자에 대한 의사 결정도 사실 꽤나 비합리적이다. 어떤 주식을 고르고 사고파는 과정은 경영학 교과서에 나와 있는 대로 우아하게 그리고 냉정하게 진행되지 않는다. 경제학에서는 개인이나 기업 등 모든 경제 주체가 합리적이라고 가정하는데, 실제로 합리적인 인간을 만나기는 무척 어렵다. 그것이 잘못이라고 말하는 것은 아니다. 투자에 있어서 비합리적으로 보이는 의사 결정을 하는 경향이 거의 대부분의 사람들에게 있다는 것이 현실이라는 점을 지적하고자 할 뿐이다.(이 말을 하는 나도 예외는 아니다.)

　잠깐 내 이야기를 해 보려고 한다. 투자은행에서 일하는 사람들은 개인적으로 주식 투자를 하는 일이 쉽지 않다. 이런 이야기를 들으면 대부분 "누구보다 돈을 전문적으로 다루는 사람들이 쉽지 않다니?" 하는 반응을 보일 것이다. 돈에 대한 전문 지식도 있고 남들이 잘 모르는 정보를 얻는 경우가 많은 것도 사실이다. 그런데 그러한 정보를 가지고 주식을 매매하는 것은 법으로 엄격히 금지돼 있다. 그러한 행위는 바로 '내부자 거래'에 해당하는 불법 행위이기 때문이다.

예를 들어, 내가 회사의 사장인데 회사가 곧 망할 것 같아서 보유 주식을 모두 내다 팔았다. 이렇게 되면 선량한 개인 투자자들은 큰 손해를 입게 된다. 그래서 이런 일을 방지하기 위해 주식 매매를 하려면 준법(compliance) 부서의 승인을 받도록 돼 있다. 내부자 거래에 해당하는지를 검토하는 과정인 것이다. 준법 부서는 승인을 해 줬다가 나중에 문제가 생기면 자신들도 책임을 져야 하므로 웬만해서는 해 주지 않으려고 한다. 힘들게 승인을 받았다고 하더라도 당일 내로 거래해야 한다. 이런저런 귀찮은 일을 생각하면 "차라리 안 하고 말지." 하는 생각이 자연스레 들게 된다.

그런데 주식 투자를 할 수 있는 때가 있다. 바로 직장을 옮길 때다. 전 직장을 그만두고 새 직장으로 옮기기 전까지는 아무런 제약이 없다. 2007년 내게도 그런 기회가 한 번 있었다. 바클레이스캐피털 싱가포르 지점을 그만두고 도이체방크 홍콩 지점으로 옮기는 데 20일이라는 공백이 생겼다. 나는 이때다 싶어 학교에서 배웠던 여러 이론을 총동원해 투자 대상을 물색했다.(이 이론들은 이 책 뒤에서 하나씩 다룰 것이다.) 그렇게 선정한 세 종목의 주식에 1천만 원을 투자했다. 포스코, 우리은행, 동부화재였다.

투자 결과가 궁금한가? 2014년 현재, 그 주식 포트폴리오의 가치는

700만 원을 약간 상회한다. 무려 7년이 넘는 시간이 지났지만 20퍼센트가 넘는 원금 손실을 맛봤다. 빌린 돈으로 투자한 것은 아니기에 급하게 팔아야 할 이유가 없어서 지금은 그냥 그대로 가지고 있다. "원래 투자할 때는 장기적인 안목으로 해야 돼." 하고 자위해 보지만 사실 좀 씁쓸하다.

지금 내가 하고 있는 행위는 비합리적인 투자 행위 중 가장 흔한 것이다. 손실을 보더라도 "언젠가는 괜찮아지겠지." 하는 헛된 희망을 품고 그냥 내버려 두는 것이다. 바로 손실을 인정하고 싶지 않아서다. 그러니 당초의 투자 결정이 그다지 옳은 것이 아니었다고 판명되더라도 아무런 추가 대책을 세우지 않는다. 대개 이런 경우, 가격이 더 떨어져 더 큰 손실을 입을 수도 있다. 아차 싶을 때는 이미 너무 늦은 경우가 많다.

손실을 인정하지 않는 것과 쌍벽을 이루는 비합리적인 행위가 하나 더 있다. 이익이 조금만 나면 그 이익이 어디로 사라질까 봐 겁먹고 주식을 팔아 버리는 경우다. 1만 원을 주고 산 주식이 1만 500원이 되면 옳다구나 싶어 바로 팔아 버린다. 그런데 이렇게 성급하면 큰 이익을 거둘 재간이 없다. 이런 새가슴으로는 좋은 주식을 골라 봐야 별 소득이 없기 마련이다.

이러한 2가지 비합리적인 행위가 하나의 쌍으로 나타나면 이익은 작고 손실은 클 수밖에 없다. 이래서는 절대로 전체적으로 이익을 볼 수 없다. (실제로는 이보다 더 나쁘기 십상이지만) 예를 들어 주식을 샀을 때 오를 가능성과 내릴 가능성이 각각 반반이라고 해 보자. 그런데 오르는 주식은 고작 5퍼센트 이익이 나도 그거라도 확정짓고 싶어 냅다 팔아 버린다. 반면에 내려간 주식은 손실이 20퍼센트, 30퍼센트가 돼도 원금 손실을 볼 수 없다며 그대로 들고 있다. 그렇게 내버려 둘 경우, 대개는 50퍼센트의 손실을 입는다. 그러니 무슨 수로 이익을 볼 수 있겠는가.

미국 선물 시장에서 주로 활동하는 상품 거래 자문가(commodity trading advisor, CTA)들이 금과옥조처럼 여기는 규칙이 있다. 이러한 2가지 비합리적인 행위를 하는 경향에 저항해 정반대로 행동하는 것이다. "손실은 끊고 이익은 자라게 하라"는 말이다. 즉 작은 손실이 더 커지지 않도록 손실 난 주식은 과감하게 팔고, 오른 주식은 충분히 오를 때까지 팔지 말고 내버려 두라는 것이다. 이 2가지 행위가 합쳐지면, 가령 손실은 5퍼센트 정도에서 실현되고 이익은 그 이상이기 십상이니 돈을 벌지 않으려야 않을 수가 없다. 생각해 보면 너무 당연한 이야기지만 그대로 실행하는 것은 무척 어렵다. 이를 극복하려면 '내 안의 모순 덩어리 겁쟁이'와 치열하게 싸워야 한다.

확률을 오독하는 우리의 직관

그런데 이게 전부가 아니다. 로또의 예에서 알 수 있듯이 투자에서 확률은 사실 꽤 중요한 역할을 하는데, 인간은 확률을 예측하고 계산하는 능력이 과히 신통치 않다.(사실 빵점에 가깝다!) 무슨 이야기인지 다음의 예를 보자.

펀드 매니저들 중에는 실력이 뛰어난 사람도 있고 그렇지 않은 사람도 있다. 물론 다들 실력이 있다고 하겠지만. 실력 있는 펀드 매니저가 실제로 이익을 낼 확률이 80퍼센트라고 가정해 보자. 또 실력 없는 펀드 매니저가 손실을 볼 확률도 80퍼센트라고 가정해 보자. 전체 펀드 매니저 중에서 실제로 실력 있는 사람은 단 5퍼센트에 불과하다고 할 때, 이익을 낸 펀드 매니저가 실제로 실력이 있을 확률은 얼마나 될까?

이러한 질문을 받으면 많은 사람이 "실력 있는 펀드 매니저가 이익을 낼 가능성이 꽤 높으니 한 80~90퍼센트 정도는 되지 않을까?" 하고 생각한다. 놀라지 마시라. 계산해 보면 고작 17퍼센트에 불과하다! 이익을 낸 펀드 매니저가 6명이면 그중 겨우 1명 정도만 실제로 실력 있는 펀드 매니저라는 말이다.

왜 이런 답이 나왔는지 직접 계산해 보자. ① 실력이 있어 이익을 낸 펀드 매니저가 있고, ② 실력이 없는데도 운이 좋아 이익을 낸 펀드 매니저도 있다. 그렇다면 이익을 낸 펀드 매니저가 실력이 있을 확률은 ①과 ②를 합한 확률분의 ①의 확률로 나타낼 수 있다. 우선 ① 실력이 있어서 이익을 낼 확률을 계산해 보면 다음과 같다.(P는 확률을 나타낸다.)

① = P(실력 있음) × P(이익 냄 | 실력 있음)

= 5퍼센트 × 80퍼센트 = 4퍼센트

② 실력이 없는데도 운이 좋아 이익을 낼 확률은 다음과 같다.

② = P(실력 없음) × P(이익 냄 | 실력 없음)

= 95퍼센트 × (1 − 80퍼센트) = 19퍼센트

즉 각각 4퍼센트와 19퍼센트가 나온다. 그러니 이익을 낸 펀드 매니저가 실제로 실력이 있을 확률은 아래와 같이 계산할 수 있다.

①/(① + ②) = 4퍼센트 / (4퍼센트 + 19퍼센트)

= 4퍼센트 / 23퍼센트 = 17퍼센트

이것은 실제로 중요한 의미를 갖는다. K 과장 같은 일반 개인 투자자는 아무래도 투자에 대한 지식이나 정보가 부족하다 보니 전문적으로 투자를 대행해 주는 금융 회사나 펀드에 투자를 맡기는 경우가 많다. 그런데 현실이 이와 같다면 무자격 돌팔이 의사에게 맹장 수술을 맡기는 꼴이다. 또 과거에 수익을 낸 펀드 매니저나 금융 회사라 해서 미래에도 반드시 수익을 낸다는 보장이 없다는 의미도 된다.

이처럼 확률을 구체적으로 계산하지 않고 어림짐작으로 생각하면 엉뚱한 값을 지목하는 경우가 다반사다. 직관은 확률에 대해 뻔뻔스러운 거짓말을 하는 경향이 있다. 이를 극복하려면 많은 훈련을 해야 한다. 실제로 투자를 할 때 이런 계산까지 필요한 경우는 드물다. 하지만 확률에 대해 우리의 뇌가 헛소리를 지껄일 가능성이 매우 농후하다는 사실을 반드시 기억하기 바란다.(당신의 펀드 매니저가 사실은 운이 좋아 이익을 내고 있을 뿐이라는 사실도 함께.)

돈 문제 앞에서 '쿨'하지 못한 인간

K 과장은 학력도 좋고 신중하며 경제 지식도 풍부하지만 막상 투자

결정을 해야 하는 상황에서는 어쩔 줄 몰라 한다. 이 말을 들으면 이 말이 맞는 것 같고, 저 말을 들으면 저 말이 맞는 것 같다. 이 정도로 '팔랑귀'인 사람이라면 자신이 내린 결정이 옳다는 것을 어떻게 확신할 수 있겠는가? 그래서 투자를 하려면 심리학을 어느 정도 알아야 한다.

경제학에서 인간의 합리성은 매우 중요한 전제 조건이다. 이때 '합리적'에 해당하는 영어 단어는 'rational'인데, '이성에 합당한' 혹은 '감정에 좌우되지 않는' 등의 의미로 해석해 볼 수 있다. 사람들이 돈 문제에 있어서 합리적이라는 (좀 더 정확히는 합리적이어야 한다는) 경제학의 주장은 곧 개인은 자신의 금전적 이익을 최대화하는 방향으로 결정한다는 의미다. 자주 언급되지는 않지만 여기에는 약간 불편한 진실이 있다. "자기 이익을 늘리기 위해서라면 다른 사람에게 손해를 가해도 괜찮다."라는 약탈적 자본주의 개념을 암묵적으로 정당화하는 것이기 때문이다.(그래서인지 세상에 이타주의 같은 것은 존재하지 않는다고 말하는 경제학자들이 많다.)

일군의 심리학자들은 인간이 항상 합리적이라는 경제학자들의 주장이 반드시 맞지는 않다는 것을 오래전부터 느끼고 있었다. 사람들은 쉽사리 감정에 휩싸여 (심지어는 돈 문제에 있어서도) 말도 안 되는 결정을 내리기도 하고, 또 어떤 때는 자신의 이익을 희생하면서까지 다른 사람을 돕기도 한다. 전자의 예로는, 백화점 점원의 말에 자존심이 상해 자신의 월급으로는 감당이 안 되는 비싼 옷을 구입하는 경우를 들 수 있을 것이다. 후자의 예로는, 한창 손님이 많은 주말에 가게 문을 닫고 복지 시설을 찾아 짜장면을 만들어 봉사하는 중국집 주인의 이야기를 들 수 있을 것이다. 이렇게 자신의 이익을 최대화하는 것과 정반대되는 행동은 우리 주변에서 심심찮게 볼 수 있다. 심리학자들이 보기에 사람들은 오히려 비합리적인 모습을 보이는 경우가 대부분이다.

경제학의 영역에서 가장 오래된 비합리성의 예로 '베블런 상품(Veblen good)'이라는 것이 있다. 정통 미시경제학의 수요 법칙에 의하면, 가격이 올라가면 소비는 줄어야 한다. 그런데 20세기 초반 미국 사회학자 소스타인 베블런(Thorstein Veblen)은 특정 물건은 가격이 올라가면 수요가 줄지 않고 오히려 늘어나기도 한다고 지적했다. 그래서 미시경제학의 수요 법칙을 전면으로 부정하는 이러한 상품을 '베블런 상품'이라 부른다. 베블런 상품은 이른바 '과시적 소비(conspicuous consumption)'에 의해 나타난다. 가령 루이뷔통이나 프라다 같은 명품 가방이 그렇다. 가격이 오를수록 오히려 선망의 대상이 돼 몇 달치 월급을 모아서라도 반드시 사려고 한다.(물론 정통 경제학에서는 이를 변칙으로 간주하고 고려할 가치가 없다고 치부한다. 그래서인지 예일 대학에서 박사 학위를 받은 베블런은 경제학자로 간주되지 않는 경우가 많다.)

경제학의 합리성을 따르지 않는 사람들의 모습은 비단 이뿐이 아니다. 앞에서 말한, 이익은 빨리 실현시키고 손실은 내버려 두려는 경향을 좀 더 자세히 들여다보자.

이익을 최대화하려는 경제학의 관점에서 보면 10만 원의 이익과 10만 원의 손실은 이익과 손실이라는 점을 제외하면 동등한 것이어야 한다. 10만 원이라는 동일한 금액이 더 생기고 덜 생기는 문제이니까. 그런데 실제로 사람들의 반응을 관찰해 보면 이익과 손실에 대해 전혀 다르게 반응하는 것을 알 수 있다. 우리는 10만 원의 이익에서 느끼는 기쁨보다는 10만 원의 손실에서 느끼는 괴로움이 더 크다. 즉 이익보다 손실을 더 두려워한다. 그렇다면 이상하지 않은가? 손실을 더 두려워한다면 왜 손실을 빨리 자르지 못하고 내버려 두는가? 그 이유는 손실이 두렵기 때문에 그것을 확정하고 싶지 않아서다. 손실을 내버려 두면 언젠가는 다시 원래의 주가로 돌아와 원금을 회복하지 않을까 하는 막연한 기대 때문이다.

또 같은 10만 원의 손실이라도 그 손실이 발생한 시점에 따라 사람들은 다르게 느낀다. 가령 주가 하락으로 인한 처음 10만 원의 손실이 가장 속상하고, 손실이 커지면 커질수록 추가적인 10만 원의 손실은 대수롭지 않게 느낀다. "뭐, 어차피 이미 100만 원이나 잃었는데 여기서 10만 원 더 잃는다고 뭐가 달라지겠어?" 하는 생각을 해 본 적이 있을 것이다. 물론 10만 원을 잃은 것보다 110만 원을 잃은 것이 더 속상하다. 하지만 처음 10만 원과 비교하면 100만 원에서 추가로 10만 원을 잃는 것은 별로 대수롭지 않다.

경제학의 합리성을 따르지 않는 또 다른 모습은 사람들이 작은 확률에는 과민 반응을 보이는 반면, 어느 정도 이상 되는 확률에는 둔감한 반응을 보인다는 점이다. 이것은 무슨 말일까? 가령 어떤 투자가 99퍼센트의 확률로 100만 원을 벌거나 1퍼센트의 확률로 아무 이익을 얻지 못한다고 해 보자. 이때 이익의 기댓값은 99만 원이다. 한편, 대안으로서 100퍼센트의 확률로 90만 원을 벌 수 있는 투자 방안이 있다고 해 보자. 이익의 기댓값의 관점으로 보면 전자가 더 낫다. 하지만 이때 사람들은 100만 원 혹은 0원이 되는 경우보다 90만 원으로 이익이 확정된 경우를 더 선호한다. 1퍼센트는 별로 높지 않은 확률이지만 0원이 될 가능성이 무섭고 싫기 때문이다.(매우 드물지만 여객기 사고를 겪은 사람들이 사고 직후 비행을 회피하고 자동차로 여행하려고 하는 것도 같은 맥락이다. 사실 비행기 사고보다 자동차 사고가 날 확률이 훨씬 더 높지만 비행기 사고의 가능성이 괜히 크게 느껴지는 것이다.•)

선택의 순간, 인간의 비합리성이 고개를 든다

또 사람들은 의사 결정을 할 때 같은 상황이더라도 어떤 식으로 제시되느냐에 따라 영향을 받는다. 돈과 관련된 것은 아니지만 고전적인 예를 하나 들어 보자.

600명의 사람들이 치명적인 바이러스에 감염됐다. 내버려 두면 곧 다 죽을 상황이다. 의사들은 2가지 치료법을 제시한다. A 치료법은 200명을 확실히 살릴 수 있다. B 치료법은 600명을 다 살릴 수 있는 확률이 3분의 1, 아무도 살릴 수 없는 확률이 3분의 2다. 당신이라면 어떤 치료법을 선택할 것인가? 78퍼센트의 응답자가 A 치료법을 택했다. 살릴 수 있는 사람 수의 기댓값으로 보면 두 치료법은 같다. 하지만 A 치료법을 더 선호하는 것이 인간의 심리다.

여기까지는 그렇다고 치자. 이번에는 질문을 다음과 같이 바꿔 봤다. C 치료법을 쓰면 약효가 없어 400명은 확실하게 죽는다. D 치료법을 쓰면 아무도 죽지 않을 확률이 3분의 1이지만, 약효가 없어서 600명 모두 죽게 될 확률은 3분의 2다. 이번에는 어떤 선택을 할 것인

• 여기에는 사실 심리학에서 이야기하는 즉시성 효과(immediacy effect)라는 것도 개입돼 있다. 과거의 일에 비해 최근에 벌어진 일이 더 큰 영향을 미치는 것을 말한다.

가? 응답자의 22퍼센트만이 C 치료법을 선택했다.

그런데 곰곰이 생각해 보면 질문의 표현만 바꿨을 뿐 결국 A 치료법과 C 치료법은 전적으로 동일하다. 병에 걸린 600명 중 200명이 사는 것과 400명이 죽는 것은 동일하다. B 치료법과 D 치료법도 마찬가지다. 살릴 수 있는 확률이 3분의 1이라는 것과 아무도 죽지 않을 확률이 3분의 1이라는 것은 전적으로 동일하다. 그럼에도 '살린다'라는 말과 '죽는다'라는 말에 따라서 갑자기 A 치료법과 C 치료법을 선택한 비율이 78퍼센트에서 22퍼센트로 줄어든 것이다.* '살린다'는 것은 이익이고, '죽는다'는 것은 손실이다. 이처럼 우리는 이익보다 손실에 더 민감하게 반응하는 심리적 편향(bias)을 가지고 있다.

진화인류학자들에 의하면 인류의 선조인 원시인들은 맹수 등의 포식자를 상대하는 것이 쉽지 않았다. 어떤 위험이 닥치면 일단 무조건 맹수라고 간주하고 도망치는 편이 생존에 유리했다. 반면에 침착하고 합리적으로 상황을 파악하려는 성향을 가진 원시인들은 상대적으로 멸종되기 쉬웠다. 현 인류가 비합리적으로 속단하는 성향을 가진 원시인들의 후예라고 생각해 보면, 왜 우리가 그토록 비합리적인지 놀랍지 않다.(육체적인 힘보다 이성적, 정신적 노동이 중요해지는 현대 사회가 점차 모계 사회로 변해 가는 것도 충분히 이해가 간다.)

확증 편향(confirmation bias)도 우리에게 매우 뿌리 깊게 각인돼 있다. 이는 어떤 새로운 정보나 자료 등을 접할 때 자신의 기존 신념과

---

* 심리학에서는 이것을 틀 효과(framing effect)라고 한다. 동일한 정보인데도 어떤 틀 안에서 전달하느냐에 따라 정보를 받은 사람의 태도나 행동이 달라지는 것을 말한다.

지식에 부합되는 것만 받아들이고 부합되지 않는 것들은 무시하는 것을 말한다. 예를 들어 보자. 주식을 사기 전에는 주가가 어떻게 변할지 몰라 불안해하다가, 막상 사고 난 다음부터는 마치 종교적 신념인 양 주가가 오를 것이라고 스스로를 세뇌시킨다. 이때 새로운 소식이나 정보가 전달되면 본인이 듣고 싶은 것(주가가 오른다는 생각을 지지할 수 있는 것)만 받아들이고 주가에 악영향을 줄 수 있는 정보는 무시해 버린다. 특히 이러한 경향은 투자에 부정적인 영향을 미칠 수 있기 때문에 잘 기억해 둬야 한다.

과잉 확신 편향(overconfidence bias)도 무시할 수 없는 문제다. 물론 자기 자신에 대해 확신을 갖는 것은 어느 정도 필요하다. 다만 우리는 우리에게 이러한 경향이 있다는 것을 잘 인식하지 못한다. 스웨덴에서 수행한 한 설문 조사에 의하면, 자신의 운전 실력이 평균 이상이라고 생각하는 응답자가 무려 90퍼센트를 넘었다. 어디 스웨덴뿐이겠는가. 어느 나라든 비슷한 설문 조사를 해 보면 결과가 대동소이하다. "내가 주식을 고르는 실력이 좀 있는 것 같아." 하고 생각하는 사람들이 많지만 사실 착각이기 쉽다.

과잉 확신 편향은 왜 전쟁이 벌어지는지도 잘 설명해 준다. 전쟁을 벌인 당사국의 지도자들이 전쟁에서 질 것이라고 생각했다면 무력을 택하기보다 다른 정치적, 외교적 수단에 의존했을 것이다. 그런데 거의 예외 없이 전쟁을 벌이면 '틀림없이' 이길 수 있다고 믿는다. 이러한 성향은 특히 능력이 많고 인생에서 실패를 별로 경험한 적이 없는 사람들에게서 더욱 강하게 나타난다. 게다가 한 국가의 지도자급이라면 그 국가에서는 최고로 성공한 사람들이니 더욱 그러한 경향에 치우치는 것이다.

변형된 형태의 과잉 확신 편향으로 다음과 같은 것도 있다. 2012년 캘리포니아 버클리 대학에서 박사 학위를 받은 메리 스팀러(Mary Kate Stimmler)에 의하면, 사람들은 결과적으로는 최종 수익이 똑같은데도 복잡한 수식으로 표현돼 있으면 간단한 수식으로 표현된 경우보다 더 많은 리스크를 취하는 경향이 있다. 유사한 것으로, 별 볼 일 없는 내용을 뭔가 그럴듯해 보이는 수학 공식을 동원해 표현하면 굉장히 심오하고 대단한 것으로 바라보는 경향도 있다.

경제학의 합리성으로는 이 중 어떠한 것도 설명할 수 없다. 이러한 비합리적인 심리적 편향의 종류는 너무 많아 지금까지 이야기한 것 외에 다 설명하려면 책 한 권으로도 부족하다.(이러한 주제를 좀 더 알고 싶다면 심리학이나 행동경제학, 행동재무론 같은 책을 찾아볼 것을 권한다.)

그렇다면 K 과장 같은 개인 투자자가 스스로의 비합리성에 맞서려면 어떻게 해야 할까? 우선 자신이 비이성적인 판단과 결정을 내릴 수 있다는 것을 인정하는 것에서부터 시작해야 한다.(진부한 이야기처럼 들릴지도 모르겠지만 소크라테스가 "너 자신을 알라."라고 한 것을 명심하라.) 자신이 오류를 범할 수 있다는 것을 인정하는 한 작은 오판은 범해도 큰 오판을 범하기 어렵다.

그다음, 투자 결정을 할 때 주위의 의견을 두루 참고삼아 들어보기를 권한다. 그런 점에서 K 과장이 고등학교 동창에게 전화를 걸어 물어본 것은 칭찬할 만하다. 어디 동창만 좋은 상담자겠는가. 지인, 친구, 가족 모두 내가 보지 못한 다른 측면을 지적할 수 있다. 특히 아내나 남편은 절대 빼놓지 말아야 한다. 돈 문제이기 때문이기도 하지만,

그보다는 내가 언제 어떻게 비이성적인 판단을 하는지 누구보다 잘 알고 있기 때문이다.

참고로, 금융 회사는 다양한 의견을 검토하는 것을 아예 의무 절차로 만들어 놨다. '리스크 관리 위원회'라는 기구를 두고 여러 관련자를 소집해 다양한 각도에서 투자안을 검토한다. 그리고 최종적인 의사 결정은 투자와 무관한 사람이 내린다. 개인도 이런 방식을 택하면 좋지만 현실적으로 어렵다면 최소한 최종 투자 결정은 부부의 다른 일방이 내린다는 규칙도 생각해 볼 만하다. 개인이 꾸릴 수 있는 소규모 '리스크 관리 위원회'인 셈이다.

'로또 이후의 삶'이 주는 교훈

투자의 심리적 측면을 이야기한 김에 돈에 관한 심리 문제를 한 가지 언급하려고 한다. 앞에서 로또 이야기를 했는데, 전 세계 로또 1등 당첨자들이 이후 어떤 삶을 살고 있는지 궁금하지 않은가? 아무런 일을 하지 않아도 남은 생애 동안 쓰기에 부족함이 없는 부를 거머쥐었으니 동화책의 결말처럼 한평생 행복하게 살지 않을까?

그런데 로또 1등 당첨자들의 삶을 조사해 봤더니 당첨 이후 몇 년이 채 지나기도 전에 파산하거나 자살로 생을 마감하는 경우가 많았다. 패턴도 대개 비슷하다. 부동산과 차, 귀중품 등을 마구 사 대다가 한두 번 사기를 당하고, 그 와중에 가족과 친지는 모두 떠나 결국 알거지가 되는 식이다.

반면 소수지만 멀쩡히 잘 살고 있는 사람들도 있었다. 이들은 주변에서 로또에 당첨된 것조차 모를 정도로 평범하고 수수한 삶을 살았다. 돈이 많아졌지만 여전히 5천 원짜리 국밥 같은 것을 먹고, 대중교통을 이용하며, 허름하고 평범한 옷도 그대로였다. 로또라는 행운(혹은 불행)을 얻고도 이전과 같이 평범한 삶을 사는 것이다.

왜 그럴까? 사람마다 스스로 감당할 수 있는 돈의 크기가 있다. 이를 늘리려면 내공을 키워야 하는데, 대개의 경우 그렇게 하지 못한다. 그런 내공은 나이가 든다고 저절로 생기는 것도 아니다. 벼락 재산은 사람을 망치는 경우가 많다. 부와 명예를 거머쥔 연예인 중 자살로 삶을 마감하는 경우가 빈번한 것을 보면 돈의 많고 적음이 삶의 전부는 아닌 듯하다. 자신의 내공 크기를 넘어선 돈은 독약이 될 수도 있다는 점을 명심하자.

행동경제학의 창시자 대니얼 카너먼

심리학의 관점에서 경제 문제를 재조명하는 이론을 '행동경제학(behavioral economics)'이라 한다. 행동경제학은 사실 굉장히 광범위한 영역에 걸쳐 있는데, 그중 가장 중요한 측면('사람들은 이익보다 손실에 더 민감하다')을 최초로 이론화한 사람이 바로 심리학자 대니얼 카너먼(Daniel Kahneman)이다.

카너먼은 1934년 이스라엘 텔아비브에서 태어났다. 유년 시절을 가족과 함께 프랑스에서 보냈는데, 2차 세계대전이 발발하자 나치 치하에서 모진 고초를 겪었다. 가족 전체가 숨어 살았고 그 와중에 아버지를 여의었다. 이때부터 카너먼은 인간의 심리가 복잡하고 미묘하기 그지없다는 생각을 하기 시작했다.

카너먼은 2차 세계대전이 끝난 후 팔레스타인으로 이주했고, 이스라엘 건국 후에는 예루살렘 히브리 대학에 진학해 심리학을 전공하면서 동시에 수학을 부전공했다. 이스라엘군의 심리전 부대에서 병역 의무를 마친 후 1958년 미국으로 유학해 1961년 캘리포니아 버클리 대학에서 심리학 박사 학위를 받았다. 그 뒤 모교인 히브리 대학으로 돌아와 심리학을 가르치던 중 평생의 연구 조력자인 에이머스 트버스키(Amos Tversky)를 만났다. 둘은 사람들의 의사 결정 과정에 대한 실험적 연구를 수행해 나중에 하나의 논문으로 발표했는데, 이것이 본격적인 행동경제학의 시초로 간주된다. 앞서 설명했던 "사람들은 이익과 손실에 대해 다른 느낌을 갖는다."는 것을 실험으로 입증한 것이다.

카너먼의 이론을 가장 적절하게 표현할 우리말은?

카너먼은 자신의 이론에 'prospect theory'라는 이름을 붙였다. 우리나라에서는 보통 "전망 이론"이라고 번역한다. 나는 개인적으로 이 번역이 마음에 들지 않는다. 물론 영한사전에서 prospect를 찾아보면 '전망'이라는 뜻풀이가 있다. 그러나 우리말 '전망'이라는 단어에서는 "사람들이 이익과 손실을 느끼는 방식이 다르다."라는 내용이 느껴지지 않는다. "풍경을 조망한다"라는 다른 의미가 개입해 카너먼이 의도한 본뜻을 이해하는 데 방해된다.

그렇다고 영어 발음을 그대로 써 '프로스펙트 이론'이라고 쓸 수도 없다.(간혹 이렇게 쓰는 사람들도 있기는 하다.) 영어의 prospect와 카너먼의 의도를 생각해 보면, 차라리 '예상 이론'이라는 쪽이 좀 더 의미가 잘 전달된다. 사실 prospect라는 단어에는 '탐사', '탐광'이라는 의미가 있다. 이 의미야말로 "아직은 이익과 손실이 둘 다 가능한 불확실한 상황에서의 의사 결정"이라는 카너먼의 본래 의도와 가장 부합한다고 볼 수 있다. 그런 의미에서 '탐광 이론'이라고 쓰는 것도 괜찮다는 생각이 든다.

정통 경제학의 맹점을 찌른 행동경제학

경제학계는 처음에는 카너먼으로부터 유래된 새로운 이론들을 무시했다. 그런데 기존 경제학이 애써 모른 척 눈감으려고 하던 여러 가지 변칙들이 카너먼의 이론으로는 설명이 가능했다. 그리고 이러한 사실이 알려지면서 상황이 역전되기 시작했다. 물론 하루아침에 그렇게 된 것은 아니고 30년 가까이 걸렸다. 앞에서 베블런 상품을 소개하면서 변칙에 대한 이야기를 했는데, 가령 예일 대학의 로버트 실러(Robert Shiller)가 지적한 주식 시장의 변동성이 지나치게 높은 문제라든지, 어떤 주식이 주가 지수에 포함되느냐 마느냐에 따라 갑자기 다른 가격으로 거래된다든지 하는 문제 등이 그러한 변칙의 예다.

행동경제학 또는 행동재무론은 기본적으로 묘사적 성격을 가지고 있는 이론이다. 그래서 실제로 성립하는지의 여부를 논하는 것 자체가 꽤나 우스운 일이다. 묘사적 이론이란 실제로 관찰되는 사실이나 현상을 묘사하기 위해 만들어진 이론을 말한다. 이와 반대되는 것이 규범적 이론으로, 실제와 잘 맞지 않지만 (그럼에도) 그 이론대로 성립해야 한다고 혹은 성립하는 것이 마땅하다고 주장하는 이론을 말한다. 윤리나 종교가 대표적인 예다. 정통 경제학도 결국은 이러한 규범적 이론의 성격을 가지고 있다고 볼 수 있다.

5장

수익률은 리스크에 정말 비례할까?

수익률과 리스크의 불완전한 이중주

K 과장은 고민을 거듭한 끝에 P가 말한 투자 기회에는 더 이상 미련을 갖지 않기로 했다. 그 대신 자신이 오랫동안 생각해 왔던 삼성전자와 현대자동차의 주식을 사기로 결심을 굳혔다.

'그래. 어차피 내가 시작한 투자는 내가 책임져야 하니까 소신껏 투자해 보자. 그래야 후회가 없지.'

그렇다고 모든 문제가 해결되는 건 아니다. 최적의 포트폴리오를 구성하려면 먼저 삼성전자와 현대자동차의 수익률을 예상해야 한다.

'그런데 그런 것은 어떻게 알 수 있지? 처음부터 수익률을 예측할 수 있다면 투자로 손해를 입는 사람들이 나올 리가 없잖아.'

질문이 꼬리에 꼬리를 물었다.

K 과장은 수익률을 예측할 수 있는 방법이 없을까 고민하다, 문득 예전에 "수익률은 리스크에 비례한다."라는 이야기를 얼핏 들은 게 생각났다. 생각해 보니 틀린 말은 아닌 것 같다. 더 높은 수익을 얻으려면 더 큰 손실을 입을 가능성을 떠안아야 하는 것은 당연한 일 아닌가. 주식 투자를 하는 이유도 정기 예금 이자율보다 더 높은 수익률을 얻기 위해서인데, 주식이 정기 예금보다 더 위험한 것은 틀림없지 않은가.

K 과장은 수익률과 리스크의 관계를 좀 더 알아보기 위해 얼마 전 구입한 책들을 뒤적이기 시작했다.

반짝이는 게
모두 금은
아니란 말이지.
어쩐다…?

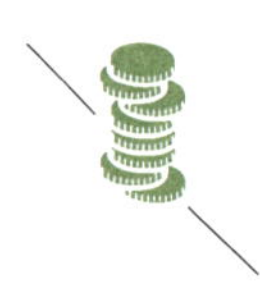

1451년 이탈리아 제노바에서 한 사람이 태어났다. 그의 장인은 선장이었고 그는 해도 제작 일을 하면서 자연스럽게 항해에 관심을 가졌다. 그러다 서쪽으로 항해를 계속하다 보면 인도에 도달할 수 있을 거라는 당시로서는 꽤 불경스러운 생각을 품었다. 탐험대를 꾸리기 위해 돈이 필요했던 그는 당시 최강의 해상 왕국인 포르투갈 국왕에게 지원을 요청했지만 단칼에 거절당하고 말았다. 그때 별다른 실적 없이 포르투갈의 성공을 질투하기만 하던 이웃 나라 스페인 국왕이 조바심에 못 이겨 그에게 손을 내밀었다. 1492년 그는 마침내 탐험에 나섰다.

비슷한 시기인 1443년 포르투갈 리스본에서 한 사람이 태어났다. 그는 유서 깊은 가문 출신으로 지역 법정 사무원의 직위를 계승했고 전쟁에서 약간의 공을 세우기도 했다. 국왕은 그의 능력을 인정하면서 인도로 가는 새로운 항로와 사제 왕 요한(Prester John)의 왕국[•]을 발견하라는 새로운 임무를 부여했다. 탐험에 나선 이 포르투갈의 귀족은 아프리카를 거쳐 동쪽 방향으로 가는 항로를 택했다.

●중세 시대에 동방의 어딘가에 있다고 믿은 풍요로운 기독교 왕국.

이익은 위험을 무릅쓰는 용기에서 비롯된다

15세기 두 탐험가의 이야기는 크게 차별점이 없다. 귀족 출신인 데다 과거의 실적도 있었던 후자의 탐험이 뭔가 더 가치 있는 결과를 가져오지 않았을까 하는 생각이 들기도 한다. 이 두 이야기의 주인공은 전자는 유명한 크리스토퍼 콜럼버스(Christopher Columbus)이고, 후자는 아폰수 드파이바(Afonso de Paiva)다. 콜럼버스는 원래 의도한 인도는 아니었지만 어쨌든 서인도 제도를 발견했다.(그는 늙어서 죽을 때까지도 본인이 발견한 땅이 인도라고 굳게 믿었다.) 반면, 드파이바는 탐험 중 행방불명됐다. 항해 도중 배가 난파됐는지, 병에 걸려 죽었는지, 아니면 원주민들에게 죽임을 당했는지 기록이 남아 있지 않아 분명히 알 수는 없다. 하지만 탐험에 아무런 소득이 없었다는 점은 분명하다. 500여 년이 지난 지금 콜럼버스를 아는 사람은 있어도 드파이바를 아는 사람은 그의 직계 후손을 제외하면 사실상 거의 없다.

15세기 항해와 탐험은 위험하지만 도전해 볼 만한 비즈니스였다. 유럽 입장에서 인도와의 무역은 굉장히 수지맞는 장사였다. 게다가 주인 없는 땅이라도 발견하게 되면 말뚝을 박고 자기네 땅이라고 선포할 수도 있었다.(대개는 원주민이 살고 있었지만 당시 원주민은 인간 취급을 받지 못했다.) 그러려면 먼 거리를 항해할 수 있는 튼튼한 배와 거칠면서도 실력 있는 선원과 병사가 필요했다. 말하자면 적잖은 돈이 들었다. 당시 유럽에서는 강대국인 포르투갈과 스페인의 왕실만이 그러한 비용을 감당할 여력이 있었다.

물론 왕실 입장에서 위험이 없지는 않았다. 탐험대를 보냈는데 아무

소득 없이 돌아오거나 심지어 드파이바처럼 사라져 버리거나 죽기라도 하면 들인 돈이 몽땅 연기처럼 사라지는 것이었다. 하지만 그중 한 척이라도 뭔가를 싣고 돌아오면 난파된 함선 몇 척 이상의 값어치를 할 수 있었다. 유럽 왕실은 원래 목숨 걸고 싸우는 것이 직업인 군인 귀족들이었고, 그렇기 때문에 위험을 무릅쓰지 않으면 아무것도 얻을 수 없다는 것을 오래전부터 체득하고 있었다. 그런 관점에서 탐험 비용을 다 잃어버릴 수도 있는 리스크를 당연히 짊어졌다.

탐험의 위험과 수익의 양면성은 비단 왕실만의 문제가 아니었다. 실제로 탐험에 나서는 이들은 그것을 더욱 강렬하게 느끼고 있었다. 왕실의 경우는 약간의 돈을 잃을 뿐이지만, 탐험가는 자신의 생명을 잃을 수도 있었다. 실제로 적잖은 탐험가들이 여러 원인으로 목숨을 잃었다. 그럼에도 콜럼버스 같은 이들이 그토록 탐험을 바랐던 이유는 성공할 경우 받게 되는 보상이 엄청났기 때문이다. 가령 콜럼버스가 새로운 땅을 발견하면, 부왕으로 임명되는 동시에 그 땅에서 발생되는 수입의 10분의 1을 대대손손 가져갈 수 있는 권리를 스페인 국왕으로부터 약속받았다. 한마디로 떠돌이 신세에서 한순간에 어마어마한 재산을 가진 최고의 귀족 신분으로 변신하는 것이 가능했다.

위험을 지지 않으면 커다란 부를 기대할 수 없다는 생각은 "모든 계란을 한 바구니에 담지 말라."라는 격언만큼이나 오래된 지혜다. 그런데 미리 경고의 말을 덧붙이자면, 콜럼버스는 자신이 누리게 된 권리와 직책을 이미 살아생전 다 빼앗겼다. 보상을 약속했던 국왕이 죽자 없던 일이 돼 버린 것이다. 리스크를 진다고 저절로 수익이 생기는 것은 아니다.(드파이바가 그 예다.) 우선, 제대로 된 리스크를 져야 하고, 거기에 더해 운이 좀 따라 줘야 한다.(당시 서쪽으로 항해한 사람이 콜럼버스만 있었던 것은 아니다.) 그런데 그 사실을 깨닫지 못하고 리스크를 지기만 하면 저절로 수익이 발생하는 것처럼 생각하는 사람들이 적지 않다.

주식 시장 전체와 연동되는 정도도 리스크다

신앙심이 깊은 한 남자가 정성스럽게 기도를 올렸다.

"하느님, 제가 꼭 로또 1등에 당첨될 수 있게 해 주세요."

그러나 기도가 별로 신통치 못했는지 응답이 없었다. 한동안 열심히 기도하던 남자는 더 이상 참지 못하고 버럭 화를 냈다.

"하느님, 이 정도 기도면 1등은 아니라도 최소한 2등이나 3등이라도 되게 해 주셔야 하는 것 아닌가요?"

그러자 하느님이 드디어 남자에게 말을 걸었다.

"네가 한 번이라도 로또를 산 적이 있느냐?"

"리스크가 없으면 이익도 없다.(No risk, no return.)"라는 말이 있다. 역사가 꽤 오랜 이 말은 도박의 세계에서 주로 쓰이는 경구다. 하지만 일상의 상식으로 봐도 그럴듯하게 들린다. 돈을 걸지도 않고 따기를 기대할 수는 없다. 로또 구입에 드는 돈조차 아까워 로또를 사지 않는다면 아무리 하느님이라도 당첨시켜 줄 방법이 없는 것이다.

주식 투자도 비슷하다. 돈을 잃을 리스크를 지지 않는다면 달성할 수 있는 수익률은 높아 봐야 정기 예금 이자율 정도다. 1장에서 살펴본 현대 포트폴리오 이론에 의하면, 투자를 다각화하면 리스크를 상당히 줄일 수 있다. 그런데 아무리 다각화해도 없앨 수 없는 위험이 있다. 주식 시장에서 다각화가 제일 잘된 포트폴리오는 주식 시장 전체인데, 그런 포트폴리오를 가지고 있어도 언제 주식 시장 전체가 하락할지 모르니 리스크가 여전히 존재한다.

그렇다면 주식 시장 전체와 연동되는 정도를 하나의 리스크로 볼 수도 있지 않을까? 어차피 주식 투자를 하겠다고 나섰다면 주식 시장 전체가 변동하는 리스크는 어떻게 손써 볼 수 없는 리스크다. 그런 관점에서 어떤 주식이 주식 시장 전체보다 많이 변동하면 리스크가 많은 것으로, 반대로 주식 시장 전체보다 적게 변동하면 리스크가 적은 것으로 이해할 수 있다. 만약 어떤 주식이 딱 주식 시장만큼 변동한다면 그 주식은 주식 시장 전체와 동일한 리스크를 가졌다고 할 수 있다.

여기서 좀 더 나아가, 이제는 수익률이 바로 이 리스크에 비례한다고 가정해 보자. 리스크가 없으면 이익도 없으니, 그 관계를 가장 단순한 정비례 관계로서 볼 수 있다. 이제 우리는 드디어 주식 수익률을 체계적으로 구할 수 있는 하나의 이론을 가지게 됐다.(자세한 내용을 알고 싶다면, '금융학의 세계로 8'을 참고하기 바란다.)

각각의 주식에 대해 전체 주식 시장과 변동이 얼마나 일치하는지를 구해 보면 재미있는 특성을 알 수 있다. 먼저 '경기 방어주'라는 것이 있다. 경기 방어주는 주식 시장 전체보다 상대적으로 변동이 적은 특성이 있다. 경기의 호황과 불황에 둔감한 업종들, 예를 들어 발전 회사 같은 유틸리티(utility) 업종이라든지 보통 F&B(food & beverage)라는 약어로 많이 쓰이는 식음료 업종이 대표적이다. 아무리 경기가 나빠도 전기를 안 쓸 수 없고 밥을 굶을 수 없기 때문이다. 이들 업종의 주식은 주식 시장 전체보다 리스크가 작고, 그렇기 때문에 기대 수익률도 상대적으로 낮다.

반대로 '경기 민감주'도 있다. 경기 민감주는 주식 시장 전체보다 상대적으로 변동이 더 큰 특성이 있다. 대표적인 업종으로 첨단 기술이 필요한 IT, 반도체, 자동차 등이 있다. IT 업종의 상대적인 고위험은 이미 잘 알려져 있다. 이런 업종에서 만들어 내는 제품과 서비스는 있으면 좋지만 꼭 있어야 되는 것은 아니다. 그러니 경기가 좋을 때는 필요 이상으로 소비되는 반면, 경기가 나빠지면 찾는 사람이 줄어든다. 또 기술 발전이 빠른 속도로 이뤄지기 때문에 잠깐 한눈을 팔면 금방 뒤처진다. 경기 민감주는 리스크(주식 시장과 변동이 일치되는 정도)가 큰 만큼 수익률도 큰 것처럼 보이는 면이 없지 않다.

주목할 점은 여기서 이야기하는 리스크는 앞에서 말한 리스크와는 조금 다르다는 것이다. 우선, 리스크는 단순히 '손실을 입을 가능성'을 뜻하기도 하고, 이를 좀 더 수학적으로 이론화한 현대 포트폴리오 이론에서는 '수익률의 표준 편차'가 리스크였다. 그리고 방금 이야기한 리스크는 '주식 시장과 변동이 일치하는 정도'였다. 그러니까 지금까지 총 3가지 리스크 개념을 이야기한 셈이다. 경영학에서는 리스크라는 말을 쓰면서 두 번째와 세 번째 개념 사이를 왔다 갔다 하므로 잘 포착해야 한다. 이 둘을 타협시킬 뾰족한 묘안은 사실 잘 보이지 않는다.

리스크가 커질수록 수익률은 줄어들기 쉽다

주식 시장과 변동이 일치되는 정도를 리스크로 보는 이론을 좀 더 자세히 살펴보자. 금융 시장에서는 이러한 리스크를 '베타(beta)'라고 부른다.[*] 개념을 이해했다면 이제 더 이상 '주식 시장과 변동이 일치되는 정도'라는 긴 표현을 반복해 쓸 이유가 없다. 베타가 1이라는 의미는 주식 시장 전체와 동일한 리스크를 가진다는 의미다. 따라서 전체 주식 시장보다 상대적으로 변동이 큰 경기 민감주는 1보다 큰 베타를, 상대적으로 변동이 작은 경기 방어주는 1보다 작은 베타를 가진다.

앞에서 말한 이론에 의하면, 어떤 주식의 기대 수익률은 그 주식의 베타에 비례하니, 고수익을 올리기를 원한다면 베타가 큰 주식을 골라 매입해야 한다. 반대로 안전한 투자를 원한다면 베타가 작은 주식을 골라 매입하면 된다. 간단하지 않은가? 그런데 이 문제를 좀 더 깊이 들여다보면 그렇게 간단하지만은 않다.

베타가 1보다 큰 주식 하나를 골라 매입했을 때, 그 주식이 앞의 비례 관계대로 실제 수익을 달성할 가능성이 얼마나 될까? 그럴 확률은 거의 0에 가깝다. 왜냐하면 사실 이 이론은 개별 주식의 수익률을 결정론적으로 예측하는 것이 아니라, 기댓값 수준에서 (다시 말해 통계적으로 평균을 냈을 때) 그러한 수익률이 발생할 것이라고 예측하는 것이기 때문이다.

그렇다면 베타에 비례하는 수익률을 좀 더 확실하게 얻을 수는 없을까? 물론 방법이 없지는 않다. 통계의 '큰수의 법칙(law of large numbers)'을 동원하면 된다. 큰수의 법칙은 표본의 관측 대상의 수가 많으면 통계적 추정의 정밀도가 향상된다는 것을 수학적으로 증명한

이론이다. 주사위 던지기를 예로 들면 이해하기 쉽다. 주사위를 10번만 던지거나, 심지어 20번 던질 때까지도 3이 한 번도 나오지 않을 수 있다. 그러나 500번, 800번 등 많이 던지면 던질수록 3이 나오는 비율은 6분의 1에 가까워진다. 이것이 큰수의 법칙이다. 즉 개별 주식의 수익률이 베타대로 발생할 가능성은 매우 낮지만, 비슷한 베타를 갖는 주식을 가령 30개 이상 골라 포트폴리오를 구성하면 베타에 의해 예측되는 수익률을 달성할 가능성이 높아진다.

이와 같은 방식으로 베타 값에 따라 분류해서 낮은 베타의 주식들과 높은 베타의 주식들에 대해 집합적으로 투자한다고 해 보자. 높은 베타를 갖는 주식들의 실현 수익률은 당연히 낮은 베타를 갖는 주식들의 실현 수익률보다 높아야 한다. 그런데 놀랍게도 실제로는 베타가 낮은 주식들의 집합이 베타가 높은 주식들의 집합보다 더 나은 실현 수익률을 달성하는 것을 발견할 수 있다. 이론에서는 베타가 높을수록 그에 비례해 더 높은 수익률을 기대할 수 있다고 말하고 있지만, 실제 상황은 정반대다. 오히려 베타가 낮은 주식들이 더 나은 수익률을 보인다.

주식과 채권의 관계에 대해서도 생각해 보면 어리둥절한 구석이 있다. 보통 주식은 채권보다 위험하다고 말한다. 그 이유는 집합적으로 봤을 때 주식 수익률의 표준 편차, 즉 주식의 변동성이 채권 수익률의 변동성보다 크다는 경험적 사실 때문이다. 또 역사적으로 보면 주식 수익률이 채권 수익률보다 높다는 연구 결과도 있다. 이 2가지 사실로 보면 "높은 수익률은 큰 리스크를 짐으로써 가능하다."라는 이론이 실제로 증명됐다고 할 수도 있다.

이 이론이 주식 또는 채권과 같은 자산군 간에 성립한다고 한다면,

그와 똑같은 이론이 개별 자산군 내에서도 당연히 성립해야 한다. 그런데 각각의 개별 자산 내에서 리스크가 큰 쪽과 작은 쪽을 (위에서와 마찬가지로 집합적으로) 비교해 보면, 아이러니하게도 이번에는 리스크가 큰 쪽의 수익률이 리스크가 작은 쪽의 수익률보다 오히려 작은 것을 발견할 수 있다.

이는 굉장히 중요한 이야기이므로 좀 더 구체적인 예를 들어 보자. 부채가 많은 회사가 있고 별로 없는 회사가 있다. 물론 아예 없는 회사도 있다. 먼저 부채 비율에 따라 전체 회사를 A에서 E까지 5개 그룹으로 나눈다. 부채가 가장 적은 상위 20퍼센트의 회사를 A 그룹, 부채 비율이 낮은 순서로 그다음 20퍼센트를 B 그룹, 그렇게 차례대로 배치해 부채 비율이 높은 상위 20퍼센트의 회사를 E 그룹에 배치한다. 그러면 A 그룹이 리스크가 제일 작고 E 그룹이 리스크가 제일 크다.

수익률이 리스크에 비례한다면 무슨 일이 벌어질까? A 그룹에 속한 회사들의 평균 주식 수익률이 제일 낮고, 그다음 B 그룹, C 그룹, D 그룹 순으로 커져야 한다. 그래서 E 그룹의 평균 주식 수익률이 5개 그룹 중 가장 높아야 한다. 그런데 실제로 조사해 보면 E 그룹의 평균 주식 수익률이 제일 낮았다. 심한 경우 평균 주식 수익률이 마이너스가 나오기도 했다. 리스크가 클수록 수익률이 올라간다고 했지만, 전혀 그렇지가 않았다.

이게 다가 아니다. 이번에는 회사채를 상대로 위와 같은 실험을 해 보자. 채권에는 신용 평가사가 부여하는 등급이 있다. 리스크가 적은 것은 투자 등급 채권으로, 리스크가 큰 것은 투기 등급 채권으로 분류된다. 따라서 수익률이 리스크에 비례한다면, 투기 등급 채권이 투자 등급 채권보다 수익률이 높아야 한다. 그런데 실제는 그렇지 않다. 얼핏 보면 투기 등급 채권이 투자 등급 채권보다 수익률이 높은 것으로 보인다. 투기 등급 채권들의 표면 이자율은 거의 예외 없이 매우 높기 때문이다. 하지만 거기에는 함정이 있다. 현실에서는 투기 등급 채권들이 부도가 나 종잇조각이 되는 경우가 많다. 그렇게 되면 원금의 상당 부분을 돌려받지 못한다. 이러한 경우를 통계적으로 감안해 보면, 결국 투기 등급 채권이 투자 등급 채권보다 평균적으로 수익률이 낮다.

한 가지 더, 같은 채권이라면 만기가 긴 것과 짧은 것 중 어느 것이 리스크가 클까? 조금만 생각해 보면 알 수 있는데, 만기가 긴 쪽이 리스크가 더 크다. 내가 돈을 빌려 주고 내일 돌려받기로 한 경우와 10년 뒤 돌려받기로 한 경우 중 어느 쪽이 더 위험할까? 말할 것도 없이 10년 뒤 돌려받기로 한 경우다. 돈을 빌려 간 사람이 중간에 니카라과 같은 곳으로 이민이라도 가 버리면 무슨 수로 돈을 돌려받겠는가.

그러면 리스크가 큰 만큼 만기가 긴 경우의 수익률이 만기가 짧은 경우보다 클까? 그렇지 않다. 위와 유사하게 겉으로 보면 만기가 긴 쪽의 수익률이 큰 것처럼 보인다. 그렇지만 실제로 만기가 긴 경우 부도 가능성이 더 높기 때문에 결국은 만기가 짧은 쪽의 수익률이 오히려 더 높게 나타난다. 리스크가 커질수록 수익률이 올라가는 것이 아니라 오히려 내려가는 것이다. 이러한 사례는 이 외에도 수두룩하다.

본말이 전도된 논리

실제 투자에서 위험하기 짝이 없는 자산에 투자를 감행했다가 원금 손실을 입게 된, 즉 수익률이 마이너스가 된 경우를 경험하지 않은 사람을 만나기란 무척 어렵다. 그런데 이론에서는 그런 사실이 전적으로 무시된다. 이론가들은 개별적으로는 손실을 입는 경우도 있을 수 있지만, 집합적으로 보면 여전히 위험한 자산들의 기대 수익률은 매우 높다고 강변한다. 그 주장이 사실이라면 그들은 자신의 돈을 그러한 자산에 투자할까? 꼭 그렇지도 않다. 남들에게는 '이렇게 하라, 저렇게 하라' 떠들지만, 막상 본인은 그와는 무관한 행동을 한다.

이러한 사실을 인식하고 나면 애초부터 "리스크가 커질수록 수익률도 커진다."라는 것은 보편적으로 성립하는 명제가 아니라는 것을 알 수 있다. 이는 굉장히 특정한 방식으로 통제된 상황에서만 부분적으로 성립할 수 있는 명제다. 그런데 특정한 상황에서만 성립하는 것이라면 그렇게 중요한 이론이라고 할 수 없다. 어쩌면 아예 이론이 아니라고도 볼 수 있다.

이렇듯 본말이 전도된 상황은 "No risk, no return."이라는 말을 논리적으로 잘못 해석한 탓도 있다. 이 말은 "리스크를 지지 않는다면 이익을 얻을 수 없다."라는 말인데, 이 명제가 참이라고 가정하고, 이를 논리학 기호로 표현해 보자. "리스크를 진다."라는 명제를 p, "이익을 얻는다."라는 명제를 q로 나타내면, "리스크를 지지 않는다면 이익을 얻을 수 없다."라는 명제는 $\sim p \rightarrow \sim q$가 된다.($\sim$는 부정을 나타내는 논리 연산자다.) 그런데 이론가들이 가정하고 있는 명제는 "리스크가 크면 이익도 크다.", 즉 $p \rightarrow q$다. 원래의 $\sim p \rightarrow \sim q$라는 명제에서 보면 $p \rightarrow q$는 원명제의 가정과 결론을 부정해서 만든 이(裏)다. 원명제가 참이라고 이가 참이 되지는 않는다는 것은 고등학교 수학에서 배운 내용이다.

논리학에 따르면, 원명제와 대우(對偶) 명제[•]의 참과 거짓은 늘 일치한다. 따라서 원명제($\sim p \rightarrow \sim q$)의 대우 명제($q \rightarrow p$), 즉 "이익을 얻으면(크면), 리스크가 따라온다(커진다)."라는 말은 논리적으로 참일 수밖에 없다. 논리와 상관없이 그 말을 음미해 보기만 해도 참이라는 결론이 나온다.

다시 말하자면, "이익이 크면 리스크도 커진다."는 말이 되지만, 원인과 결과를 슬쩍 바꾼 "리스크가 크면 이익이 크다."는 말이 안 되는 것이다. 이를 이론이라고 증명하려 하니 얼마나 우스운 일인가.

세상에 공짜 점심은 없다

"리스크가 없으면 이익도 없다."라는 경구는 사실 금융에 국한된 이야기라기보다 삶의 전반적인 양태에 좀 더 어울리는 말인지도 모른다. 이를 금융 이론으로 증명하려는 시도가 계속되고 있지만 그 결과가 그렇게 신빙성이 있어 보이지는 않는다. 이러한 경구와 동일한 의미인 다른 유명한 표현이 있다. 바로 "세상에 공짜 점심은 없다.(There is no free lunch.)"라는 말이다. 이 또한 원래 금융 분야에 대한 언급이기보다는 삶의 전반적인 모습을 표현한 것이다.

"리스크가 없으면 이익도 없다."라는 말이 삶에서 어떤 의미를 가질 수 있을까? 리스크를 지지 않으면 이익을 기대할 수 없다는 말은 곰곰

[•] 명제의 가정과 결론을 부정하고, 그것의 순서를 바꾼 것.

이 생각해 봐도 맞는 말이다. 가만있기만 해도 되는 일은 없다. 그런데 사람들은 실패할까 두려워 아예 시도조차 하지 않는 경우가 많다. 그러면서 확률이나 통계상 승산이 없는 시도는 할 필요가 없다는 말로 자위하곤 한다.

하지만 삶은 무척 오묘하고도 흥미로운 것이어서 작은 좌절이나 실패가 선행되지 않으면 아무런 성공도 따라오지 않는다. 물론 재기가 불가능할 정도의 과도한 리스크, 생존 자체가 위협받을 수 있는 수준의 리스크를 지는 것은 조금 다른 차원의 이야기다. 예를 들어, 가지고 있는 돈은 1억 원이 전부이고 연 수입은 4천만 원에 불과한데, 집값이 오를 것이라는 믿음만으로 5억 원을 대출받아 6억 원짜리 아파트를 사는 것은 투자가 아니라 투기다. 혹시라도 아파트 값이 5억 원 밑으로 떨어지면 전 재산을 잃고도 모자라 대출받은 5억 원에 대한 이자로만 연 수입의 50퍼센트 이상을 은행에 갚아야 한다. 이렇게 생존을 위협할 정도의 리스크를 지는 것은 건전한 삶의 태도가 아니다.

"세상에 공짜 점심은 없다."라는 말 또한 지당하다. 이 말은 $q \rightarrow p$, 즉 이익이 생기면 그에 따른 반대급부로 비용, 리스크 등이 따라붙기 마련이라는 말이다. 논리적으로 봐도 참이듯, 그 의미를 생각해 보면 참일 수밖에 없다. 세상은 주고받는 것이니, 남들로부터 받은 만큼 세상에 다시 갚아야 한다. 세상에 갚는 방법은 여러 가지가 있는데 직접적으로 내게 뭔가를 준 사람에게 갚을 수도 있고, 아니면 '나'라는 매개체를 통해 좀 더 증폭시켜 자식과 후대에 건네주는 방법도 있다.

한편으로는 사회적으로 성공한 사람들은 그로 인해 생기는 혜택에 걸맞은 사회적, 도덕적 책무를 다할 필요가 있다는 뜻으로 이해할 수도 있다. 영국의 예는 좋은 귀감이 된다. 민주주의 정치 체제가 보편화한 현대의 기준으로 볼 때 엘리자베스 여왕과 왕족에게 호감을 가지고 군주제를 유지하는 영국은 선뜻 이해하기 어렵다. 하지만 영국 왕족은 국난이 닥치면 누구보다 먼저 전선으로 달려가 직접 목숨을 걸고 싸웠다. 그들은 헌신과 희생을 자신의 책무라고 생각한다. 국민이 왕실을 존경하고 따르는 데는 이런 이유가 있다. 이러한 태도가 진정한 지도자의 모습으로서 바로 '노블레스 오블리주(noblesse oblige, 높은 신분과 많은 재산 등의 혜택을 누리는 사람은 그렇지 못한 다른 사람들을 도와야 한다는 생각)'라는 말의 본래 의미다. 불법 병역 기피와 면제, 원정 출산 등으로 점철된 우리나라 지도층의 모습과 대비되는 면이 적잖아 씁쓸할 따름이다.

한 가지 흥미로운 사실을 언급하면서 이번 장을 마치고자 한다. 삶에서는 공짜 점심을 기대하다가는 큰코다치기 마련이지만, 금융의 세계에서는 공짜 점심을 기대해 봐도 괜찮을 것 같다. 공짜 점심이 실제로 존재한다는 보고가 있기 때문이다. 미국 상원 의원들의 주식 거래 결과를 오랫동안 관찰해 분석해 보니, 매수는 평균 연 10.2퍼센트, 매도는 평균 연 1.44퍼센트만큼 꾸준하게 시장 수익률을 앞섰다. 그렇다면 이들은 주식 선별 능력이 남달리 뛰어난 걸까? 아니면 행운의 여신이 그들 곁에서 떠나지 않는 걸까? 혹시 내부자 거래를 하거나 자신들에게 유리하도록 법률을 만들어 온 건 아닐까? 원인이 무엇인지는 알 수 없다. 하지만 당신도 미 상원 의원이나 혹은 그 비슷한 위치에 오르게 된다면 공짜 점심을 누리게 될 가능성이 있다.

플래시 크래시와 트레이딩 로봇

정기 예금만 들겠다는 것이 아니라면 주식 시장 전체의 리스크를 피할 방법은 없어 보인다. 주식 시장 전체의 베타는 1이다. 따라서 "수익률이 리스크에 비례한다."라는 관점에서는 주식 시장 전체에 비례하는 포트폴리오를 가지고 있으면 1의 베타만큼에 해당하는 초과 수익률을 기대할 수 있어야 한다. 적어도 이론상으로는 그렇다.

주식 시장을 침몰시킨 초강력 괴물의 등장

2010년 5월 6일, 미국 주식 시장을 충격으로 몰아넣었던 '플래시 크래시(flash crash)' 사건을 기억하는가? 이날 오후 2시 30분, 하루 종일 뭔가 심상치 않은 움직임을 보이던 미 주식 시장의 주가가 갑자기 난폭하게 요동치기 시작했다. 역사적으로 볼 때 미 주식 시장에 폭락의 소용돌이가 전혀 없었던 것은 아니다. '검은 월요일'로 유명한 1987년 10월 19일, 다우존스 지수가 하루 만에 무려 22.61퍼센트 떨어졌다. 1998년 당대 최고로 유명했던 헤지 펀드 롱텀캐피털매니지먼트가 무너졌을 때 그 혼란은 이루 말할 수 없었다. 2000년 이른바 닷컴 버블로 주식 시장이 붕괴됐을 때도, 또 2008년 세계 금융 위기가 닥쳤을 때도 주식 시장은 심하게 요동쳤다. 하지만 2010년 5월 6일의 주가 변동은 그 강도와 속도가 이전의 어느 경우와도 비교할 수 없을 정도로 강하고 빨랐다. 한마디로 완전히 다른 괴물이 등장한 것이다.

2시 40분이 되자 요동은 더욱 빨라지고 난폭해졌다. 트레이더들은 어쩔 줄 몰랐다. 시장에 충격을 줄 만한 어떤 특별한 뉴스가 있었던 것도 아니었다. 주위를 둘러봐도 모두들 어리둥절해할 뿐이었다. 런던과 유럽에 있는 동료 트레이더들에게 채팅으로 물어봐도 마찬가지였다. 아무도 원인을 몰랐다. 그냥 갑자기 무서운 속도로 주가가 변할 뿐이었다. 트레이더들은 세상의 종말이 오는 것 같은 두려움을 느꼈다.

2시 47분, 다우존스 지수는 단 7분 만에 9.2퍼센트에 해당하는 998.5포인트가 폭락했다. 그런데 모든 주식이 비슷한 비율로 하락하는 것은 아니었다. P&G는 잠깐 사이에 35퍼센트나 하락했고, IT 컨설팅 회사 액센처는 1주당 50달러에 거래되던 것이 한순간에 폭락해 2시 47분 53초에는 단 1센트(0.01달러)에 거래됐다. 새뮤얼애덤스라는 맥주로 유명한 보스턴비어컴퍼니도 1센트에 거래됐다. 대표적인 경기 방어주인 세계 최대 담배 회사 필립모리스의 주가는 49달러에서 순식간에 17달러로 수직 낙하했다.

그런데 주가가 하락만 하는 것도 아니었다. 정반대의 상황도 벌어졌다. IT 기업 애플의 주가는 정상적인 상황에서 250달러 정도에 거래되던 것이 한순간에 거의 10만 달러 가까이 팔리기도 했다. 1주당 10만 달러라니! 한마디로 주식 시장이 미쳐 버린 것이다.

그러던 것이 20분이 지나 3시 7분이 되자 다시 빠르게 회복해 낙폭을 347포인트로 줄인 채 거래를 마쳤다. 3시가 지나면서 미국의 여러 거래소 관계자들은 '콘퍼런스 콜(화상 회의)'에 돌입했다. 체결된 거래 중에 지나치다고 생각되는 것을 '실수'라고 인정해 취소시키기 위한 회의였다. 나스닥 관계자들은 2시 40분의 주가 레벨을 기준으로 80퍼센트 이상 하락한 것을 취소해야 한다고 주장했다. 뉴욕주식거래소 관계자들은 20퍼센트 이상 하락한 것들도 취소해야 한다고 반론을 폈다. 결국 60퍼센트로 타협점을 찾았다. 즉 2시 40분의 주가를 기준으로 그 40퍼센트 이하의 가격으로 체결된 거래를 모두 취소시키기로 결정한 것이다. 이로 인해 나스닥에서는 1만 2306건의 거래가 취소됐다. 뉴욕주식거래소 객장에서 체결된 거래 중에는 취소된 것이 없었지만, 전자 거래소 아카(Arca)에서 체결된 4903건의 거래는 취소됐다.

재발에 대해 예측할 수 없다는 것이 문제

다음 날부터 도대체 왜 이런 일이 일어났는지에 대한 대대적인 조사가 이뤄졌다. 그러나 아무도 정확한 원인을 지목할 수 없었다. 현장의 실무 전문가들은 미 주식 시장 유동성의 70~80퍼센트를 점유하고 있는 '트레이딩 로봇(trading robot)' 네트워크를 하나의 중요한 원인으로 추측했다. 트레이딩 로봇•이란 입력된 규칙에 따라 자동적으로 호가를 만들고 거래를 체결하는 컴퓨터를 말하는데, 이 트레이딩 로봇 네트워크에서 예상치 못한 격렬하고 불안정한 상태가 창발적으로 발생한 것이 아닌가 짐작한 것이다. '복잡성 이론(complexity theory)'에 의하면 구성원이 다수인 네트워크에서는 예측을 벗어난 어떠한 질서나 혼란이 급작스럽게 발생할 수 있다. '플래시 크래시' 같은 일이 생긴

• '로봇'이란 말은 체코 작가 카렐 차페크(Karel Čapek)가 쓴 희곡 『로숨의 유니버설 로봇(R.U.R)』(1920)에서 처음 사용됐다. 로봇은 체코어 'robota'에서 나온 말로, '노동'을 의미하는데, 이후 작업 능력에서는 인간과 동등하거나 오히려 더 낮지만 인간적인 감정을 갖고 있지 않은 인공적 대상을 지칭하는 말로 쓰였다.

것이 결코 불가능한 일이 아니라는 것이다. 그런데 문제는 그런 일이 언제, 어떻게, 어떤 강도로 또 발생할지 예측할 수 있는 방법이 없다는 데 있다.

주식 거래가 점점 로봇에 의해 수행되고 있는 현 상황에서 플래시 크래시 같은 상황은 예외라기보다는 하나의 '규칙'이 될 수 있다. 단 몇 초, 몇 분 만에 50달러에 거래되던 주식이 1센트에 거래되고, 250달러에 거래되던 주식이 10만 달러에 거래된다면, 주식 시장 전체에 대한 리스크를 짐으로써 그에 상응하는 투자 수익률을 기대할 수 있다는 이론은 정말이지 현실성 없는 동화 같은 이야기인지도 모른다. 리스크를 지기만 하면 플러스 수익률을 얻을 수 있다고 해서 주식을 샀다가 플래시 크래시 같은 상황을 겪게 된다면, 아마도 다시는 주식 시장 근처에 얼씬거리지 않겠다고 생각하지 않을까?

너도 나도 증명하고자 했던 CAPM

수익률이 리스크에 정비례한다는 이론이 바로 '자본 자산 가격 결정 모형(capital asset pricing model)'이다. 통상적으로 학계에서는 CAPM이라는 약어로 많이 쓴다. CAPM이 누구로부터 시작됐는지의 문제는 사실 꽤나 엉켜 있어 복잡하다. 학계가 인정하는 몇몇 저널에 논문을 기고한 것을 기준으로 하면 윌리엄 샤프(William Sharpe)가 가장 먼저다. 그래서 학계에서는 대개 샤프를 CAPM 이론의 창시자로 소개한다. 그런데 샤프와 거의 같은 시기에 거의 같은 내용의 논문을 쓴 2명의 교수가 있었다. 존 린트너(John Lintner)와 얀 모신(Jan Mossin)이다. 논문이 게재된 시점은 샤프보다 약간 뒤처진다. 그러나 경영학, 경제학 분야 논문들이 대개 심사 과정에 1~2년씩 소요되고, 또 처음 논문 주제를 정할 때부터 그 내용을 미리 외부에 알려 마치 '먼저 깃발을 꽂아 놓고 자기 땅이라고 주장'하는 듯한 관행이 있어 선후 관계를 따지기가 쉽지 않다.

샤프와 린트너, 그리고 트레이너… 누가 먼저인가?

샤프는 1934년 미국에서 태어났다. 그의 아버지가 미국 주 방위군 소속의 직업 군인이어서 어릴 적부터 가족과 함께 여러 곳으로 이사를 다녔고 집안이 유복하지 못했다. 공부를 잘했던 샤프는 의학 대학원에 진학하기 위한 예비 과정으로 캘리포니아 버클리 대학에 입학했지만 곧 흥미를 잃고 이후 경영학을 공부하려고 캘리포니아 LA 대학으로 옮겼다. 하지만 회계가 너무 지루하다고 느낀 샤프는 이번에는 경제학으로 전공을 바꿨다.

1955년 같은 대학에서 석사 학위를 받고 1956년 랜드 연구소에 취직하면서 샤프의 지적 지평은 본격적으로 넓어지기 시작했다. 샤프는 연구원으로 일하면서 캘리포니아 LA 대학의 시간제 박사 과정에 등록했다. 논문 주제를 찾다가 랜드의 선임 연구원으로 있던 마코위츠를 만났고 그를 학위 지도 교수처럼 모셨다. 마코위츠와의 긴밀한 관계 덕분에 샤프는 현대 포트폴리오 이론이 현실적으로 어떠한 한계를 가지고 있는지 누구보다도 잘 이해했고, 자연스럽게 그 한계를 넘어서기 위한 직관적인 모형을 수립하는 단계로 나아갔다. 마코위츠의 지도로 샤프는 1961년 CAPM의 초기 형태를 다룬 학위 논문을 제출해 박사 학위를 수여받았다. 상당한 진통과 우여곡절 끝에 저널에 논문을 최종적으로 게재하면서 샤프는 학계에서 록스타 같은 지위를 얻게 됐다.

이쯤 되면 교수들이 개별적으로 연구하다 보니 발표의 선후 관계가 꼬인 모양이라고 생각할 수도 있을 것 같다. 실상은 그보다 복잡하다. 학계에 논문을 발표하지는 않았지만, 이미 CAPM의 핵심적인 아이디어를 깨닫고 실제 문제에 적용한 사람이 있었기 때문이다. 대개는 이런 일이 있어도 묻히기 마련이다. 그러나 이 경우에는 당사자가 워낙 업계에서 유명한 인사이자 권위자인 잭 트레이너(Jack L. Treynor)였기 때문에 이 사실이 알려질 수밖에 없었다.

트레이너는 학부 때 수학을 공부하고 1955년 하버드 경영대학원에서 MBA를 받았다. 졸업 후 작전 연구에 일가견이 있는 컨설팅 회사 아서디리틀에 취직했는데, 이미 1958년에 CAPM의 핵심 내용을 다룬 문서를 만들어 컨설팅 프로젝트에 사용했다. 1961년 트레이너는 이 문서를 학계의 저널 형식에 맞게 수정해 린트너에게 보냈다. 린트너가 이 원고를 직접 봤는지는 알려지지 않았는데, 어쨌든 트레이너는 린트너에게서 아무런 피드백도 받지 못했다.(묘하게도 린트너는 후에 비슷한 주제로 자신의 논문을 발표했다.) 1963년 가을 트레이너는 샤프의 논문에 대한 이야기를 전해 들었다. 하지만 CAPM 말고도 다른 실제적 문제에 관심이 많았던 그는 더 이상 이 이론을 저널에 게재하는 일에 미련을 두지 않았다.

CAPM이 성립하기 위한 3가지 조건

어떤 위험 자산의 수익률이 그 자산이 가지고 있는 리스크에 비례해 커질 것이라는 아이디어 자체는 실제로 그러한 관계가 존재하느냐와는 별개로 굉장히 매력적인 가설이다. 사람들은 오랫동안 그럴 법하다고 생각해 왔다. CAPM을 여러 사람이 동시에 주장하게 된 것은 그래서 당연한 일이기도 했다. 문제는 그런 가설을 세우는 것이 중요한 것이 아니라 실제로 성립하는지 입증하는 것이었다.

CAPM이 실제로 성립하는가를 판단하는 것은 여러 각도에서 접근해 볼 수 있는데 다음의 3가지가 대표적이다.

① 각 위험 자산의 초과 수익률의 기댓값은 오로지 그 자산의 베타에만 비례하고 다른 어떤 것에도 영향받지 않는다.

CAPM이 실제로 성립한다면 이 3가지를 모두 입증할 수 있어야 한다. 하나라도 입증하지 못한다면 이 모형이 실제로 성립한다고 할 수 없다.

①의 조건을 검증하기 위해 초기에는 여러 주식을 대상으로 주식 가격의 역사적 변동으로부터 베타를 구한 후 과연 주식의 수익률이 그 베타대로 실현되는지를 검증하는 작업이 진행됐다. 하지만 시작부터 그 결과는 상당히 암울했다. 데이터상의 문제라거나 검증에 동원된 통계적 방법론에 문제가 있었다는 주장이 나와 그러한 점을 추가로 교정했음에도 결과가 보편적으로 만족스럽지는 않았다.

그에 비하면 ②는 그나마 나은 편이다. 베타가 대략적으로 플러스 값을 가지고 있는 것처럼 보였기 때문이다. ①과 ②에서 이미 신통치 않은 결과가 나온 탓에 ③에 대해서는 많은 검증이 이뤄지지 않았다. 해 보나 마나 잘 성립하지 않을 것이 충분히 짐작됐다. 한마디로, 모두가 인정하고 공감할 만큼의 실증적 검증 결과는 요원해 보인다. 즉 자연과학의 기준으로 보면 CAPM은 검증을 통과하지 못한 버려진 가설에 불과하다는 뜻이다. 그럼에도 놀랍게도 이 모형은 하나의 이론으로서 학계에서 지속적으로 다뤄지고 있다.

● 시장에서 거래되고 있는 전 종목의 증권을 각각의 시가 총액 비율로 조합한 포트폴리오. 즉 가장 다각화된 포트폴리오다.

CAPM의 기반은 그리 탄탄하지 않다

CAPM이 실증적으로 성립하는지에 대해 보다 근본적인 차원에서 의문을 제기하는 이들도 있다. 캘리포니아 LA 대학 리처드 롤(Richard Roll)은 모형의 성립 여부는 오직 시장 포트폴리오만을 대상으로 했을 때 검증할 수 있다고 주장했다. 그런데 시장 포트폴리오는 비단 주식 시장만으로 묘사될 수 있는 것이 아니기 때문에 애초부터 이 CAPM을 실증적으로 검증한다는 것 자체가 불가능한 일이라는 것이었다. 한마디로 이 모형은 검증이 불가능한 형이상학적인 관념에 불과하다는 주장이다.

이렇게 CAPM은 실증적으로 성립하는 것도 아니고 성립 안 하는 것도 아닌 애매한 상태로 무려 30년 가까이 이런저런 논문만 양산시켰다. 급기야 1990년대 들어서는 기존 지지자들에게도 버림받는 처지가 됐다. 시카고 대학의 파마와 케네스 프렌치(Kenneth French)가 CAPM과 양립할 수 없는 새로운 모형을 들고 나와 자신들의 모형이 실제 데이터와 더 잘 부합한다고 주장했다. 그들은 일종의 타협을 시도했다. 베타가 개별 자산의 기대 수익률에 큰 영향을 미치는 것은 사실이지만 그것이 전부는 아니며 다른 요소들(factors)도 고려해야 한다는 주장이었다. 그들의 모형에 의하면, 개별 자산의 기대 수익률은 '기업의 시장 가치의 크기'와 '기업의 장부 가치와 시장 가치 사이의 비율'이라는 추가적인 2가지 요소에도 크게 영향을 받는다. 만약 이 새로운 모형이 실증적으로 인정된다면 CAPM은 더 이상 성립한다고 볼 수 없게 된다. 이제 리스크는 1가지 종류만 있는 것이 아니고 3가지 종류가 동시에 존재하게 됐다. 그리하여 이들의 모형은 파마·프렌치 삼인자 모형(Fama-French three-factor model)이라고 불린다.

그런데 이런 식으로 데이터를 가져다 '맞추려고' 든다면 왜 리스크 요소를 굳이 3개로 한정해야 할까? 이러한 모형들을 실증적으로 검증할 때는 거의 예외 없이 '회귀 분석(regression analysis)'이 동원된다. 회귀 분석에서 인자의 수를 늘릴수록 모형의 설명력이 올라간다는 사실은 잘 알려져 있다. 그래서 이전까지 시도된 적이 없는 새로운 요인을 추가해 모형을 하나 만들고, 그 모형을 바탕으로 통계적 분석을 수행해 또 하나의 논문을 만들어 내는 방식이 전가의 보도처럼 사용되는 현상이 나타났다. 이러한 각종 가설적 모형을 통칭해 다인자 모형(multi-factor model)이라고 한다.

CAPM의 결정적인 한계

CAPM의 성립 여부에 대해 부정적인 증거들은 이 외에도 많이 있지만, 한 가지만 더 언급하고자 한다. CAPM에 의하면 투자자들은 위험 자산에 투자할 때 오직 시장 포트폴리오만을 가져야 한다. 그런데 실제 투자자들 중에는 이런 식으로 투자하는 사람들이 전혀 없지는 않지만 대체로 소수에 불과하다.

CAPM이 실제 시장에서 제대로 작동하려면 모든 투자자가 위험 자산의 일부만을 갖는 일은 없어야 하고, 반드시 시장 포트폴리오만 가져야 한다. 하지만 과거에도 그러지 않았고, 현재에도 그렇게 하지 않으며, 앞으로도 모든 투자자가 그런 식으로 투자하는 날이 올 것 같지는 않다. 이 경우 내릴 수 있는 결론은 둘 중 하나다. 사람들이 모두 이상해져 이론대로 하지 않는다고 투자자들을 비난하거나, 아니면 모형에 뭔가 비현실적인 구석이 있다는 것을 인정하는 것이다.

여기서 "가지고 있다"가 아니라 "가져야 한다"고 표현한 것에 주목하자. 즉 CAPM은 실제 시장의 모습을 있는 그대로 정직하게 묘사하려는 것이 아니라 "그렇게 행동하는 것이 마땅하다."라는 일종의 당위성을 주장한다는 점이다. 한마디로, 규범적 이론이다. 규범적 이론은 윤리나 종교 같은 형이상학의 영역에 속하는 것이며, 실제를 정직하게 서술하고자 하는 묘사적 이론과 구별된다. 분명히 말하자면, 이러한 형이상학적 기술은 과학이 될 수 없다.

6장

실력에 따라 투자액을 결정하라

'정보 신뢰성' 리스크와 투자 금액의 관계

K 과장은 수익을 얻기 위해서는 리스크를 반드시 받아들여야 하지만, 리스크를 진다고 저절로 수익이 생기는 것은 아니라는 사실을 깨달았다. 이론상으로 삼성전자와 현대자동차의 기대 수익률을 계산하는 것은 쉽지만, 그대로 된다는 보장은 거의 없다는 것도 알았다.

다각화된 주식 시장 리스크를 졌다가 만약 주식 시장 전체가 폭락해 버리면 어떻게 해야 할까? 사실 금융 시장의 갑작스러운 악재로 이런 일이 생기는 것은 비일비재하다. 그때도 장기 투자가 답이라며 방치해 둬야 할까? 알면 알수록 아리송하다.

또 다른 문제도 있었다. 이론에서는 투자란 어느 특정한 기간 동안에 행하는 것으로 가정했다. 그런데 그 기간이 지나면 끝일까? 그렇지는 않을 것이다. 돈을 모으고 불리는 것은 우리가 죽을 때까지 해야 하는 것일 테니. 그런데 대부분의 이론은 마치 100미터 달리기를 하고 결승점을 통과하면 투자가 끝난 것인 양 이야기한다. 인생이 42.195킬로미터 마라톤이라면 아직도 갈 길이 많이 남아 있는데도 말이다. 나머지 날들도 우리는 돈을 불리고 지켜야 한다.

K 과장은 오늘도 머리가 깨질 것 같다. 심사숙고 끝에 주식 종목을 정하고 나니, 이번에는 투자 금액과 기간이 문제다. 하나를 해결하고 나면 또 다른 문제가 생긴다는 점에선 인생이나 투자나 매한가지가 아닌가.

♪~
얼마나 땄어?
따긴 뭘 따, 여기가 다 땄지.
도대체 누가 딴 거야, 그럼?
개털인 거 안 보이시나? 이 집이 다 쓸어 갔어.

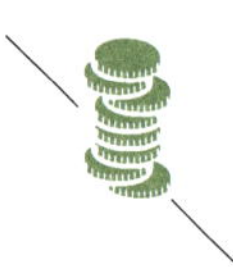

1장에서는 다각화에 대해 알아보았고, 5장에서는 수익률과 리스크의 관점에서 주식 시장 전체에 투자해야 한다는 이론도 살펴봤다. 이 장에서는 투자 규모를 어떻게 결정할 것인가를 새로운 관점에서 바라보려고 한다. 경우에 따라서는 아예 투자하지 않는 것이 정답이다. 그리고 그 과정에서 지금까지 나온 개념과는 다른 새로운 리스크 개념을 살펴볼 것이다. 더불어 투자 기간의 문제에 대한 고민도 해결해 보자.

확률론은 도박에서 시작됐다

확률론은 현대 금융론에서 중요한 역할을 맡고 있다. 확률론은 지금으로부터 약 300여 년 전에 탄생해 수학의 다른 분야에 비해 역사가 그리 길지는 않다. 수학의 여러 분야들은 각기 추상적 논리만을 추구하는 것도 있고 실용적 목적을 염두에 두고 개발된 것도 있어서, 전자를 순수수학, 후자를 응용수학으로 분류하기도 한다. 확률론은 후자에 속한다. 처음부터 하나의 (중대한) 실제 문제에 적용하려는 의도를 가지고 개발됐기 때문이다. 그 실제 문제는 바로 도박이다.

도박은 불확실한 결과에 금전적 가치가 있는 것을 걸고 그로부터 이익을 거두려는 행위라고 정의할 수 있다. 예를 들어, 카지노의 대표적인 도박 블랙잭을 생각해 보자. 정해진 판돈을 걸고 카드가 나오는 결과에 따라 판돈을 잃거나 아니면 판돈의 1~1.5배를 번다. 따라서 블랙잭은 도박의 정의에 부합한다. 그런데 앞에서 언급한 도박의 정의는 사실 굉장히 광범위한 것이다.

가령 개인이 주식을 매입하거나 기업이 신규 사업에 진출하는 것도 보기에 따라서는 도박으로 분류될 수 있는 특성을 가지고 있다. 주식을 매입했는데 주가가 올라갈지 내려갈지는 불확실한 것이다. 그리고 주식을 사느라 현금을 소모했으니 금전적 가치가 있는 것을 걸었다. 또 주식을 매입한 이유는 주가가 오를 것이라고 기대하며 금전적 이익을 거두려고 한 것이다. 이렇게 보면 주식을 매입한 행위는 도박의 정의를 모두 만족시키는 셈이다. 그렇다면 금융에서 투자와 도박은 어떻게 구별할 수 있을까? 이는 어떤 본질적인 차이가 있어서라기보다는 제도적, 법적 분류에 의해 구별된다고 보는 것이 좀 더 타당하다.

도박 자체는 확률론보다 역사가 훨씬 길다. 유사 이래로 개인이 감당할 수 없는 수준의 리스크를 졌다가 파산한 경우는 셀 수 없을 정도로 많았다. 그 때문에 많은 종교와 정치 체제에서 도박을 비윤리적이거나 불법적인 것으로 규정하고 관리해 왔다. 그래도 도박을 아예 폐지하려는 시도는 그다지 성공하지 못했고, 결국은 제한된 범위 내에서 합법화하는 쪽으로 타협이 이뤄졌다.

불법 도박과 합법적 도박의 차이는 사실 종이 한 장 차이다. 윤리적인 측면에서는 그것이 구별돼야 하는 이유를 찾기가 쉽지 않다. 복권또한 일종의 합법화된 도박인데, 이러한 것들이 지나치게 융성해졌다면 그 사회가 건전한 기운을 잃고 타락했다는 증거이기도 하다. 모나코나 마카오처럼 자체적으로 생산력을 갖추지 못한 소규모 도시국가들은 도박 산업에 의존해 경제를 영위하기도 한다. 최근 경제 성장의 한계에 부딪힌 싱가포르는 그간의 금기를 깨고 도박 산업에 조심스럽게 진출하려는 모습을 보이고 있다.

도박에서는 도박장 주인만 돈 번다

도박사들은 자신의 돈을 걸기 때문에 누구보다도 확률의 문제를 진지하게 생각해 왔다. 사실 직업 도박사들은 최고 수준의 수학적 능력을 가진 사람들이기도 하다. 도박사들이 사용하는 도박 전략은 이루 다 셀 수 없을 정도로 많지만, 그중 가장 유명한 것으로 마팅게일(martingale) 베팅을 들 수 있다. 마팅게일 베팅 자체도 변종이 굉장히 많은데, 가장 대표적인 것이 바로 '곱지르기'라는 방식이다.

곱지르기는 질 때마다 거는 돈을 곱해 가는 도박이다. 가령 처음에 판돈으로 100원을 걸고 이기면 100원을 벌었으니 그것으로 끝낸다. 그런데 만약 지면 이번에는 판돈을 2배로 늘려 200원을 건다. 이번에 이기면 200원을 벌게 되니 처음에 잃은 100원을 벌충하고도 100원을 벌게 돼 여기서 끝내면 된다. 그런데 만약 또 지면 다음번에는 판돈을 다시 2배로 올려 400원을 건다. 이런 방식을 반복하게 되면, 몇 번 만에 이기든 최종적으로 도박사는 처음 건 판돈만큼을 벌면서 끝낼 수 있다.

마팅게일 베팅은 18세기 프랑스에서 성행했다. 이 방식의 오류를 이론적으로 지적하는 것은 쉽지 않다. 그러나 현실적으로 수행하기에는 문제가 매우 많다. 무엇보다도 마팅게일 베팅을 감당하려면 도박사에게 무한대의 재산이 있어야 한다. 가령 판돈이 100원이고 전 재산이 10만 원인 경우, 10번을 연달아 지면 전 재산을 잃는다. 10번 연달아 지는 것은 현실적으로 있을 수 없는 일이라고 생각하는가? 만약 1번의 도박에서 이길 확률이 10퍼센트에 불과하다면 10번을 연달아 질 확률은 35퍼센트 정도나 되고, 1번의 도박에서 이길 확률이 50퍼센트라고 하더라도 10번을 연달아 질 확률은 약 0.1퍼센트, 즉 도박을 1천 번 정도 하다 보면 1번은 실제로 발생할 수 있는 확률이다.

이러한 마팅게일 베팅과 관련 있는 것으로, 유명한 '상트페테르부르크의 역설(St. Petersburg paradox)'이 있다. 제정 러시아의 수도였던 상트페테르부르크에 있는 한 카지노에 동전을 던져서 앞면이 나오면 계속 던지고 뒷면이 나오면 끝내는 도박이 있었다. 즉 뒷면이 나올 때까지 동전을 던지는 도박이다. 이때 n번째에 뒷면이 나오면 2^{n-1}유로의 상금을 받는다. 여기서 질문 하나, 그렇다면 이 도박을 하기 위해 참가비를 얼마 정도 내면 좋을까? 사람들 대부분이 1~20유로의 값을 말했다.

바로 여기에 역설이 있다. 실제로 이 도박을 통해 벌 수 있는 돈의 기댓값을 계산해 보면 놀라운 결과가 나온다. 기댓값이 무한대로 계산되는 것이다. 왜 그런지 살펴보자. 첫 번째 동전을 던졌을 때 뒷면이 나올 확률은 2분의 1이고 그때 받게 되는 돈은 1유로이니 이 둘을 곱하면 0.5유로다. 두 번째 동전을 던졌을 때 뒷면이 나올 확률은 4분의 1이고* 그때 받게 되는 돈은 2유로이니 이 둘을 곱하면 다시 0.5유로,

세 번째 동전을 던졌을 때 뒷면이 나올 확률은 8분의 1이고 그때 받게 되는 돈은 4유로이니 이 둘을 곱하면 또 0.5유로가 된다. 이를 무한히 계속하게 되면 0.5유로가 무한 개만큼 나오므로 이것들을 다 더한 값은 무한대인 것이다. 즉 한 판당 평균적으로 얻을 수 있는 돈의 양이 '무한대'라는 것이다! 이는 이 도박에서 아무리 많은 돈을 투자하더라도 당신은 이익을 보게 된다는 말과 같다. 그렇다면 몇백만 유로를 걸어서라도 이 도박을 해야 하지 않을까? 이론상 무한대의 기댓값을 갖는 도박을 하려면 무한대의 참가비를 내야 마땅하다. 그럼에도 사람들은 무한대는 고사하고 최대 20유로를 넘는 돈은 지불할 생각이 없으니 역설인 것이다.

많은 이들이 상트페테르부르크의 역설을 해결하기 위해 다양한 시도를 해 왔다. 가장 유명한 것은 '기대 효용 이론(expected utility theory)'이다. 기대 효용 이론에 의하면 사람들이 받아들이는 부의 효용은 부의 절대적인 크기에 비례하지 않고, 부가 늘어날수록 그 효용이 떨어지는 로그 함수와 같은 형태를 갖는다. 예를 들어 설명하자면, 1억 원은 보통 사람들에게는 벌벌 떨게 만드는 돈이지만, 10억 원대 자산가에게는 1억 원이 적은 돈은 아니어도 예전만큼 크게 느껴지지 않게 되고, 100억 원대 자산가에게는 살짝 심드렁하게 느껴지는 돈이 되는 것처럼 말이다.(경제학에서는 이를 '한계 효용 체감의 법칙'이라고 한다.) 그렇기 때문에 산술적인 기댓값은 무한대지만 효용의 관점으로 보면 20유

로 정도가 될 수 있다는 것이다.

좀 더 현실적인 설명으로, 도박을 제공하는 카지노의 부가 무한대일 리 없으므로 그것을 감안해 기댓값을 계산해 보자. 그런 관점에서 보면 사람들이 최대 20유로 정도의 참가비를 내고 이 도박을 하는 것은 합리적일 수 있다. 가령 동전을 던져 뒷면이 50번째에 나오는 것은 물론 불가능한 일이 아닌데, 이때 카지노가 지급해야 하는 금액은 무려 563조 유로다. 이러한 돈을 실제로 가지고 있을 리도 없지만, 설령 가지고 있다고 하더라도 카지노가 이를 실제로 지급할 것 같지는 않다. 마팅게일 베팅의 일종인 이 도박이 카지노를 완전히 망하게 할 수도 있다는 것을 알고 있기 때문에 어떠한 카지노도 이 도박을 실제로 제공하고 있지 않다. 또 그 연장선상에서 카지노들은 한 번에 베팅할 수 있는 판돈에 엄격한 제한을 두어 일정 금액 이상은 베팅할 수 없도록 하고 있다.

이렇게 확률이 아무리 작을지라도 지급해야 하는 금액이 너무 크면 감당할 수 없는 리스크가 된다는 원리를 누구보다도 잘 인식하고 있는 산업이 또 있다. 바로 보험업이다. 보험 회사는 사건들이 독립적이기 쉽다는 다각화의 효과와 개별 보험 담보 금액을 작게 만드는 방식으로 업을 영위해 나간다. 장래에 지급할 것으로 예상되는 보험금보다 더 많은 보험료를 받고 그 차익으로 인건비 및 회사의 이익을 만들어 내는 것이다. 수학적 관점으로만 보면 보험업과 카지노 사이에 근본적인 차이는 없어 보인다. 이처럼 확률은 보험업에서도 매우 중요한 역할을 담당하고 있다.

도박에 관련된 격언 중 가장 유명한 것은 아마도 "도박에서는 도박장 주인만 돈 번다."라는 말일 것이다. 카지노들은 자신들이 제공하는 도박이 어떠한 리스크를 갖는지 누구보다도 잘 파악하고 있기 때문에 웬만해서는 손실을 입지 않는다. 카지노에서 처음에는 돈을 좀 따는 듯싶다가 결국에는 가진 돈을 몽땅 털리고 마는 경험을 한두 번쯤 해 본 사람도 있을 것이다. 그런데 놀라운 것은 돈을 잃은 사람들은 카지노 탓을 별로 하지 않는다는 점이다. 방식은 조금 다르지만 경마장 같은 복권 사업자와 거래소 등에서도 이와 비슷한 비즈니스 모델로 돈을 쉽게 벌어들인다.

최적의 투자액을 알려 주는 '재산 극대화 전략'

상트페테르부르크의 역설에서 본 것처럼, 도박에 대한 분석은 결국 이길 때와 질 때 발생하는 이익과 손실의 크기, 그리고 각각에 결부된 확률의 문제로 귀결된다. 이것들을 결합시켜 하나의 값으로 나타낸 것이 바로 '기댓값'이다. 상식적인 수준에서 생각해 보면 기댓값과 그와 관련된 리스크에 따라 매번 걸어야 하는 판돈의 규모도 달라져야 할 것이다.

가령 이 세상에 존재하는 모든 복권의 기댓값은 거의 예외 없이 그 복권 가격의 50퍼센트 정도에 불과하다. 이런 경우, 아무리 복권을 많이 산다고 해도 평균적으로 돈을 벌 수 있는 방법은 없다. 또 이길 확률이 99퍼센트이고 질 확률이 1퍼센트인 도박이 있다고 하자. 이기면 건 돈의 10퍼센트를 받고 지면 건 돈을 모두 잃게 된다. 이런 경우, 이 도박에 전 재산을 계속해서 거는 것은 언젠가는 모든 것을 잃고 파산하도록 예약한 것이나 다름없다. 이런 예들은 도박의 성질에 따라 판돈의 크기를 조절해야 한다는 것을 보여 준다.

여기서 간과해서는 안 되는 중요한 측면이 더 있다. 이렇게 판돈의 크기를 고민하는 것을 한 번으로 끝내서는 안 된다는 점이다. 보통의 투자 이론은 어떤 특정한 시기 동안의 투자 결과에 대해서만 신경 쓴다. 현대 포트폴리오 이론이 대표적이다. 현대 포트폴리오 이론은 여러 자산의 수익률의 평균을 구해 한 시기 동안의 수익률과 리스크 사이의 최적의 균형을 찾는다. 그런데 관점을 달리해, 투자 문제를 연속적으로 시행되는 도박으로 간주해 보자. 그리고 그 전체 과정을 통해 궁극적인 부의 크기를 최대화하는 것으로 이해해 보자. 그러면 완전히 새로운 결과를 얻게 되는데, 이것이 바로 '재산 극대화 전략'이다.

재산 극대화 전략은 우선 개별 도박을 단순화시켜 이해한다. 이기거나 지는 2가지 결과만 발생할 수 있다고 본다. 이때 이기면 건 돈의 a 배를 건 돈에 더해 추가로 돌려받게 되고, 지면 건 돈을 모두 잃는다고 가정한다. 그리고 이길 확률을 p, 질 확률은 q로 나타내면, 모든 사건의 확률의 합은 1이라는 공리(수학이나 논리학 따위에서 증명 없이도 자명한 진리로 인정되며, 다른 명제를 증명하는 데 전제가 되는 원리)로부터 q는 $1-p$와 같다는 것을 알 수 있다. 이때 내 전 재산을 A라고 하자. A에서 얼마나 많은 돈을 이 도박에 걸어야 할까? 판돈의 크기를 fA로 나타내면, f는 내가 거는 판돈과 내 전 재산의 비율이 된다. 쉽게 말해, f가 2퍼센트라면, 내 전 재산이 10만 원일 때 그 10만 원의 2퍼센트에 해당하는 2천 원을 판돈으로 건다는 말이다.

재산 극대화 전략에 의하면, 판돈 비율 f는 이 도박의 기댓값을, 이겼을 때의 추가 상금으로 나눈 값이다. 이 도박의 기댓값은 $pa-q$이고, 이겼을 때의 추가 상금은 a이므로, 그 식은 다음과 같다.

$$f = (pa - q)/a = p - q/a$$

이것이 어떠한 의미를 가지고 있는지 숫자를 대입해 알아보자.

나는 공정한 동전 던지기 도박을 하고 있다. 그래서 앞면과 뒷면이 나올 확률이 각각 50퍼센트이다. 이때 앞면이 나오면 건 돈의 2배를 추가로 받고 뒷면이 나오면 건 돈만 잃는다고 하자. 얼핏 보면 이 도박은 나한테 유리해 보인다. 우선 1달러를 건다고 했을 때의 기댓값을 계산해 보면, 50퍼센트의 확률로 2달러가 생기고 나머지 50퍼센트의 확률로 1달러를 잃으니, 1번 동전을 던질 때의 기댓값은 0.5달러다. 이 말은 개별적인 도박에서 이기고 지는 것은 몰라도, 이 도박을 계속하다 보면 큰수의 법칙에 의해 결국 돈을 벌게 된다는 의미다. 1달러씩 걸 때마다 평균적으로 0.5달러를 번다는 뜻이다. 이러한 도박을 1천 번 하게 되면, 약간의 편차는 있겠지만 그 이익의 평균은 500달러가 될 것으로 기대해도 좋다.

그런데 재산 극대화 전략에 따르면, 이 도박을 할 때 매번 1달러를 베팅하지 말고 그때그때 내가 가지고 있는 전 재산 A에 f를 곱한 금액, 즉 fA를 걸어야 한다. 먼저, 판돈 비율 f를 구해 보면 다음과 같다.

$$f = 0.5 - 0.5/2 = 0.25$$

즉 판돈 비율 f는 0.25다. 이 말은 이 도박에 매번 돈을 걸 때마다 전 재산의 25퍼센트를 거는 것이 최적이라는 것이다. 내 전 재산이 1만 원이면 2500원을, 전 재산이 10만 원이면 2만 5천 원을 걸어야 한다. 그리고 그렇게 재산이 불어나 내 전 재산이 1억 원이 되면 2500만 원을 다음번 도박에 걸어야 한다.

조금 다른 경우를 하나 더 살펴보자. 이길 확률이 51퍼센트, 질 확률이 49퍼센트, 이겼을 때의 추가 상금 a가 1이라고 하면 1달러를 걸었을 때의 기댓값을 구하면 다음과 같다.

$$\text{기댓값} = 0.51 \times 1 - 0.49 = 0.51 - 0.49 = 0.02$$

즉 기댓값은 0.02달러다. 이 경우 판돈 비율 f를 구해 보면 다음과 같다.

$$f = 0.51 - 0.49/1 = 0.51 - 0.49 = 0.02$$

즉 2퍼센트다. 이 말은 매번 도박을 할 때마다 평균적으로 건 돈의 2퍼센트를 벌고, 이때 걸어야 하는 판돈의 규모는 전 재산의 2퍼센트라는 것이다.

K 과장이 투자를 고민하고 있는 삼성전자와 현대자동차 주식에 대해 재산 극대화 전략을 적용해 보면 어떻게 될까? 우선은 두 주식에 투자했을 때의 수익의 기댓값과 상승했을 때의 수익을 예측해야 한다. 그 예측이 믿을 만하다고 가정해 보자. 만약 어느 하나의 f의 값이

다른 것의 f보다 크게 나온다면 f가 큰 쪽의 주식을 택해 그 주식의 f로 투자하면 된다.

판돈 비율 f의 식을 보면 알 수 있지만, 이길 확률인 p가 클수록, 그리고 이겼을 때 벌게 되는 돈의 비율인 a가 클수록, 걸어야 하는 판돈의 비율도 커진다. 극단적으로 이길 확률 p가 100퍼센트이고 질 확률 q가 0퍼센트라면, 판돈 비율 f의 값은 1이다. 즉 더 이상 아무것도 생각하지 말고 당신의 전 재산을 다 걸라는 의미다. 사실 이길 확률이 100퍼센트 확실하다면 전 재산이 아니라 빚을 낼 수 있는 만큼 최대한 내서 베팅하는 것이 합리적일 수 있다. 하지만 이와 같이 부채를 사용하는 것은 재산 극대화 전략에서는 고려하지 않는 영역이다. 이길 확률이 100퍼센트 확실하다고 판단했는데 만약 그 확률이 틀릴 경우, 전 재산을 잃고 알거지 신세가 된다는 것을 잊어서는 안 된다. 100퍼센트 이긴다는 보장이 과연 현실에서 얼마나 가능할지 감안해야 한다.

최적의 판돈 크기를 알려 주는 것 외에도 재산 극대화 전략이 말해 주는 중요한 메시지가 있다. f가 마이너스로 계산될 때는 절대로 도박하지 말라는 것이다. f가 마이너스면 그 도박의 기댓값이 마이너스라는 뜻이다. 그 도박을 계속하면 계속할수록 돈을 더 많이, 더 확실하게 잃게 될 것이다. 하지만 안타깝게도 실제에서는 많은 이들이 재산 극대화 전략의 이러한 측면을 흔히 무시하곤 한다.

재산 극대화 전략에서 조심해야 할 것들

재산 극대화 전략의 메시지는 분명하다. 평균적으로 당신이 돈을 벌

것으로 생각되는 도박이나 투자 대상이 있다면, 항상, 꾸준히 전 재산의 일정 비율로 투자하라는 것이다. 그리고 그 비율은 당신이 그 투자 대상으로부터 돈을 벌 가능성이 얼마나 큰가에 따라 조정돼야 하는데, 친절하게도 재산 극대화 전략은 그 비율 또한 알려 준다. 몇 달 혹은 1년 정도의 시간이라면 재산 극대화 전략과 다른 전략들 사이에 특별한 차이가 있다는 것을 느끼지 못할지도 모른다. 경우에 따라서는 운에 의해 다른 전략을 구사한 경우가 재산 극대화 전략을 사용한 경우보다 결과가 더 나을 수도 있다.(구체적인 시뮬레이션 결과에 대해서는 '금융학의 세계로 10'을 참조하라.)

하지만 우리 인생은 생각보다 길다. 사회에 나와 직업을 갖고 돈을 벌기 시작하는 시점을 20대라고 보고 평균 수명을 80세로 가정하면, 부를 축적하고 증식할 수 있는 시간이 모두에게 50~60년 정도 주어지는 것이다. 이 정도 기간이라면 재산 극대화 전략과 여타 전략들 사이의 차이가 확연히 드러나게 된다.

개별 도박에서의 기댓값을 '우위(edge)'라고 부르기도 한다. 재산 극대화 전략을 취할 때는 이 우위가 없는 도박이나 자산에는 절대로 투자하지 말아야 한다. 우위가 있는 대상에 재산 극대화 전략과 조금 다르게 투자하는 것은 최선의 행위는 아니어도 부가 잠식되지 않고 증식되기는 할 테니 크게 문제 되지 않을 수도 있다. 하지만 우위가 없는 대상에 지속적으로 투자를 감행하는 것은 확실하게 본인의 재산을 길바닥에 내다 버리는 길이다.

우리가 가장 흔하게 접할 수 있는 복권에서는 우위가 어느 쪽에 있을까? 복권의 우위는 복권 구매자가 아니라 복권 사업자에게 있다. 그 크기는 대략 50퍼센트다. 재산 증식 목적이 아니라 재미 삼아, 또는 소소한 행복을 느끼며 아주 적은 돈을 복권 구입에 쓰는 것은 개인의 선택 문제다. 또 블랙잭의 경우 특정한 전략을 잘 구사하면 카지노에 대해 작은 우위를 가질 수도 있다. 그런데 카지노는 이러한 전략이 있다는 것을 너무나 잘 알고 있기 때문에 로컬 규칙을 바꾼다든지 판돈 크기에 제약을 둬 그 우위를 무마시켜 놓는다.(카지노는 우리 생각만큼 허술하지 않다.) 그렇더라도 이러한 전략을 숙지한다면, 설령 궁극적으로는 돈을 다 털릴지라도 꽤 오랜 시간 동안 버티며 게임을 할 수도 있다.

재산 극대화 전략을 실제 투자에 적용하는 것을 비판하는 목소리도 있기는 하다. 재산 극대화 전략이 궁극적으로 최대의 부를 가져다줄 것이라는 데는 재론의 여지가 없지만, 재산 극대화 전략을 구사할 때는 재산이 상당 수준의 변동성을 가지게 되는 경우도 있다는 점이 주로 비판을 받는다. 사람에 따라서는 어느 정도 자신이 만족할 만한 수준의 부를 확보하고 난 뒤에는 이를 더 불리기보다는 그냥 그것을 잃지 않고 지키면서 살기를 원하는 경우도 있다. 그런데 재산 극대화 전략은 이때도 재산의 일정 부분을 투자하라고 한다. 그 투자 대상이란 비록 우위가 있을지언정 결국은 운에 의해 좌우되는 것이 아닌가. 그래서 재산 극대화 전략에는 불확실성을 회피하고자 하는 사람들의 성향에 분명 거슬리는 면이 있다.

하지만 심리적인 안정감을 위해 재산 극대화 전략을 외면하고 재산 지키기에 몰두하는 행위가 과연 안전한지는 생각해 봐야 한다. 당장은 몰라도 어느 정도 시간이 경과한 뒤에는 남들만큼 재산 증식을 이루지는 못하게 된다. 옛말에 부불삼대(富不三代), 즉 "부자는 3대를 넘기기 힘들다."라는 말이 있다. 부는 이루기보다 지키기가 더 어렵다는 뜻이다. 대개 부를 일군 창업 1세대는 끊임없이 위험을 감수함으로써 부를 늘려야 한다는 재산 극대화 전략의 정신을 본능적으로 깨닫고 있다. 반면 그렇게 확보된 재산이 제공해 주는 안온한 환경 속에서 자란 2대, 3대는 위험 회피만을 꾀하다 결과적으로 부를 잃게 될 가능성이 적지 않다.(신당동과 역삼동의 땅값 변동을 생각해 보라.)

당신이 생각했던 우위가 착각이라면?

여기서 논란거리가 될 만한 것이 하나 있다. "주식이 자산군(asset class)으로서 투자자가 우위를 가질 수 있는 대상인가?" 하는 것이다. 보통 재무론을 보면 주식의 초과 기대 수익률은 연 6퍼센트 정도인 반면, 채권의 초과 기대 수익률은 연 2퍼센트 정도로, 장기 투자를 할 수 있다면 주식에 투자하는 것이 부를 증식시킬 수 있는 가장 확실한 방법이라고 말한다. 주식은 변동성이 크다는 리스크가 있지만 투자 기간이 길어질수록 그러한 변동성이 줄어들어 채권보다 높은 복리의 수익을 달성할 수 있다는 것이다. 이는 보통 주식의 장기 투자를 권하는 측에서 사용하는 논리다.

주식을 장기적으로 투자하면 초과 수익률이 플러스일 것이라고 주장하는 사람들 중 월가의 대표적인 낙관론자 제러미 시겔(Jeremy Siegel)이 있다. 그는 와튼 경영대학원 교수로 각종 언론 매체에 자주 얼굴을 드러내는 유명인이기도 하다. 시겔이 주장하는 대로 주식이 플러스의 초과 수익률을 가지는, 그래서 (재산 극대화 전략의 용어로 표현해서) 투자자 입장에서 우위를 가질 수 있는 대상이라면 재산의 일정 비율을 항시적으로 주식에 투자하는 것이 필요하다.

하지만 이 주장을 액면 그대로 받아들이기에는 꺼림칙한 구석이 있다. 가령 일본 주식 시장을 예로 들어 보자. 1986년 1월에는 일본 주식 시장을 대표하는 '니케이 225 지수(도쿄증권거래소를 대표하는 225개 기업으로 구성된 주가 지수)'가 1만 3천 정도에서 거래되고 있었다. 그런데 1989년 12월에 3만 9천에 육박한 뒤로 지속적으로 등락을 거듭하면서 하락해, 후쿠시마 원전 사고가 발생한 2011년에는 8천대까지 떨어졌고, 2014년 4월 기준으로 1만 5천대에서 거래되고 있다. 거의 30년에 달하는 기간이 경과됐는데도 오히려 주가 지수가 떨어진 것이다. 결국 주식의 우위 여부는 개인이 결정해야 할 몫으로 보인다.

이와 같은 개념의 연장선상에서 "그런데 이 우위가 정말 맞는 것일까?" 하는 의문이 들 수 있다. 예를 들어 보자. 이겼을 때 버는 돈과 졌을 때 잃는 돈이 동일한 투자가 있다. 이 투자에 대한 우위가 내가 생각했을 때 5퍼센트라고 할 때, 재산 극대화 전략에 의하면 나는 전 재산의 5퍼센트를 여기에 투자해야 한다. 그런데 내 생각과 달리 실제 우위는 −5퍼센트라면, 나는 아주 확실한 방법으로 내 재산을 잃게 되는 셈이다. 안타깝게도 내가 생각한 우위가 맞는지 틀린지 미리 확인할 수 있는 방법은 없다. 오직 시간의 경과만이 그 여부를 확인해 줄 수 있을 뿐이다.

이렇게 내가 생각하는 우위가 완벽히 성립한다는 보장이 없다는 현실적인 인식에서 나온 것이 이른바 '부분 재산 극대화 전략'이다. 이는 우선 내가 생각하고 있는 우위를 가지고 판돈 비율 f를 계산한 다음, 거기에 다시 적당한 일정 비율을 곱해 판돈 비율을 조금 더 줄여서 투자하는 것이다. 그 적당한 일정 비율은 내가 생각하는 우위가 확실할수록 1에 가까운 값으로, 반대로 우위가 확실하지 않을수록 0에 가까운 값으로 정하면 된다. 우위를 100퍼센트 확신할 수 있는 경우에 비해 이 부분 재산 극대화 전략은 분명 최종적인 부의 크기에서는 열등할 것이다. 그래도 수익의 복리 효과를 지속적으로 노린다는 점에서 여전히 다른 방식들을 압도할 수 있다.

삶에 적용해 본 재산 극대화 전략 4가지

투자의 수익률과 리스크를 어떻게 제대로 예측할 것인가 혹은 그 우위를 어떻게 확신할 수 있는가의 문제를 해결하지 못하면 실제 투자에서 성공하기란 사실상 불가능하다. 어떻게 보면 금융 이론은 투자에서 가장 결정적이고 중요한 이 부분에 대해서는 함구하고 있다고 말할 수 있다. 과거 데이터를 보고 주식의 수익률이 연 6퍼센트였다고 말하는 것이나, 주어진 확률을 가지고 우위를 계산하는 것은 누구라도 할 수 있는 일이다.

하지만 미래의 수익률이 과거의 평균 수익률대로 발생하지 않는다는 것은 잠깐이라도 데이터를 들여다보면 알 수 있다. 진정한 투자 실력은 "미래의 수익률을 남들보다 얼마나 더 잘 맞힐 수 있는가"에 달려 있다고 볼 수 있을 것이다. 한 가지 분명한 사실은 학교에서는 이런 것을 가르쳐 주지 않는다는 것이다. 그런 기술은 존재하지 않는다는 것이 학계의 공식적인 입장이다.

재산 극대화 전략이 삶에 주는 시사점은 투자의 영역만큼이나 분명하다.

첫째, 삶은 단기적인 관점만으로는 충분하지 않다. 재산 극대화 전략은 굉장히 긴 시간 관념을 가지고 살아갈 것을 요구한다. 당장 눈앞의 이익을 좇기보다는 긴 호흡을 가지고 살아갈 필요가 있다는 의미다. 주식회사는 대부분 실적을 3개월마다 발표하고 이를 바탕으로 경영진의 성과에 대한 보상이 이뤄진다. 이러한 이유로 경영진이 장기적인 성장이나 지속 가능성에 관심을 가지는 것이 거의 불가능하다. 단기적인 변동성은 높을지라도 3년 이상의 기간을 놓고 보면 가족 기업이나 상장되지 않은 기업이 상장 기업을 앞서는 성과를 보인다는 것은 이미 잘 알려져 있는 사실이기도 하다. 환경 문제 또한 장기적인 관점을 가질 수 있다면 그 해결책을 좀 더 쉽게 도출할 수 있을 것이다.

둘째, 삶은 우리에게 리스크를 회피하지 말고 항상 본인이 감당할 수 있는 한도 내에서 리스크를 질 것을 요구한다. 리스크를 회피하고 확실한 길로만 가겠다는 것은 장기적인 관점에서 보면 거의 확실하게 실패하는 방법이다. 왜냐하면 세상에는 리스크를 두려워하지 않고 껴안으며 발전해 나가는 사람들이 있기 때문이다. 내가 제자리를 지키고 있다는 것은 상대적으로 퇴보하고 있다는 의미다. 살면서 겪는 한두 번의 실패는 오히려 한평생을 놓고 보면 오점이기보다는 인생의 귀중한 경험이자 자산이다.

두말할 나위 없이 내가 우위를 가지고 있는 분야에서만 리스크를 감수해야 한다. 남들이 일반적으로 좋다고 하는 분야를 맹목적으로 지

향하는 사람들이 적지 않다. 아무리 평균적으로 그 분야가 좋다 하더라도, 내가 그 분야에서 우위를 점하지 못하면 그 분야의 장점은 내게 아무 의미가 없다. 자신이 우위를 점하지 못하는 것을 시간과 노력을 들여 시도하는 것은 그만큼 내 삶의 무형적 재산을 갉아먹고 있는 것이다.

반드시 그렇다고 말할 수는 없지만, 내가 어떤 분야에 애정을 가지고 있으면 있을수록 그 분야에서의 내 우위도 커지는 경향이 있다. 약간의 선순환 작용이 있는 셈이다. 좋아하는 만큼 그 분야에 정통하게 되고 그러다 보니 주위에서 잘한다는 칭찬을 듣게 돼 더 좋아하게 되는 것이다. 한편, 아무리 좋아해도 넘을 수 없는 선천적인 한계 같은 것도 분명히 있기 마련이니 모든 것을 노력으로 극복할 수 있다고 생각하는 것은 다소 성급할 수 있다. 그러나 나는 이 세상 어느 누구든 아무런 우위를 가지고 있지 않은 사람은 없다고 생각한다. 경제학자들이 좋아하는 통계적 방식으로 이를 설명하기는 쉽지 않지만, 그렇게 생각하는 편이 좀 더 희망적이지 않을까.

내가 어떤 분야에 우위가 있는지 없는지 미리 확실하게 알 수 있는 방법은 투자에서와 마찬가지로 존재하지 않는다. 오직 직접 시도해 보고 실패해 보는 방법밖에 없다. 일종의 통제된 실험을 통해 그 가능성을 타진하는 방법이 있긴 하다. 이는 벤처 회사를 설립해 성장시킬 때 매우 유효한 방식으로 알려져 있다. 이론만으로는 아무런 변화를 가져올 수 없다. 오직 실행만이 의미를 가질 수 있다. 개체와 사회의 학습에 대한 이론으로서 탐험(exploration)과 활용(exploitation)을 대입해 비교하는 경우가 있다. 탐험이 어떤 분야에 우위가 있는지 알아

보기 위한 시간들이라면, 활용은 탐험을 통해 파악된 우위가 있는 분야에 집중해 그로부터 복리의 성장을 구가하는 것으로 이해해 볼 수 있다.

셋째, 생존을 위협할 수 있는 리스크는 지지 말아야 한다. 재산 극대화 전략의 관점으로 보면 일생일대의 기회 같은 것은 아예 존재하지 않는다. 성공하기만 하면 그 한 번으로 인생의 모든 문제가 풀리는 일 따위도 존재하지 않는다. 운이 나쁘면 실패를 거듭하게 될 수도 있지만, 재산 극대화 전략을 꾸준히 따르다 보면 결국은 성공하게 된다. 그렇기 때문에 아예 존재 자체가 사라질 수도 있는 (그래서 삶의 재산 극대화 전략을 계속해서 구사할 수 없게 만드는) 리스크는 절대로 지면 안 되는 것이다. 대표적인 예로 경제적으로 감당할 수 없는 부채를 지는 것은 절대로 해서는 안 된다. 이 외에도 이런 범주에 속하는 일들이 여럿 있다. 완전한 파산에 이르렀다고 행운의 여신을 탓하지 말라. 재산 극대화 전략을 따르지 않은 당신 탓이 더 크다.

마지막으로, 살다 보면 우위가 없음에도 한판 붙어야 하는 경우가 종종 있다. 재산 극대화 전략은 이런 경우 절대로 리스크를 지지 말라고 말한다. 그런데 문제는 내가 원하지 않아도 피치 못하게 리스크를 져야 할 때가 있다. 이럴 때는 어떻게 해야 할까? 재산 극대화 전략은 아니지만 수학적으로 증명된 사실을 한 가지 알려 주겠다. 피해 갈 수 없다면, 그리고 우위를 가지고 있지 않다면, 당신이 택할 수 있는 최선의 전략은 가지고 있는 모든 것을 한꺼번에 거는 것이다. 조금씩 찔끔찔끔 나눠 걸어 봐야 큰수의 법칙에 의해 좀 더 확실히 지기 때문이다. 물론 우위가 없기 때문에 질 가능성이 더 크다. 그렇더라도 이러한 상황에서는 여전히 이른바 '올인'이 최선의 전략이다. 임진왜란 때 이순신 장군이 수적 열세에 있는 휘하의 장졸들에게 왜군과 싸워서 이길 수 있는 방법으로 구사한 생즉사 사즉생(生卽死 死卽生) 전략이라고도 볼 수 있다. 즉 살려고 하면 죽을 것이고, 죽고자 하면 살 것이다. 사즉생의 심정으로 충주 탄금대에서 배수의 진을 친 신립 장군은 8천여 명의 병사를 잃고 강물에 투신했다. 비록 전사했지만 신립 장군의 선택은 최선이었다.

재산 극대화 전략과 정보 이론

재산 극대화 전략을 고안한 사람은 존 켈리(John L. Kelly)다. 그래서 재산 극대화 전략을 '켈리 전략' 혹은 '켈리 베팅'이라고도 부른다. 경제학에서 켈리라는 이름은 약간 금기시되고 있다. 이는 1960~1970년대에 '현대 경제학의 아버지'로 불리는 MIT(매사추세츠 공과대학)의 폴 새뮤얼슨(Paul Samuelson)이 재산 극대화 전략을 비난하는 여러 논문을 발표한 데서 기인한 바가 크다. 하지만 재산 극대화 전략은 수학이나 공학, 컴퓨터과학에서 정보 이론(information theory)의 중요한 응용의 하나로서 확실하게 인정받고 있다. 금융 분야에서도 드러내 놓고 지지하지 못할 뿐 심정적으로는 이를 인정하는 사람들이 적지 않다. 특히 돈을 직접 다루는 사람들에게 재산 극대화 전략은 없어서는 안 될 중요한 도구다.

재산 극대화 전략을 고안한 켈리

켈리는 1923년 미국 텍사스에서 태어났는데 어린 시절에 대한 정보는 그다지 많지 않다. 2차 세계대전 때 미 해군 조종사로 4년간 복무했고, 그 후 오스틴 대학에 입학해 1953년에 탄성학*(elasticity)에 대한 논문으로 박사 학위를 받았다. 졸업 후 벨 연구소에 들어갔는데, 거기서 탄성학과 전혀 무관한 분야인 텔레비전 데이터를 압축하는 방법을 연구하기 시작했고, 그러면서 정보 이론을 접하게 됐다. 켈리는 '음성 합성' 분야에 몰두해 기계에게 말하는 방법을 가르치려 했고, 관련 프로젝트의 책임자로서 1962년 IBM 7090 컴퓨터를 통해 이를 시연해 보였다. 이 모습을 보고 매우 깊은 감명을 받은 아서 클라크(Arthur C. Clarke)는 영화 〈2001 스페이스 오디세이(2001: A Space Odyssey)〉에서 이 장면을 재현하기도 했다.

켈리는 우연한 기회에 TV에서 마틴게일 베팅을 이용한 상금 쇼 프로그램을 보고, 이러한 일종의 사기성 도박 프로그램을 정보 이론으로 접근해 볼 수 있지 않을까 하고 생각했다. 그는 짧은 논문을 써서 정보 이론의 창시자였던 벨 연구소 동료 클로드 섀넌(Claude Shannon)에게 보여 줬는데, 섀넌은 훌륭한 논문이라며 저널에 출간해 보라고 격려했다. 하지만 한 가지 문제가 있었다. 논문 제목에 '도박'이 들어가 있어 보수적인 벨 연구소 경영진이 눈살을 찌푸릴지 모른다는 점이었다. 그래서 결국 제목만 바꿔 발표한 논문이 1956년 《벨 시스템 기술 저널(Bell System Technical Journal)》에 실린 「정보율의 새로운 해석(A New Interpretation of Information Rate)」이다. 재산 극대화 전략은 이 논문에 언급됐다.

켈리는 거칠기로 유명한 텍사스 사람으로 벨 연구소 내에서도 음주, 흡연, 파티 등으로 유명했다. 하지만 실제 그가 재산 극대화 전략을 이용해 도박을 한 것 같지는 않다. 켈리는 벨 연구소에서 승진을 거듭하며 정보 부호화 및 프로그래밍 부서를 책임지는 자리에 올랐는데,

---

• 힘이 가해지면 그로부터 발생되는 재료의 변형을 다루는 학문. 물리학이나 기계공학에서 다룬다.

1965년 동료들과 함께 회의를 하러 IBM으로 가던 중 맨해튼의 한 도로에서 갑자기 쓰러져 숨을 거뒀다. 사인은 뇌출혈로, 그의 나이는 겨우 41세였다.

'디지털의 아버지' 섀넌

켈리가 도박의 문제를 정보의 문제로 이해하는 뛰어난 발상을 했다면, 정보 이론이라는 새로운 분야를 개척하고 확립한 것은 전적으로 섀넌의 공이다. 섀넌은 1916년 미국 미시간에서 태어났다. 그의 아버지는 자영업자였고 어머니는 고등학교 교장이자 영어 교사였다. 어려서부터 기계 장치와 전기 장치에 대한 남다른 관심을 보인 섀넌은 1932년 미시간 대학에 입학했고, 1936년 학부를 졸업할 때 전기공학과 수학에서 학사 학위를 받았다. 이어 MIT에 진학해 1940년 전기공학으로 박사 학위를 받았다.

졸업 후 섀넌은 프린스턴 대학 고등연구소에 들어가 당대 최고의 석학이라 불리는 존 폰 노이만(John von Neumann), 헤르만 바일(Hermann Weyl) 등과 교류했고, 알베르트 아인슈타인(Albert Einstein)이나 쿠르트 괴델(Kurt Gödel) 같은 이들도 만났다. 섀넌은 곧 벨 연구소로 옮겼다. 당시는 2차 세계대전이 한창이던 때라, 사격 통제 시스템과 암호 기술 등에 대해 연구하게 됐다. 이때 인공 지능과 컴퓨터과학의 토대를 만든 영국의 앨런 튜링(Alan Turing)과 함께 암호 해독가로 활약했다.

학계에서는 현대 디지털 기술의 이론적 기반을 마련한 섀넌에게 끊임없이 구애했다. 결국 섀넌은 모교인 MIT에서 1956년부터 1978년까지 근무했고 1958년 종신 교수가 됐다. 그래도 1972년까지 벨 연구소 소속을 유지했다. 학교로 옮긴 이후 섀넌은 학교가 기대하는 논문 출간이나 강연보다는 자신이 관심을 가지고 있던 다른 분야의 일에 몰두했다. 본인 스스로는 정보 이론이나 암호론의 중요한 문제들은 이미 다 해결됐고, 남아 있는 것은 그다지 중요하지 않은 문제들뿐이라고 느꼈을 수도 있다. 섀넌은 인공 지능이 채용된 기계 쥐를 만들기도 하고, 컴퓨터 체스 프로그램 문제로 논문을 쓰기도 했다. 이후 너무나 유명한 헤지 펀드 매니저가 된 캘리포니아 어바인 대학 수학 교수 에드워드 소프(Edward O. Thorp)와 함께 세계 최초로 '입을 수 있는 컴퓨터'를 만들어 카지노에서 룰렛과 블랙잭 등으로 돈을 벌기도 했고, 궁극적으로는 주식 시장에서 큰 재산을 모았다. 섀넌은 2001년 84세로 세상을 떠났다.

정보의 신뢰성이 낮아지는 것도 투자 리스크

지금까지 리스크를 여러 방식으로 이해할 수 있다고 이야기했다. 하나는 수익률의 변동성이고, 다른 하나는 주식 시장 전체와의 변동의 일치 정도다. 재산 극대화 전략과 정보 이론은 또 다른 하나의 리스크 개념을 이야기하고 있다. 그것은 바로 리스크란 '정보의 역($逆$)'이라는 것이다. 앞에서 계산된 f는 정보의 질 혹은 신뢰성이라고 볼 수 있으며, 정보의 질이나 신뢰성이 낮아지는 것이 바로 거래에 있어서의 리스크라고 볼 수 있다.

켈리는 경마를 예로 들어 설명했다. 이를테면 과천에 있는 것 같은 실물 경마장이 있고, 실물 경마장의 경마를 그대로 중계하며 돈을 걸게 하는 화상 경마장이 있다고 해 보자. 실제로는 물론 실시간으로 중계되지만, 가상의 상황에서 약간의 시간 지연이 있다고 가정하자. 그리고 실물 경마장에 있는 누군가가 이미 확정된 경마 결과를 화상 경마장에 있는 내게 다른 수단을 통해 조금 먼저 알려 준다고 해 보자. 내 입장에서는 전달되는 정보를 믿을 수도 있고 믿지 않을 수도 있다. 그 정보를 100퍼센트 신뢰한다면 나는 내가 가진 돈을 모두 거는 것이 합리적이다. 반대로 그 정보에 대한 확신이 떨어질수록 거는 돈을 줄이는 것이 마땅하다. 만약 정보가 어느 수준 이상의 신뢰성이 없다고 판단된다면 아예 돈을 걸지 않는 편이 낫다. 이러한 직관을 바탕으로 켈리는 섀넌의 정보 이론을 이용해 재산 극대화 전략의 이론과 공식을 도출해 냈다.

재산 극대화 전략은 얼마나 우월할까?

재산 극대화 전략의 핵심은 도박이나 투자에 있어서 결코 한 시기의 수익률과 리스크를 최적화하는 것만으로는 충분하지 않고, 이를 보다 긴 시간의 문제로 바라봐야 한다는 것이다. 이 말은 수익률의 산술 평균이 아닌 기하 평균이 더 중요하다는 말로 이해할 수도 있다. 즉 현대 포트폴리오 이론은 여러 자산들이 가지고 있는 수익률을 산술적으로 평균을 구해 한 시기 동안의 수익률과 리스크 사이의 최적의 균형을 찾고자 하는 반면, 재산 극대화 전략은 그러한 투자가 한 시기로 끝나는 것이 아니라 연속되는 복수의 시기들로 구성돼 있다고 보고 이때 어떻게 하면 투자를 통한 부의 증식을 최대화할 수 있는가의 문제를 다룬다.

재산 극대화 전략에서 제시하는 기준들에 의하면, 즉 판돈 비율 f가 마이너스면 절대로 투자를 하지 말고, f가 플러스일 때만 투자하되 그 투자의 크기는 f에다 가지고 있는 전 재산을 곱한 것으로 해야 한다. 그렇게 했을 경우 무슨 일이 벌어질까? 수학적으로 증명된 바에 의하면, 이 경우 많은 시간이 지나고 나면 재산 극대화 전략을 능가하는 다른 투자 방식은 있을 수 없다. 여기서 능가한다고 하는 의미는 불어난 재산의 크기가 가장 크다는 뜻이다. 즉 누구든 재산을 최대로 키우고 싶고 또 올바른 정신을 갖고 있다면 반드시 재산 극대화 전략을 가지고 매번 투자 규모를 결정하고 실행해야 한다는 것이다.

재산 극대화 전략의 우월성

재산 극대화 전략에 못 미치는 다른 전략도 많이 있다. 당신이 원한다면 새로운 전략을 고안해 재산 극대화 전략에 한번 도전해 봐도 무방하다. 미리 말해 두자면, 많은 사람이 시도했지만 아직 아무도 성공하지 못했다. 예를 들어, 판돈 비율이 재산 극대화 전략에 의해 f로 계산될 때, 이보다 조금 작게 혹은 조금 크게 해 보는 방법이 시도되기도 했고, 여기에 그럴듯해 보이는 다른 규칙을 추가한다든지, 심지어는 일종의 무작위성을 부여한다든지 하는 방법들이 시도됐다. 그러나 모두 결국은 재산 극대화 전략보다 열등한 것으로 판명됐다.

그중 '역마팅게일(reverse martingale)'이라는 방식이 있다. 이는 마팅게일 베팅과 정반대로 베팅하는 것이다. 마팅게일 베팅이 게임에 지면 그다음 번에는 이길 확률이 올라간다고 생각하고 앞의 손실을 메울 수 있을 만큼의 이익을 거두기 위해 판돈을 2배로 늘리는 것이었다면, 이 역마팅게일에서는 이기면 연속해서 이길 확률이 더 높아진다고 보고 베팅 규모를 늘리고 반대로 지면 연달아 질 확률이 더 높다고 보고 베팅 규모를 줄인다.

이 방법은 농구 경기에서 슛을 연달아 성공시킨 선수가 슛을 하는 것이 바로 이전에 슛에 실패한 선수가 슛을 하는 것보다 더 바람직하다고 생각하는 것과 유사하다. 한마디로 각각의 사건은 결코 독립적이지 않고, 앞의 사건이 뒤의 사건에 영향을 준다고 보는 것이다. 그런데 중요한 것은 역마팅게일 또한 마팅게일과 마찬가지로 심각한 문제를 안고 있다는 점이다. 운이 좋으면 역마팅게일을 통해 그 어떤 전략보다도 빠른 속도로 부를 키울 수도 있지만, 한 번이라도 운이 나쁠 경우 그동안 벌었던 것을 모조리 잃게 된다. 긴 시간 동안의 투자에서 역마팅게일은 절대로 재산 극대화 전략의 상대가 되지 못한다.

재산 극대화 전략과 비교할 수 있는 또 다른 전략으로, 매번 일정한 금액을 베팅하는 방법이 있다. 이 방법은 실제로 카지노나 주식 시장에서 초보자들이 많이 사용하는 방법이기도 하다. 가령, 앞에서 무슨 카드가 나왔든 굳은 심지를 가지고 1달러씩 또박또박 거는 것이다. 이는 개별 투자의 결과는 독립적이라는 신념에 기반을 둔 것으로 이해할 수 있다. 우연에 의해 발생할 수 있는 연속적인 이익이나 손실에 대해 심리적으로 영향을 받아 베팅 규모를 임의로 바꾸게 되는 오류를 피하기 위한 방법이기도 하다.

그런데 이 방법에는 2가지 문제점이 있다. 첫째, 이런 식으로 투자 규모를 일정액으로 할 경우 긴 시간이 지나고 나면 재산 극대화 전략에 의해 투자한 것보다 훨씬 적은 부를 달성하게 된다. 재산 극대화 전략은 복리의 수익을 중첩시켜 나가는 것인 데 반해, 일정액을 베팅하는 전략은 단리로 수익을 쌓아 나가는 것에 불과하기 때문이다. 둘째, 일정액을 베팅하는 전략을 쓸 경우, 개별 도박의 기댓값이 플러스 값을 갖는다고 하더라도 운이 나쁘면 가지고 있는 전 재산을 잃고 파산할 가능성이 있다.

예를 들어 보자. 이길 확률은 40퍼센트이지만 이기면 건 돈의 2배를 추가로 받고, 지면 건 돈만 잃는 도박이 있다고 해 보자. 내 전 재산은 10달러이고 매번 1달러씩 걸기로 결정했다. 매번 1달러씩 걸 때의 기댓값을 계산하면 0.2달러다. 즉 이 도박을 오래하면 할수록 매번 0.2달러씩 벌게 된다는 점은 틀림없는 사실이다. 하지만 정말 운이 나쁘면 10번 연속해서 질 수도 있다. 각각의 도박이 독립적이라고 가정하고 그 확률을 계산해 보면 0.6퍼센트로서 작긴 하지만 그렇다고 아예 불가능한 일은 아니다. 대략 200번 정도에 1번 정도는 10번 연속해서 지는 경우가 나오게 된다. 그렇게 되면 나는 가지고 있는 전 재산인 10달러를 모두 잃고 무일푼 신세가 된다.

최후의 승자는 역시 '재산 극대화 전략'

재산 극대화 전략의 뛰어난 점 중 하나는 투자자가 재산 극대화 전략을 고수하는 한 절대로 파산할 일이 없다는 점이다. 재산 극대화 전략의 판돈 비율 f 는 0에서 1 사이의 값으로, 매번 도박에 걸게 되는 돈은 항상 그 시점의 내 전 재산보다 작다. 따라서 비록 운이 나빠 돈을 잃게 되더라도 모든 것을 다 잃지는 않는다. 운이라는 것은 일방적으로 나쁘기만 할 수는 없는 것이기 때문에 참고 견디다 보면 그렇게 줄어들었던 내 재산이 재산 극대화 전략에 의해 빠르게 늘어날 수도 있다. 그러려면 가진 것을 모두 잃고 완전히 망해 버리는 일을 피해야만 하는데, 재산 극대화 전략은 그러한 조건이 저절로 만족되도록 강제하고 있다. 그러한 관점에서 보면, 재산 극대화 전략은 돌멩이 하나로 두 마리 토끼를 잡는 것과 같다. 궁극적으로 오랜 시간이 지나서 보면 가장 큰 부를 달성하게 해 줄 뿐 아니라 중간에 운이 나쁘더라도 절대로 망하지 않게 해 주기 때문이다.

그림 1은 전 재산이 100만 원일 때 이를 가지고 투자에 나서는 상황을 가정한 것이다. 이길 확률은 10퍼센트, 이겼을 때의 배수는 30으로 가정했다. 이때의 f 는 계산해 보면 7퍼센트가 나온다. 따라서 재산 극

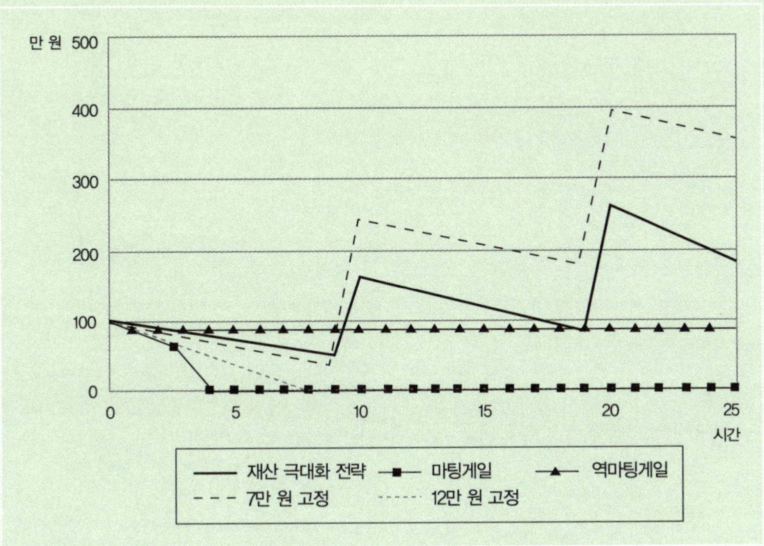

그림 1 재산 극대화 전략과 다른 전략들의 재산 변동 비교(0부터 25회까지의 시행)

대화 전략을 따르면 첫 번째 거래 시 거래 금액은 7만 원이 된다. 나머지 전략, 즉 마팅게일과 역마팅게일, 고정된 금액을 거래하는 전략도 첫 번째는 동일한 7만 원을 거래한다고 가정했고, 과도한 거래 금액의 효과를 보기 위해 12만 원의 고정 금액을 거래하는 경우도 같이 살펴봤다.

예상한 바와 같이, 마팅게일 전략은 급속히 전 재산을 잃고 4회 때 이미 파산해 버렸다. 12만 원씩 고정된 금액을 거는 전략도 몇 회 못 가 바닥을 드러냈다. 역마팅게일은 초반에 계속 지다 보니 거래 금액이 계속 줄어 86만 원 정도 남은 돈을 지키는 것으로 끝나 버렸다. 재산 극대화 전략과 7만 원을 고정적으로 거래하는 전략만이 상승하는 모습을 보이고 있는데, 재산 극대화 전략은 19회에 다다를 때까지도

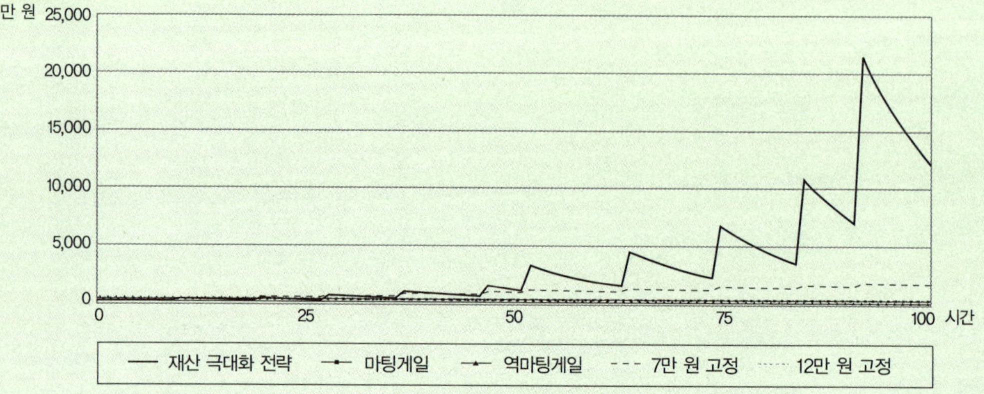

그림 2 재산 극대화 전략과 다른 전략들의 재산 변동 비교(0부터 100회까지의 시행)

처음 100만 원을 밑도는 모습을 보이는 반면, 7만 원을 고정적으로 거래하는 전략은 2배가량 우월한 모습을 보이고 있다.

그러나 그림 2에서 보는 것처럼 시간이 지남에 따라 재산 극대화 전략은 고정 금액을 거래하는 전략을 완전히 추월하고 지수적인 성장을 시작한다. 90회쯤에는 2억 원을 넘기기도 하고 100회 때는 1억 2천만 원의 재산을 획득하게 된다. 물론 앞에서 언급했듯이 이길 확률 자체가 10퍼센트로 낮기 때문에 상당히 격렬한 재산상의 증감은 각오해야 한다.

7장

투자의 성패는 위험 관리에 달렸다

위험 관리의 중요성과 실행 방법

K 과장은 드디어 삼성전자와 현대자동차의 주식을 샀다. 자신이 선택한 투자 방법이 반드시 맞는다는 확신은 없었다. 하지만 앞으로 경험을 쌓다 보면 투자 방법도 진화해 갈 거라고 자위해 본다.

'이번에 주식 투자에 대해 공부하면서 내가 정말 아는 것이 하나도 없다는 것을 깨달은 것만으로도 큰 소득이야. 이번에 P의 말을 듣고 투자해서 이익을 봤더라면 다음번에 자만에 빠져 더 큰 손실을 입었을지도 모르지.'

K 과장은 막상 주식 포트폴리오를 갖게 되니 매일매일 긴장됐다. 이론에서는 한번 투자하고 나면 저절로 원하는 수익이 생기는 것처럼 이야기하지만 현실은 엄연히 다르다. 갑자기 예상하지 못했던 돌발 상황이 벌어져 큰 손실을 보면 어떻게 해야 할까? 투자에 수반되는 위험 관리야말로 진짜 실력이 아닐까?

갑자기 아버지가 자주 말씀하시던 '창업수성(創業守成)'이라는 말이 생각났다. 어떤 일을 시작하기는 쉬우나 이룬 것을 지키기는 어려우리라. 투자가 창업이라면 위험 관리는 수성이다. K 과장은 쉽고도 어려운 워런 버핏의 투자 철학을 떠올려 봤다.

"첫째, 절대로 돈을 잃지 마라. 둘째, 절대로 첫 번째 규칙을 잊지 마라."

사실 처음엔 세 번째 규칙도 있었어.
뭔 줄 알아? "절대 두 번째 규칙을 잊지 마라."
네 번째 규칙도 있는데,
"절대 세 번째 규칙을 잊지 마라."…
이렇게 열까지 하려다가
웃길 거 같아서 관뒀지.

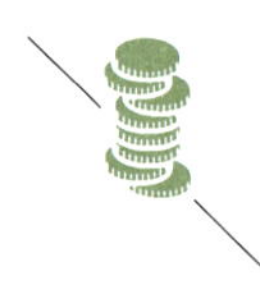

위험, 리스크, 불확실성은 서로 다르다?

위험과 리스크는 같은 단어이면서 다른 단어다. 'risk'를 영한사전에서 찾아보면 '위험'이라는 뜻이다. 그런데 경제학이나 재무학 전공자들은 위험이라는 단어를 들으면 위험이 아니라 리스크라며 우리를 가르치려고 든다. 리스크의 뜻이 위험은 맞지만 위험은 리스크가 아니라는 이해할 수 없는 말을 한다. 리스크의 우리말 번역이 위험이면, 위험은 리스크인 것이 당연한데, 그게 아니라고 한다.

이러한 논쟁이 벌어지는 이유는 학계에서 리스크라는 단어를 굉장히 특정한 의미로 사용하기 때문이다. 미리 말해 두면, 일반적으로 이해하는 리스크의 의미와는 매우 거리가 있다. 보통 사람들의 어휘에서 위험은 리스크이고 리스크는 위험이지만, 재무학 전공자들은 위험과 리스크를 별개의 것으로 간주한다. 이러니 서로 의미 있는 대화를 나누지 못하고 오해가 난무하는 것이다.

리스크라는 영어 단어는 여러 어원을 가지고 있지만, 가장 직접적으로는 'risco'라는 중세 이탈리아어에서 왔다고 보는 것이 무리가 없다. 그 의미는 바로 "용기를 가지고 도전한다"로, 콜럼버스나 드파이바 같은 모험가들이 져야 하는 바로 그 위험에서 나온 말이라는 것을 알 수 있다. 이러한 어원적 배경을 바탕으로 나는 리스크를 "이익을 거두기 위해 받아들여야 하는 손실 가능성"으로 정의하고자 한다.

재무학자들이 위험은 리스크가 아니라고 했을 때는 영어 단어 'danger'를 염두에 두고 한 말이다. danger나 리스크나 우리말로 위험이라고 번역하는 것은 전적으로 맞는다. danger는 글자 그대로 위험한 상태, 손실, 잘못돼 버리는 것 등을 나타내는 말이다.

재무학자들은 리스크라는 말을 "계량화가 가능한 미래의 불확실성"이라는 의미로 사용한다. 계량화가 가능하다는 것은 다른 말로 예측이 가능하다는 의미다. 계량화를 좀 더 쉽게 설명하면, 과거의 가격 변동의 통계적 분포를 구한 뒤 그 분포가 미래에도 그대로 성립할 것이라고 믿는 것이다. 여기서 눈치가 빠른 사람이라면 벌써 "어, 뭔가 이상한데?" 하고 느꼈을 것이다. 좀 더 노골적으로 이야기하면, 전과자는 전과가 있기 때문에 앞으로도 계속 범죄를 저지를 것이라고 판단하고, 전과가 없는 사람은 전과가 없기 때문에 절대로 범죄를 저지르지 않을 것이라고 판단하는 것과 같다. 과연 그럴까? 특히 후자는 잘못된 판단이기 쉽다. 사람은 누구나 범죄를 저지를 가능성이 있기 때문이다.

재무학자들은 리스크와 불확실성(uncertainty)이 다른 것이라고 주장한다. 그들에 의하면 불확실성은 "계량화되지 않는 미래의 불확실성"이다. 그리고 계량화할 수 없는 불확실성은 관심을 가질 필요가 없고, 계량화할 수 있는 리스크를 잘 관리하는 것이 투자에 필수적인 요소라고 주장한다.

이러한 리스크와 불확실성의 구분은 사실 경제학에서 유래했다. 20세기 초반, 미국 경제학자 프랭크 나이트(Frank Knight)의 저서『리스크, 불확실성, 이윤(Risk, Uncertainty and Profit)』(1921)에 보면 이러한 구별이 나온다. 이후 재무학계는 나이트의 구별을 원전으로 삼아 "계량화 가능한 리스크"라는 개념을 엄청날 정도로 세련되게 발전시켜 왔다.

그런데 아이러니한 일은 나이트가 그 책을 쓴 것은 리스크가 중요하다는 말을 하기 위해서가 아니라는 점이다. 사실은 그와 정반대였다. 리스크가 중요하지 않다는 이야기를 하기 위해, 즉 정말 중요한 것은 "계량화가 곤란한 불확실성이 이익에 핵심적인 요소"라는 것을 주장하기 위해 그 책을 집필한 것이다.(하지만 나이트의 저서에 언급된 리스크를 다룬 어떠한 책에서도 그런 이야기는 하지 않는다. 나도 나이트의 책을 직접 읽은 뒤 이 같은 사실을 알게 됐다.)

계량화 가능한 리스크라는 개념은 지난 수십여 년간 수학적으로 큰 발전이 있었다. 그럼에도 세계 금융 위기의 빈도와 강도는 점점 커지고 있다. 따라서 리스크 개념이 금융 위기를 막거나 피하는 데 큰 도움이 되지 못한다는 결론이 나오는 것은 전혀 이상하지 않다. 오히려 리스크를 계량화하고 예측할 수 있다는 오만이 잘못된 확신을 심어 줌으로써 문제를 악화시켜 왔는지도 모른다. 현재의 주류 리스크 관리 이론이 오히려 금융 위기의 핵심 원인일 수도 있다는 말이다.

지금까지 살펴본 리스크에 대한 여러 관점을 다시 정리하면 4가지로 압축할 수 있다. ① 가장 일반적인 의미로 위험 그 자체 혹은 손실 가능성이다. ② 현대 포트폴리오 이론이 주장하는 수익률의 표준 편차, 즉 변동성이다. ③ 수익률과 리스크가 비례한다는 이론에서 나오는 주식 시장 전체와의 변동의 일치 정도, 즉 베타다. ④ 재산 극대화 전략에서 유추할 수 있는 정보의 부정확도(infidelity) 혹은 잡음(noise)의 세기다.

투자자 입장에서 가장 의미 있는 리스크 개념은 두말할 나위 없이 ①이고 나머지는 다 부차적이다. ②는 학계가 이야기하는 표준적인 개념이지만 불완전할 뿐 아니라 문제도 많다. ③은 더 이상하다. 여기서는 관리할 리스크도 없다. 그냥 리스크만 받아들이면 저절로 수익은 나온다고 한다. 하지만 실제 그렇지는 않다. ④는 곱씹어 볼 만한 구석이 많다. 당신이 가지고 있는 정보, 즉 당신이 투자하려는 대상이 어떠한 이유로 그럴듯한지, 아니면 신통치 않은지가 리스크라는 것이다. 신통치 않으면 리스크가 크니 투자 금액을 줄이거나 아예 투자하지 않는 것이 마땅하다. 반대로 정보가 확실하면 리스크가 작으니 투자 규모를 늘린다. 그런데 여기에 제일 큰 리스크가 도사리고 있다. 실제로는 완전히 잡음투성이인데 이를 좋은 신호로 착각할 경우, 당신은 제대로 뒤통수를 얻어맞을 수도 있다. 신용 등급이 최고라는 CDO의 트랜치*(tranche)에 투자했다가 다 날린 것이 한 사례다. 당신의 확신이 클수록 리스크는 더 커진다. 극한의 양은 극한의 음과 한 몸일 수 있다.

● 구조화 금융에서 담보 자산에 손실이 발생할 경우 손실 부담의 우선순위를 미리 정해 놓은 개별 계층의 증권을 말한다.

재무론이 제시하는 위험 관리 도구, VaR

현장의 트레이더들은 리스크를 변동성이라고 생각하지 않는다. 물론 그 개념이 무엇인지는 누구보다도 잘 알고 있다. 그리고 어설프게 알고 있는 사람들과 대화는 나눠야 하기에 때에 따라서 "리스크는 변동성입니다."라고 말하기도 한다. 속마음은 그렇지 않지만 말이다.

그렇더라도 재무론이 제시하는 위험 관리 도구를 알아서 해가 될 것은 없을 것이다. 잘 쓰면 어느 정도 도움이 될 수도 있다. 가장 대표적인 위험 관리 도구는 VaR(value at risk)이다. VaR는 '발생 가능한 최대 손실 금액'이라는 의미로, 금융 기관의 시장 위험 예측 지표로 사용된다. VaR는 가령 5퍼센트의 유의 수준에서 발생할 수 있는 최소 손실 금액으로 정의된다. 다른 말로 표현하면, 95퍼센트의 신뢰도에서 발생할 수 있는 최대 손실 금액이다. 이건 도대체 무슨 말인가? 아마 거의 대부분의 사람들이 이해하지 못할 것이다. 그러니 여기서는 좀 더 쉽고 직관적으로 설명해 보겠다.

예를 들어, 당신은 주식을 지난 100영업일 동안 보유하면서 그 가격 변동을 모조리 기록해 왔다. 어느 날은 오르고 어느 날은 떨어졌다. 이것을 그 크기에 따라 일렬로 줄을 세운다. 가장 많이 오른 날의 수익률을 맨 오른쪽에 놓고, 그다음 순서대로 차례차례 왼쪽에 놓는다. 이렇게 끝까지 정렬하면 1등부터 100등까지 차례대로 나열된다. 자, 여기서 당신은 위험, 즉 손실이 크면 얼마나 클 수 있는지가 궁금해졌다. 그러면 오른쪽이 아니라 왼쪽을 봐야 한다. 그런데 1~100번의 손실 중 어떤 손실을 가지고 이야기해야 할지 불분명하다. 제일 큰 손실도,

세 번째로 큰 손실도 있을 수 있기 때문이다. 그러니 얼마나 자주 발생할 수 있는 손실인지에 대한 기준이 필요하다. 앞에서 말한 유의 수준 5퍼센트라는 말은 그것을 나타내는 말이다. 즉 손실이 큰 순으로 5퍼센트에 해당하는 것을 보겠다는 의미다. 여기서 보면 왼쪽에서 다섯 번째, 즉 오른쪽으로부터는 96번째에 해당하는 수익률이 이에 해당한다. 자, 이제 그 값을 읽으면 그것이 바로 5퍼센트 유의 수준의 VaR이다. 간단하지 않은가.

만약 그 수익률이 마이너스 4퍼센트였다고 하면, 이를 어떻게 해석할 수 있을까? 그 말은 20영업일(100영업일의 5퍼센트) 정도 거래하다 보면 1번 정도는 최소 4퍼센트 정도의 손실이 났다는 의미다. 여기까지는 과거에 벌어진 사실에 대한 기술이다. 자, 이제 미래로 엄청나게 점프를 해 보자. 과거에 벌어진 대로 미래에도 똑같이 벌어질 것이라고 믿는 것이다.(느낌이 좋지 않다!) 그리하여 최종적인 해석은 "앞으로 20영업일 동안 거래하다 보면 1번은 최소 4퍼센트의 손실이 날 것으로 예상된다."가 돼 버린다. 만약 내가 투자한 금액이 100만 원이라면 거기에 4퍼센트를 곱한 4만 원이 최종적인 VaR 숫자가 된다.

그 숫자가 마음에 안 든다면 어떻게 할 수 있을까? 어떤 이유에서건 4만 원의 손실은 너무 과하다는 생각이 든다. 그러면 이것을 2만 원으로 낮춰 보자. 얼마까지 허용하겠다는 것은 전적으로 정책의 문제다. 여기에는 특별한 이론이 없다. 한 가지 방법은 VaR가 줄어들도록 적절한 파생거래를 하는 것이다. 파생거래에 대해서는 잠시 후에 다시 살펴보자.

그렇다면 또 다른 방법은 없을까? 있다. 바로 투자 금액을 줄이는 것이다. 4퍼센트의 손실에 대해 2만 원이라는 손실이 나오려면 투자 금액 100만 원을 그 절반인 50만 원으로 줄이면 된다. 그러려면 가지고 있던 주식의 반을 팔아 투자 금액을 50만 원으로 맞춰야 한다. 이는 실제로 사용되는 방법이다.

이제 실내 운전 연습장에서 차를 슬슬 몰아 봤으니 본격적인 시내 주행에 나서 보자. 위에서 설명한 방법으로 VaR를 구하기 위해서는 몇 가지 사항을 정해야 한다.

첫째, 몇 퍼센트에 해당하는 손실을 보는 것이 바람직한가, 즉 유의수준의 문제가 있다. 여기에 정답은 없다. 1퍼센트일 수도 있고, 3퍼센트일 수도 있고, 10퍼센트일 수도 있다. 보통 금융업계에서는 5퍼센트와 1퍼센트를 많이 쓴다. 꼭 그래야 하는 것은 아니다. 5퍼센트는 되고 4퍼센트는 안 되는 이유 같은 것은 없다. 다만, 하나를 정하면 일관되게 써야 한다. 3퍼센트로 했다가 갑자기 1퍼센트로 바꾸는 것은 좋지 않다. 퍼센트가 낮아질수록 예상되는 최소 손실 금액은 점점 커진다. 따라서 좀 더 강화된 위험 관리를 하고 싶다면 보다 낮은 유의수준을 사용하는 것을 고려할 만하다.

둘째, 얼마나 긴 과거의 데이터를 가지고 VaR를 구할 것인가의 문제가 있다. 위에서는 100영업일을 기준으로 했는데, 여기에도 정답은 없다. 1년을 기준으로 하는 경우도 있고, 3년 혹은 5년을 기준으로 하는 경우도 있다. 기간을 늘릴수록 데이터의 양은 많아지지만, 과거의 데이터가 현재와 무관할 가능성도 동시에 커진다. 이 기간과 데이터 사이의 균형을 잡는 것이 생각보다 쉽지 않다. 또 기간이 너무 짧아도 문제가 된다. 정해진 유의 수준에 대한 충분한 데이터를 확보하지 못할 가능성이 있기 때문이다. 가령 1퍼센트의 유의 수준을 택했는데, 50영업일로 VaR를 구하려 들면 그 값을 제대로 구할 수가 없다.

앞의 2가지 문제를 해결했다고 하자. 하지만 과거에 측정된 그대로 미래에도 반복될 것이냐의 문제는 여전히 해결되지 않았다. 사실 이는 정말로 큰 문제다.

이제 엔진의 rpm(분당 회전수)을 좀 더 높여 보도록 하겠다. 앞에서 VaR를 구한 방법을 수익률의 통계 분포의 관점에서 본다면 결국은 수익률의 표준 편차, 즉 변동성으로 귀결된다는 것을 알 수 있다.(물론 여기에는 수익률이 얌전한 정규 분포를 따를 것이라는 굉장히 거친 가정이 포함돼 있다.) VaR는 변동성에 투자 금액을 곱한 값으로도 계산될 수 있는 것이다.

사실 개별 주식에 대해 VaR를 구하는 것은 큰 의미가 없다. VaR를 구하는 것과 주식의 변동성을 구하는 것 사이에 근본적인 차이가 없기 때문이다. VaR는 주식 종목이 하나가 아니라 여러 종목으로 구성된 포트폴리오가 있을 때 의미가 있다. VaR라는 개념을 상업화해 널리 알린 것은 미국 투자은행 JP모건이다. 1990년대 중반, JP모건이 '리스크 메트릭스(risk metrics)'라는 VaR 시스템을 최초로 도입한 이후 금융 시장에서는 이를 대표적인 위험 관리 지표로 사용하기 시작했다. 그런데 JP모건이 VaR라는 것을 만든 것은 사실 너무나 복잡다단한 자신들의 금융 거래 포트폴리오의 위험을 CEO에게 하나의 숫자로 보고하기 위해서였다.(내부적으로 쓸데없는 짓이라는 반론이 많았는데, CEO가 이를 우겼다. 역시 대장 잘못 만나면 부하들이 고생한다.)

포트폴리오를 구성하면 다각화에 의해 VaR가 줄어들 수 있다.(이미

1장에서 이야기한 내용이지만 VaR를 이용해 표현한 것이다.) 그런데 이를 정확히 계산하려면 이제는 주식들 간의 상관 계수를 알아야 한다. 하지만 상관 계수를 과거 데이터로부터 계산하기는 쉬워도 미래의 값을 예측하는 것은 매우 어렵다. 분명한 사실은 쓰레기가 들어가면 쓰레기가 나온다는 점이다.

다각화만큼 역사가 오랜 파생금융

이번에는 파생금융을 통한 위험 관리를 알아보자. 그에 앞서 파생금융이 무엇인지 간단히 설명하겠다. 파생금융 혹은 파생거래는 기초자산(underlying asset)이 되는 금융 거래가 있을 때 그것을 바탕으로 새롭게 만들어 낸 금융 거래를 말한다. 한마디로 파생거래는 거래 당사자 쌍방 간의 계약이다. 그리고 계약이기 때문에 법적 테두리 안에서 기능한다.

파생거래는 역사가 오래다. 그리스 철학자 아리스토텔레스가 쓴 『정치학(Politika)』에는 세계 최초의 '옵션거래'에 대한 이야기가 나온다. 수학자 탈레스는 올리브기름을 짜는 압착기의 수요가 늘어날 것으로 전망하고, 압착기 소유주들에게 얼마간의 선금을 지불한 뒤 정해진 가격에 압착기를 사용할 수 있는 권리를 확보했다. 이후 풍년으로 올리브 수확이 늘어나자 독점적으로 압착기 사용권을 가지고 있는 탈레스는 압착기를 소유주에게 지불한 금액보다 훨씬 높은 값에 농부들에게 대여해 엄청난 이익을 거뒀다. 탈레스는 최초로 옵션 매입 거래를 통해 엄청난 투자 수익을 거둔 셈이다. 또 구약 성서 『창세기』에도 파생거래의 일종인 선도거래로 볼 수 있는 이야기가 있다. 파생거래는 "모든 계란을 한 바구니에 담지 말라"는 다각화의 지혜만큼이나 오래된 이력을 가지고 있다.

파생금융은 그 형태와 가격 결정 원리에 따라 크게 델타원(Delta One) 파생거래, 옵션, 구조화 금융의 3가지로 분류할 수 있다.

델타원 파생거래는 파생거래의 가격 변동이 기초 자산의 가격 변동에 전적으로 정비례하는 것들을 가리킨다. 선물과 선도, 스와프 등이 여기에 해당한다. 이는 거래 당사자 모두 의무를 지는 일종의 쌍무 계약으로 볼 수 있다.

옵션(option)은 그와는 달리 기초 자산의 가격이 어느 구간에 있느냐에 따라 옵션 가격의 변동이 달라지는 것을 말한다. 또 옵션은 델타원 파생거래와는 달리 매도자와 매수자가 나뉜다. 매수자는 아무런 의무 없이 권리만 있고, 반대로 매도자는 아무런 권리 없이 의무만 지기 때문이다. 매도자 입장에서 보면 좋을 일은 없고 나쁠 일만 남게 되기 때문에 이에 대해 보상을 받을 필요가 있다. 그래서 옵션을 매수하는 사람은 매도자에게 '옵션 프리미엄'을 지불해야 한다. 쉽게 말해 현금을 줘야 한다. 이 옵션 프리미엄을 어떻게 결정하느냐가 큰 문제인데, 여기에는 여러 이론이 있지만 궁극적으로 양자 간 협상에 의해 프리미엄을 결정한다.(계약이니 당연한 일이다.)

이 부분은 꽤나 중요한 의미가 있기 때문에 좀 더 자세히 알아보자. 가령 당신이 서울 강남 지역의 아파트를 사려고 한다. 그런데 강남 아파트의 '공정한 가격'이라는 것이 있을 수 있을까? 강남 아파트 매매를 전문으로 수행하는 부동산 감정 평가사들에게 물어보는 것도 한 가지 방법일 수 있다. 그런데 실제로 감정 평가사들이 쓰는 방법이란 알고 보면 별것 없다. 그냥 그 아파트의 과거 거래 이력을 바탕으로 지금은 이 정도 가격이 적당하다고 하거나, 주변 다른 아파트들의 시세와 견줘 대충 그 정도 된다고 결론 내리는 것뿐이다. 아파트의 전세나 월세 시세를 보고 약간의 계산을 통해 아파트 가격을 유추해 내는 방법도 있다. 또 아예 아파트를 부수고 거기에 다른 건물을 지었을 때 받을 수 있는 돈을 바탕으로 가격을 매기는 방법도 있다. 그 값들은 서로 일치하지 않는 경우가 대부분이다.

그러면 아파트 거래는 감정 평가사가 매긴 가격대로 이뤄질까? 그렇지 않다. 팔겠다는 아파트 소유자와 사겠다는 매입자 사이에 합의가 있어야 한다. 아무리 감정 평가사가 "아파트의 공정한 가격은 6억 원입니다."라고 해도, 소유자 입장에서 그 가격이 부당하다고 생각되면 안 팔게 되는 것이고, 매수 희망자 또한 남들이 뭐라 해도 4억 원 이하가 아니면 안 사겠다고 생각한다면 안 사는 것이다.

구조화 금융은 특수목적법인(special purpose entity, SPE)이라고 하는 페이퍼 컴퍼니(paper company)가 여러 종류의 자산을 취득해 그것을 담보로 새로운 금융 거래나 파생거래를 만드는 것을 말한다. 2007년 미국 서브프라임 모기지 사태가 바로 이 구조화 금융의 결과물이었다. 도저히 갚을 능력이 안 되는 이들에게 대출해 준 뒤 그 대출을 모아 부도 가능성이 사실상 거의 없는 최고 신용 등급의 CDO를 만들어 내는 '연금술'이 발휘됐다. 그 결과는 알다시피 2008년 세계 금융 위기였다.

파생거래로 위험 관리하기

　　그러면 이제 파생거래를 가지고 실제로 어떻게 위험을 관리할 수 있는지 살펴보자. 매우 다양한 종류의 파생거래를 사용할 수 있지만 가장 대표적인 것으로 2가지를 꼽아 본다면 선도와 옵션이 있다. 각각에 대해 좀 더 자세히 알아보자.

　　선도(forward)는 현물거래와 모든 것이 동일하고 단 한 가지만 다르다. 현물거래란 내가 지금 사고자 하는 물건을 돈을 내고 사는 거래를 말한다. 예를 들어, 시장에 가서 고기 300그램을 2만 원을 내고 사는 것이다. 선도거래가 현물거래와 다른 점은 바로 물건을 받고 돈을 지불하는 시점이 지금 당장이 아니라 '미리 확정해 놓은 미래의 시점'이라는 점이다. 침대를 하나 샀는데, 석 달 뒤 배송을 받고 돈도 그때 지불하기로 한 것, 이것이 바로 선도거래다. 이때 미래 시점에 지불하기로 한 금액은 현재 시점에 미리 정해 놔야 한다. 이처럼 선도거래는 서로 약속한 대로 미래에 2가지 물건을 교환하기로 한 계약이다.(대개의 경우 2가지 물건 중 하나는 돈이다.)

　　옵션은 물건을 사느냐 파느냐에 따라서 '콜(call) 옵션'과 '풋(put) 옵션'으로 나뉜다. 콜 옵션은 물건을 사기로 한 약속이고, 풋 옵션은 물건을 팔기로 한 약속이다. 콜 옵션이나 풋 옵션 모두 옵션의 매도자와 매수자가 각기 존재한다. 콜 옵션을 예로 들어 보자. 현재 귤 한 상자의 가격은 1만 원인데 1개월 후에도 1만 원일지는 알 수 없다. 그래서 콜 옵션의 매수자는 매도자를 찾아서 1개월 후에 귤 한 상자를 1만 원에 살 수 있는 콜 옵션을 매수하고, 프리미엄으로 500원을 지불했다고 하자. 만약 1개월 후 귤 가격이 1만 5천 원으로 올라도 콜 옵션 매수자는 아무 걱정이 없다. 1만 원에 살 수 있는 권리를 가지고 있기 때문이다. 또 1개월 후 귤 가격이 6천 원이 돼도 문제가 없다. 이때는 콜 옵션의 권리를 행사하지 않고 그냥 시장에서 6천 원의 가격에 귤을 사면 되기 때문이다.(옵션의 보유자는 의무는 없고 권리만 갖는다.)

그러면 선도와 옵션을 가지고 어떻게 위험 관리를 할 수 있을까? 예를 들어, 주식에 100만 원을 투자한 사람이 있다고 해 보자. 5퍼센트의 유의 수준을 갖는 VaR를 계산했더니 4만 원이 나왔는데, 이 금액을 2만원으로 줄이고 싶다. 그렇다고 앞에서처럼 투자 금액을 반으로 줄이고 싶지도 않다. 이 경우 한 가지 방법은 '선도를 매도하는 것'이다. 그 주식에 대한 선도를 100만 원만큼 매도하면 선도가 만료될 때까지 VaR는 0이 된다. 주식이 오르면 선도의 가치는 그 오른 만큼 내려가고, 반대로 주식이 내리면 선도의 가치는 그 내린 만큼 올라가기 때문이다. 만약 완전히 없애는 것은 싫고 2만 원이라는 VaR를 갖는 것에 만족한다면 이번에는 선도를 50만 원만큼 매도하면 된다.

또 다른 방법으로 주가가 하락하는 경우 손실을 보전받기 위한 '풋 옵션을 매입하는 것'이 있을 수 있다. 가령 현재의 주가보다 떨어지는 것이 싫다면 그 주가를 행사 가격으로 하는 풋 옵션을 100만 원만큼 사면 된다. 이 경우 VaR는 0이 된다. 풋 옵션의 행사 가격은 내가 필요한 대로 정할 수 있는데, 이것을 낮추면 VaR가 조금씩 커진다. 2만 원의 VaR로 계산되는 행사 가격을 찾아 풋 옵션을 매입하면 VaR를 원하는 수준으로 맞출 수 있게 된다.

이렇게만 이야기하면 선도와 옵션 중 어느 것을 택하든 무방한 것처럼 느껴질지도 모르겠다. 하지만 사실 선도와 옵션은 그 성격이 판이하게 다르다. 선도를 택하면 변동성이 완전히 제거된다. 즉 선도는 앞에서 나온 두 번째 관점의 리스크(현대 포트폴리오 이론이 주장하는 수익률의 표준 변차, 즉 변동성)를 제어하는 관점에서 사용되는 도구다. 반면, 옵션을 매입하면 나쁜 변동성은 사라지고 좋은 변동성은 남게 된다. 옵션은 첫 번째 관점의 리스크(위험 그 자체, 손실 가능성)를 제어하는 도구다.

하지만 어느 쪽이든 그러한 위험 관리는 공짜가 아니다. 선도의 경우, 변동성을 완전히 제거하는 것은 맞지만 그 대가로 상당한 비용을 지불하게 될 수도 있다. 선도를 통해 확정시킬 수 있는 선도 가격은 일반적으로 현물 가격과 다르다. 그 차이가 클 경우 연 10퍼센트에 달할 수도 있다. 그런 비용을 지불하고서라도 변동성을 완전히 제거하겠다고 한다면 말릴 수는 없다. 하지만 그 영향이 얼마나 될지는 반드시 고민해 봐야 한다.

옵션도 공짜는 아니다. 프리미엄을 현금으로 미리 지급해야 하기 때문이다. 그렇지만 최악의 경우를 대비한다는 점에서 좋게 봐 줄 수 있는 측면이 많다. 연구 결과*에 따르면, 만기가 길수록 옵션 매입으로 위험을 관리한 쪽이 선도로 위험을 관리한 쪽보다 평균적으로 더 나은 성과를 얻는다. 단, 1~3개월 정도의 만기라면 선도와 옵션 어느 쪽을 택해도 큰 차이는 없다.

---

* 졸저 『기업은 투자자의 장난감이 아니다』(필맥, 2013)에 이 연구에 대한 내용이 나와 있다.

투자와 투기, 헤징은 어떻게 다른가?[*]

위험 관리를 다른 말로 '헤징(hedging)' 또는 '헤지(hedge)'라고 부르기도 한다. 헤지는 사전적으로 '무언가를 회피한다', '수그린다'는 뜻이다. 금융에서는 좀 더 구체적으로 "리스크를 줄이기 위해서 행하는 거래 행위"를 나타낸다. 앞에서 살펴본 것처럼 위험 관리의 목적으로 선도나 옵션을 거래하는 것이 바로 헤징이다.

헤징과 투자, 투기, 이 세 단어는 사실 엄밀하게 가려 쓰이지 않고 마구 사용되는 경향이 있다. 특히 투자와 투기가 그렇다. 자신의 행위를 투기라고 부르는 경우는 거의 없다. 주식이든 부동산이든 내가 하는 것은 다 투자라고 주장하지만, 남들이 보기에는 투기인 것들이 많다. "내가 하면 로맨스이고 남이 하면 불륜."이라는 말과 유사하다.

헤징도 그렇다. 위험 관리를 위해 헤지 거래를 했다는데, 시간이 지나서 보면 엄청난 손실을 입고 심지어는 회사가 부도나기도 한다. 기초 자산을 파는 거래를 해야 헤지가 되는데, 가만히 잘 들여다보면 기초 자산을 사는 거래를 해 놓고 헤지 거래를 했다고 우기는 경우도 있다.[**]

헤징과 투자, 투기 이 3가지는 사실 모두 다 거래다. 거래의 목적은 결국 금전적 이익이다. 변동성을 없애기 위한 헤지 거래도 변동성 제거 자체가 목적이 아니다. 헤지 거래를 통해 있을지도 모르는 손실을

---

[*] 졸저 『금융의 대량살상무기』(탐진, 2013)에 좀 더 자세히 설명돼 있다.

[**] 대표적인 예로, 아시아 외환 위기 때인 1997년 JP모건이 만든 다이아몬드 펀드의 손실 사례가 있다. 졸저 『금융의 대량살상무기』 4장 '다이아몬드펀드와 JP모건'에서 자세히 다루고 있다.

줄여 보려는 것이다. 그럼에도 이들을 구별할 수 있는 보편적이고 엄밀한 하나의 기준을 갖는 것도 나쁘지 않을 것 같다. 재무 관련 교과서들을 봐도 각각의 정의가 너무 느슨하기 짝이 없다. 더 놀라운 일은 투자가 무엇인지 정의돼 있지 않다는 점이다. 투자론의 대표적인 교과서들에서조차도 투자의 정의는 찾아보기 어렵다.

일반적인 기준으로 보자면 투자와 투기의 구별은 너무나 쉽다. 투자는 투자 등급의 채권이나 기업 어음을 사는 행위이고, 투기는 투기 등급의 채권이나 기업 어음을 사는 행위다. 이런 기준이 마음에 드는가? 가령 동양증권이 판매한 동양시멘트의 회사채는 2013년 7월까지는 투자등급이었다. 그러면 이것은 적법한 투자여야 하지 않을까? 아니면 투자는 맞는데 불법적으로 자행된 것인가? 적법한 투기란 없는 것인가? 투자는 좋은 것이고, 투기는 나쁜 것인가? 모두 대답하기 쉽지 않은 질문이다. 이것들을 제대로 분류할 수 있는 기준이 없기 때문이다.

우리나라에서 투자(investment)는 긍정적인 이미지를 가지고 있고, 투기(speculation)는 부정적인 이미지로 그려지지만, 사실 영어의 'speculation'은 그렇게 부정적인 이미지를 가지고 있지는 않다. 대략 중립적인 의미로 보면 된다. 사용된 수단이 불법이 아니라면 투자든 투기든 헤지든 다 이익을 보기 위해서 하는 행위, 즉 거래라는 것을 잊지 말아야 한다.

그렇다면 헤징, 투자, 투기 이 3가지가 서로 겹치지 않도록 다시 정의를 내려 보자. "투자이면서 동시에 투기다."라는 말은 하나 마나 한 이야기다. 투자면 투자, 투기면 투기, 이렇게 분류할 필요가 있다.

투자는 다음의 2가지 조건을 모두 만족하는 거래다. 둘 중 하나라도 위배되면 투자라고 판단할 수 없다.

헤지는 다음의 4가지 조건을 모두 만족하는 거래들이다. 투자와 마찬가지로 하나라도 위배되면 헤지라고 판단할 수 없다.

투기는 위에서 정의한 투자로도 헤지로도 판명되지 않는 나머지 모든 거래다.

그렇다면 다음의 경우는 어느 것으로 분류할 수 있을까? 내 돈 100만 원을 가지고 주식을 산 경우, 내 돈이 100퍼센트이고 그 돈이 (손실을 입을 가능성에 직면해 있으므로) 위험 상태에 빠졌으며, 아무리 나빠져도 100만 원 이상 잃을 수 없으므로, 이 거래는 투자가 맞는다. 이러한 거래는 투자라는 일반적인 상식과도 잘 부합한다.

다른 예로, 5천만 원을 가지고 있는 사람이 은행 대출 2억 원을 받아

2억 5천만 원짜리 아파트를 샀다. 이 경우는 투자일까, 투기일까? 100퍼센트 내 돈이 아니라 빌린 돈을 쓰고 있기 때문에 투자의 첫째 조건을 만족시키지 못할뿐더러, 나빠지면 5천만 원 손실로 끝나는 것이 아니라 그 이상의 손실을 입을 수 있다. 따라서 이 경우는 투자가 아니라 투기에 해당한다.

옵션의 매수는 어떨까? 만약 헤지 목적으로 앞에서 말한 4가지 조건을 다 만족시킬 수 있다면 헤지로 인정할 수 있다. 위험 관리가 아니라 이익을 보기 위한 목적으로 매입한 경우, 옵션 프리미엄이 100퍼센트 내 돈이었다면 투자로 볼 수 있다. 투자의 2가지 조건을 모두 만족시킬 수 있기 때문이다. 옵션 매수의 경우, 벌어질 수 있는 최악의 경우는 그 옵션 프리미엄을 잃고 끝나는 것이니, 적어도 들인 돈 이상으로 손해를 보지는 않는다.

그러면 옵션의 매도는 어떨까? 이 경우 손실이 초기 증거금[*] 이상이 될 수 있으므로 헤지의 4가지 조건을 다 만족시키는 것이 아니라면 투기가 된다. 옵션이 아니라 선도의 매도라면? 초기에 내 돈이 투입되지 않으므로 헤지가 아니라면 자동적으로 투기다.

'선물(futures)'이라는 것도 있는데, 이것은 거래소가 취급하는 표준화된 선도다. 선물의 거래는 그것이 매수든 매도든, 초기 증거금 이상의 손실을 입을 수 있기 때문에 헤지가 아니라면 자동적으로 투기다. 선물 투자, 이런 말은 있을 수 없는 말이다. 선물 거래는 헤지 아니면 투기다.

---

* 선물을 거래하기 위해 거래 당사자들이 거래소 측에 선물거래 원금의 일정 비율을 맡기는 것. 이 금액이 일정 수준 이하로까지 내려가면 원래 수준이 되도록 추가로 현금을 입금해야 한다.

협상에서든 삶에서든 옵션은 항상 유용하다

2000년경 전 세계적으로 벤처 열풍이 불었을 때 '스톡옵션(stock option)'이 유행했다. 스톡옵션은 벤처 회사의 주식을 싼값에 살 수 있는 권리로, 앞에서 이야기한 콜 옵션 그 자체이기도 하다. 벤처 회사들은 사업이 자리를 잡을 때까지 이익을 남기지 못하는 경우가 다반사이기 때문에, 확고부동하게 자리 잡은 회사들처럼 임금을 지급할 여력이 없다. 그럼에도 회사가 빠른 속도로 성장할 수 있는 잠재력을 가지고 있는 경우, 당장의 연봉은 높지 않지만 대신 스톡옵션을 제공해 우수한 인력들을 끌어모을 수 있다. 그리고 직원들은 나중에 그 옵션이 행사되면 그동안 충분히 받지 못한 연봉을 상쇄하고도 남을 정도의 재산을 거머쥘 수 있다.

신규 사업을 검토할 때는 실물 옵션을 이용하자

개인이 아닌 회사의 경우에도 옵션을 보유하고 있을 수 있다. 그런데 이를 인식하지 못해 잘못된 판단과 의사 결정을 하는 경우도 있다. 일반적으로 회사에서 신규 사업의 사업성을 검토할 때 미래에 발생할 수 있는 현금 흐름을 하나의 값으로 예측하고, 이 예측 값이 일정 기준을 넘어서지 못하면 사업성이 없다고 판단해 사업을 포기한다.

그런데 이를 좀 더 자세히 들여다보자. 초기에 작은 규모로 실험적 성격의 시범 사업(pilot project)을 수행해 그 결과에 따라 본격적인 사업을 추진할 것인지 말 것인지 결정하는 방법이 있을 수 있다. 이 의미는 '본 사업을 기초 자산으로 하는 옵션을 매수하는 것'과 동일하다. 즉 시범 사업의 결과가 좋으면 본 사업에 돌입하고, 반대로 시범 사업의 결과가 나쁘면 본 사업을 포기하는 것이다. 이는 시범 사업이 끝나는 시점에 옵션을 행사할 것인지 말 것인지를 결정하는 것과 같다. 당장은 약간의 비용이 발생하지만 실험 및 탐색을 통해 본 사업에 충분한 사업성이 있는 경우에만 계속 진행되는데, 이것을 '옵션 가격 결정 이론'을 가지고 접근해 볼 수 있다. 이러한 것을 실물의 사업에 대한 옵션, 즉 '실물 옵션(real option)'이라고 한다.

이러한 방법으로 신규 사업을 분석해 보면, 기존의 전통적인 가치 평가 방법으로는 사업성이 없다고 기각했던 것들 중 일부는 사업성이 충분한 것으로 판명되는 경우도 왕왕 있다. 특히 사업의 불확실성이 큰 IT, 바이오, 신기술 분야의 사업이 그렇다. 신규 사업의 성격상 미래의 현금 흐름을 100퍼센트 확실하게 예측한다는 것은 말로는 쉽지만 실제로는 불가능한 일이다. 그렇기 때문에 '옵션 가격 결정 모형' 개념을 이용해 사업성을 평가하는 실물 옵션 방법을 보편적으로 사용해야 한다.[*]

옵션은 협상도 원활하게 이끈다

이와 같은 직접적인 금전상의 이익이 아니더라도 삶에서 옵션의 존

---

[*] 그럼에도 아직 기업에서 실물 옵션을 사용하는 경우는 많지 않다. 옵션은 뭔가 어렵다고 느끼는 인식상의 한계와 그 내용을 제대로 파악하고 있는 사람이 드문 지식상의 제약이 가장 큰 문제인 듯싶다.

재는 그 자체로 매우 유용하다. 영어로 옵션의 동의어에 '얼터너티브 (alternative)'라는 단어가 있다. '대안', '선택 가능한 것'이라는 뜻이다. 경영대학원에서 배우는 중요한 과목인 '협상술'에서는 대안의 발굴이 협상에서 가장 중요한 측면 중 하나라고 가르친다.

보통, 협상을 상대로부터 더 많은 이익을 빼앗기 위해 유리한 고지를 선점하고 상대를 굴복시키기 위한 수단을 동원하는 것으로 인식하는 경우가 많은데, 이는 사실 좁은 의미의 협상이다. 서로 아무런 대안 없이 오로지 한 가지 차원으로만 협상을 진행하는 것이기 때문이다. 이 경우는 협상이라기보다는 투쟁에 불과하다. 이와 같이 협상이 뺏느냐 뺏기느냐의 문제가 돼 버리면, 그다음에는 오직 누구의 힘이 더 강한가에 의해 최종적인 결과가 결정돼 버리는 일만 남는다. 결국 지속적으로 좋은 비즈니스 관계를 유지하기는 어려워진다.

협상의 대가들에 의하면, 한 가지 측면만을 가지고 다투는 협상은 최악의 협상이다. 조금만 더 생각해 보면 그 한 가지 외에도 협상할 만한 측면들이 많다는 것이다. 예를 들어, 비즈니스 관계에서는 가격만 가지고 협상을 진행하는 경우가 많은데, 그 외에도 물량이나 기간, 품질 등 협상할 수 있는 차원은 얼마든지 개발하기 나름이다. 이와 같이 협상할 수 있는 측면들이 다양해지면 서로 조금씩 주고받을 것이 생기고, 그렇게 되면 쌍방이 어느 정도씩 수긍할 수 있는 협상안을 도출할 수 있다. 이는 비단 비즈니스에만 해당하는 것이 아니라 인간관계에서도 마찬가지다.

개인의 삶에서도 옵션을 많이 발굴해 낼수록 유리하다

옵션을 보유할 때 생기는 가치는 연봉 협상이나 직업 선택과 같은 문제에 있어서도 잘 드러난다. 예를 들어, 현재 다니고 있는 직장이 마음에 안 든다고 하더라도 나를 채용하겠다는 곳이 생기기 전까지는 해 볼 수 있는 일은 별로 없다. 다른 대안이 생기기 전까지 나의 협상력은 낮을 수밖에 없는 것이다. 일반적으로는 연봉 협상에서 함부로 내 목소리를 내다가 완전히 눈 밖에 날 수 있기 때문에 조심해야 한다. 하지만 다른 회사로부터 입사 제안을 받았다면 당당히 자기 생각을 피력해 볼 수 있다. 또 다른 회사에서 입사를 권유한다는 것은 자신이 어느 정도 실력을 인정받았다는 의미이기 때문에 현재 직장에서 자신의 근무 조건을 보다 긍정적으로 재조정하는 기회가 될 수도 있다.

요즘은 한평생을 한 직장에서 근무하는 것이 현실적으로 어려운 시대다. 직업이나 분야를 선택할 때도 어느 시점에 막다른 골목에 다다르게 되는 외통수 같은 것을 고집하기보다는 더 많은 선택의 여지가 있는 쪽을 택하는 것이 유리하다. 삶에서 보다 많은 옵션을 발굴해 자기 것으로 만드는 것은 틀림없이 가치 있는 일이다.

옵션 가격 결정 이론과 블랙·숄스 공식

옵션 가격 결정 이론의 가장 기초는 '블랙·숄스(Black-Scholes) 공식'이다. 이 공식은 콜 옵션과 풋 옵션의 가격을 결정하는 데 사용하는 것으로, 처음 학계에 발표됐을 때 그 파장이 적지 않았다.

블랙·숄스 공식은 시카고 대학 피셔 블랙(Fischer Black)과 마이런 숄스(Myron Scholes)의 공동 작품으로* 1973년 학계에 발표됐다. 보통은 이 두 사람을 옵션 가격 결정 이론의 시초로 간주하는 경우가 많다. 그런데 사실 블랙과 숄스 이전에 개념적으로 동일한, 하지만 약간 다른 가정하에 결과를 얻은 사람이 있었다. 1900년 프랑스 수학자 루이 바슐리에(Louis Bachelier)가 이미 이를 가지고 박사 학위를 받았다.

주식에 대한 옵션 가격을 최초로 분석한 바슐리에

바슐리에는 1870년 프랑스 르아브르에서 태어났다. 아버지는 포도주 상인이자 아마추어 과학자였고, 어머니는 저명한 은행가이자 시인의 딸이었다. 바슐리에가 고등학교를 졸업하던 해 그의 부모는 모두 세상을 떠났다. 바슐리에는 어린 동생들을 부양하기 위해 어쩔 수 없

* 이 두 사람과 거의 같은 시기에, 독립적으로 같은 결과를 발표한 사람이 있었는데 그의 이름은 로버트 머튼(Robert C. Merton)이다. 이러한 이유로 머튼도 블랙·숄스 공식에 이름을 같이 올려야 한다고 생각하는 이들이 있다. 그 경우 세 사람의 성 앞 글자를 따서 BSM 모형이라 부르기도 한다.

이 아버지가 영위하던 사업을 물려받았고 그러면서 파리 금융 시장에서 경험을 쌓아 나갔다.

군 복무를 마친 바슐리에는 1892년부터 파리 대학에서 수학을 공부했고 박사 학위까지 받았다. 그의 박사 학위 지도 교수는 20세기 초반의 저명한 수학자 앙리 푸앵카레(Henri Poincaré)다. 『투기의 이론(Théorie de la spéculation)』(1900)이라는 제목의 단행본으로 출간된 박사 논문에서 바슐리에는 주식의 가격이 정규 분포를 갖는다는 가정하에 주식에 대한 옵션 가격을 어떻게 결정할 수 있는가를 논했다. 꽤 독창적인 논문으로 인정받았지만, 순수수학 분야가 아니라는 이유로 바슐리에는 학교에서 자리 잡는 데 꽤 애를 먹었다. 결국 프랑스 내 이 학교 저 학교를 떠돌아다니다 57세가 되던 1927년에야 브장송에 있는 한 대학에서 정년을 보장받았다.

바슐리에는 사실 확률 분야에서 꽤 이름을 날렸다. 3장에서 언급한 랜덤 워크의 수학적 표현인 '브라운 운동°(Brownian motion)'은 수학계에서 '위너·바슐리에 과정'이라고도 불릴 정도로 인정받은 성과다. 하지만 바슐리에는 이후 철저할 정도로 잊혔다. 1950년대부터 부흥하기 시작한 미국 금융학계가 프랑스어권 이론과 결과에 익숙지 않았던 탓이 크다.

현재는 바슐리에의 원래 논문이 영어로 번역돼 나와 있는 상황이지만 여전히 바슐리에의 공적을 별로 인정하지 않는 사람들이 있다. 그

● 1827년 꽃가루 입자가 수면 위에서 불규칙하게 움직이는 것을 포착한 영국 식물학자 로버트 브라운(Robert Brown)의 이름에서 따왔다. 이를 수학적으로 이론화한 것은 1905년 아인슈타인이었다.

들은 바슐리에가 "주식 수익률이 정규 분포를 가진다."라고 가정하지 않고 "주식 가격이 정규 분포를 가진다."라고 가정한 것을 문제 삼는다. 이와 같은 가정에서는 가격이 마이너스가 될 가능성이 이론적으로 배제되지 않기 때문에 문제가 있다는 것이다. 이러한 반론은 사실 실제 숫자를 가지고 계산해 보면 아무 문제가 되지 않기 때문에 지나친 형식론에 불과하다는 생각이 든다.

독학한 경제학으로 옵션 가격 결정 공식을 세운 블랙

블랙·숄스 공식의 블랙은 미국 워싱턴에서 태어났다. 그의 아버지는 전기 엔지니어이자 회사 중역이었다. 블랙은 1959년 하버드 대학을 졸업하고 1964년 응용수학으로 같은 학교에서 박사 학위를 받았다. 다방면에 관심이 많았던 블랙은 처음에는 물리학을 전공했지만 곧 흥미를 잃고 수학으로 바꿨다가 나중에는 컴퓨터과학과 인공 지능을 공부했다. 학위 도중 랜드 연구소에서 인턴 생활을 했던 블랙은 박사 학위를 받고 나서 첫 직장으로 아서디리틀을 택했고 거기서 잭 트레이너를 만나 CAPM을 배웠다. 그러면서 블랙은 경제학을 독학하기 시작했는데, 다른 사람들이 이야기하는 이론을 있는 그대로 받아들이지 않고 불합리하다고 생각하는 부분을 수정한 그만의 경제학 이론을 수립했다. 그 과정에서 일종의 부차적 결과물로 나온 것이 바로 블랙·숄스 공식이다.

블랙은 1971년 시카고 대학으로 옮겼다가 1975년 가정사를 이유로 다시 MIT로 옮겼다. 숄스와 함께 1973년 발표한 논문이 유명세를 타면서 블랙은 금융업계가 인정하는 이론가로 자리매김하게 됐다. 안타까운 것은 이 시기에 블랙은 이미 거시경제학 이론으로 관심을 돌린 상태였다는 점이다. 그런데 경제학계에서는 대체로 그의 이론에 큰 관심이 없었다. 블랙은 합리적인 논증으로도 경제학계를 설득하는 일이 불가능하다는 것을 깨닫자 학계에 염증을 느끼게 됐다.

1984년, 미국 투자은행 골드만삭스는 당시 한참 뜨고 있던 옵션 비즈니스를 강화할 목적으로 블랙에게 학생을 추천해 달라고 부탁해 왔다. 블랙은 그 자리에 자신이 가면 안 되겠느냐고 제안해 결국 골드만삭스로 자리를 옮겼고 죽을 때까지 그곳에서 일했다. 블랙과 같은 응용수학 박사를 채용한 것은 처음이었던 골드만삭스는 블랙에게 정확히 무슨 일을 하라고 정해 주지 않은 채 정량적 분석(quantitative analysis)을 하는 일을 맡겼다. 블랙은 골드만삭스 '1호 퀀트(quant)'로 칭해지기도 했다. 퀀트는 수학이나 공학, 컴퓨터공학 등에 재능을 갖추고 이들 기술을 증권업에 응용하는 사람을 말한다. 블랙은 골드만삭스에서 자신이 선발한 퀀트들과 함께 몇 가지 새로운 모델을 개발하는 일을 총괄 지휘했는데, 골드만삭스는 그러한 모델 개발보다는 그의 이름이 갖는 마케팅적 측면에서 얻는 혜택에 더 주목했다. 1994년 후두암 판정을 받은 블랙은 투병 끝에 이듬해 유명을 달리했다.

옵션거래의 합법화와 더불어 날개를 단 블랙·숄스 공식

블랙과 숄스가 자신들의 공식을 담은 논문을 학계 저널에 발표하려 했을 때, 처음에는 내는 곳마다 게재 불가 판정을 받았다. 저널의 심사 교수들은 그 논문의 내용을 금융학도 아니고 경제학도 아닌 지엽적이고 알 수 없는 수학 정도로 치부했다. 당시에는 그 논문의 소재인 옵션도 내세울 만한 대상이 못 되는, 금융의 가장 미천한 분야로 인식됐다.

그런데 블랙과 숄스는 어떤 면으로는 기가 막히게 논문 발표 시점을 잡은 것 같다. 1973년은 미국에서 오랫동안 금지되던 금융 옵션의 거래가 합법화된 해다. 시카고 거래소들은 자신들이 기존에 다루던 선물에 더해 옵션을 합법적으로 거래하게 되면 수입이 늘어날 거라고 판단해 로비에 공을 들였다. 이를 위해 시카고 대학 머턴 밀러와 고액의 자문 계약을 맺었고, 밀러는 옵션거래가 합법화될 수 있도록 상당한 영향력을 발휘하기도 했다. 밀러는 또 저널 게재 불가라는 난관에 부딪힌 블랙과 숄스의 논문이 비록 분야는 좀 동떨어져 있기는 하지만 나름대로 인정받는 《정치경제학 저널(Journal of Political Economy)》에 실릴 수 있도록 전화를 거는 수고도 마다하지 않았다. 옵션거래가 도박꾼들의 무모한 베팅이 아니라 어려운 수학이 담겨 있는 논문거리가 된다는 사실이 이미지 개선에 큰 도움이 되리라고 간파한 것이다.

블랙은 블랙·숄스 공식으로 돈을 벌어 볼 생각이었다. 그래서 2가지 비즈니스 모델은 생각해 냈다. 우선, 거래소에서 옵션을 거래하는 트레이더들이 가격을 블랙에게 불러 주면 그로부터 '내재 변동성(implied volatility)'을 계산해 알려 주고 그 대가로 약간의 돈을 받는 것이다. 그러려면 그들의 공식을 학술지에 발표하지 않고 그들만의 사적인 지식으로 유지해야 했지만,* 이미 발표를 해 버린 뒤였다. 옵션

* 에드워드 소프는 블랙보다 수년 앞서 같은 결과를, 그것도 블랙·숄스 공식보다 더 다양한 가능성을 포함하는 결과를 얻은 뒤 이를 통해 실제로 금융 시장에서 이익을 거뒀다. 소프는 그 결과를 학계에 발표하지 않았다. 한쪽은 학계의 명성을 얻었고 다른 한쪽은 부를 얻었는데 이는 취사선택의 문제다.

비즈니스로 똑똑한 사람들이 몰려들고 곧 블랙·숄스 공식이 어떻게 유도되는지가 더 이상 두 사람만의 지식이 아닌 게 되자 이런 비즈니스 모델은 더 이상 유효하지 않았다.

블랙의 두 번째 비즈니스 모델은 그렇게 구한 내재 변동성을 과거의 '실현 변동성(realized volatility)'과 비교해 지나치게 낮아 보이는 옵션을 매입해 이익을 보는 것이었다. 실현 변동성은 과거에 주가가 변동된 이력으로부터 계산되는 표준 편차로서, 이를 계산하는 것은 고등학교 수학 실력으로도 거뜬히 할 수 있다. 블랙은 스스로 황금의 샘을 발견했다고 대견해했지만, 실제 거래 결과는 신통치 않았다. 그는 얼마간 계속 손실을 보다가 결국 이 비즈니스 모델도 접고 말았다. 공식을 구하는 것과 이를 실제에 적용해 돈을 버는 것은 별개의 문제라는 것을 인정한 것이다.

같은 공식을 가지고도 블랙은 손실만 입은 반면, 이를 가지고 상당한 이익을 본 사람도 있었다. 왜 이런 차이가 발생한 것일까? 블랙의 방식으로 이익을 보려면 우선 주가의 이력으로부터 계산되는 역사적 실현 변동성이 미래에도 변하지 않는 값이라는 가정이 실제로 성립해야 한다. 또 궁극적으로 만기 시점에 주가가 올라 있을지 아닐지를 맞혀야 한다. 그런데 아무리 역사적으로 실현 변동성이 높았다고 하더라도 블랙이 전혀 알 수 없는 내·외부적 원인으로 갑자기 주가가 별로 움직이지 않는 일이 늘 발생했다.

반면, 이 공식을 가지고 돈을 번 이들의 접근법은 한마디로 '연속적인 리스크 회피'라고 부를 만한 것이었다. 이를 '동적 헤징(dynamic hedging)'이라고도 하는데, 옵션을 가지고 있을 때 옵션의 기초 자산과 무위험 채권을 적절히 조합한 포트폴리오를 구성하면 전체 포트폴리오가 기초 자산의 가격 변동에 국소적으로 영향을 받지 않는다는 성질을 이용한 것이다.

블랙·숄스 공식은 얼마나 유효한가

블랙·숄스 공식이 실제 옵션 시장에서 성립하느냐는 질문은 사실 대답하기 곤란하다. 단적으로 말하면 공식 자체가 실제 시장에서 성립하지는 않는다. 결정적인 이유는 블랙·숄스 공식이 가정하고 있는 기초 자산의 수익률이 정규 분포를 갖는다는 가정 때문이다.

1987년, 미국 주식 시장에서 주가가 하루 사이에 22.6퍼센트 떨어진 '검은 월요일' 사건이 일어났다. 수익률이 정규 분포라는 가정은 더 이상 현실에 부합한다고 볼 수 없게 된 것이다. 실제로 이때 옵션 북을 운용하던 옵션 트레이더들은 큰 손실을 입었다. 일부 살아남은 트레이더들은 이후 주가의 수익률이 정규 분포라고 하는 가정을 폐기하고, 주가가 아주 급격하게 변동할 수 있다는 사실을 감안하며 트레이딩하게 됐다.

과학적 관점에서 보면 블랙·숄스 공식은 틀렸다. 하지만 사회학적 관점에서 보면 어느 정도 유용성을 갖는 도구가 될 수 있다. 블랙·숄스 공식이나 그와 유사한 어떤 다른 공식을 가지고 동적 헤징을 수행해 국소적으로나마 무위험 상태를 만들고자 시도하는 것은 완벽하지는 않아도 어느 정도 유효한 접근 방식이라는 것이 그동안의 경험으로 밝혀졌기 때문이다.

블랙·숄스 공식과 관련한 또 다른 측면이 있다. 블랙·숄스 공식이 실제 옵션 시장을 묘사하는 도구라기보다는, 옵션 트레이더들이 모두 블랙·숄스 공식을 가지고 트레이딩하다 보니 그런 거래들에 의해 만들어지는 옵션 가격들이 블랙·숄스 공식에서 가정하는 것과 유사하게 나타났다는 것이다. 한 가지 비유를 들면, 세상은 원래 다양한 존재들로 구성돼 있었는데 이를 친구와 적으로 분류하는 이분법적 기준을 가지고 분류하다 보니 세상이 나중에는 그냥 친구와 적, 이 둘만 존재하는 것처럼 돼 버린 것이다. 이런 관점에서 블랙·숄스 공식은 옵션 시장을 있는 그대로 묘사하는 카메라가 아니라, 옵션 시장을 만들어나가는 도구로 사용된 엔진과도 같은 것이라 말할 수 있다.

8장

세상은 생각보다 거칠고 제멋대로다

리스크로부터 이익을 거두는 진정한 방법

K 과장은 거의 뜬눈으로 밤을 지새웠다. 투자는 결국 '세상을 어떻게 바라볼 것인가'의 문제로 귀결된다는 생각이 들어서다. 미래를 예측할 수 있다는 예언자들은 여전히 많다. 그들은 대개 과학의 이름을 빌린다. 혹세무민(惑世誣民)하지 말라는 비판의 소리에 대해 예측할 수 없다는 근거가 있는지 증명해 보라고 요구한다. 하지만 증명의 부재는 부재의 증명이 아니다.

K 과장은 주식 가격을 예측할 수 있다면 좋겠지만, 그것은 현실적으로 쉽지 않겠다는 생각이 들었다. 그렇다고 전혀 아무것도 할 수 없는 것은 아닐 것이다. 미래가 불확실하다고 아무것도 하지 않는다면 더 큰 위험이 닥칠 수도 있다. 인생에서나 투자에서나 손실 가능성을 줄이고 제거하는 방향으로 의사를 결정해야 한다. 리스크를 회피하기만 해서는 답이 없다. 때로는 이를 감내하고 운명에 맞서 싸워야 한다.

K 과장은 서재의 책상 의자에 몸을 깊숙이 기댔다. 피곤했지만 잠이 오지는 않았다. 생각에 잠겨 있었지만 고민하고 있는 것은 아니었다. 어슴푸레 밝아 오는 새벽녘, 창밖에는 샛별이 홀로 외로이 빛나고 있다.

예언자 여러분의
고견은 잘 들었습니다.
그러나 여러분 모두 잘 아시다시피
이러한 전망은 한편은 그렇지만
다른 한편으로는… 에… 또.
예언자
경제학자

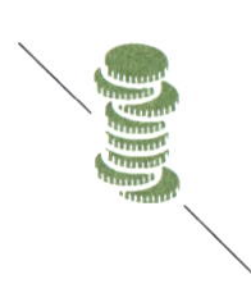

이 장에서는 리스크를 다루는 또 다른 관점을 소개하고자 한다. 서로 충돌하는 여러 리스크 개념에 대한 판단은 일단 보류하자. 대신 어떤 리스크이든 그것을 어떻게 받아들이고 취급하는 것이 더 바람직한지 살펴보자. 이 장을 7장의 위험 관리와 비교해 좀 더 고차원적인 위험 관리라고 볼 수도 있다. 한마디로 말하자면, 리스크는 피해야 하는 대상이 아니라 이익의 원천으로 삼아야 한다.(이 내용만큼은 꼭 당신의 것으로 만들기를 바란다.)

IMF와 증권사의 전망은 왜 늘 빗나갈까

금융 회사와 경제 연구소가 매우 중요하게 여기는 분야가 하나 있다. 경제와 개별 자산에 대한 전망이다. 민간 연구소부터 시작해 은행권의 경제 연구소, 한국은행 그리고 IMF나 세계은행에 이르기까지 향후 세계 각국의 GDP(국내총생산)나 환율 등에 대한 예측을 담은 보고서를 정기적으로 발간한다. 글로벌 투자은행들을 비롯해 증권사들은 개별 주식 가격이 미래에 어떻게 될지 예측해 발표하는 리서치 부서를 두고 있다. 이러한 전망과 예측에는 갖가지 수단이 동원된다. 누구나 쉽게 이해할 수 있는 원론적인 것부터 극소수 사람들만 이해할 수 있는 굉장히 난해한 이론까지 천차만별이다. 그런데 이 모든 것에 한 가지 공통점이 있다. 이 모든 예측은 잘 안 맞는다는 사실이다.

현대 경제학자들과 비견할 만한 직종이 고대부터 존재해 왔다. 바로 예언자들이다. 미래의 일을 예측한다는 면에서 둘 사이에 유사성이 있기에 경제학자들을 현대의 예언자들이라 부르기도 한다. 그런데 사실 이러한 비교는 그렇게 적절하지는 않다. 우리말로 예언자로 번역하는 영어 단어는 'prophet'인데, 이 단어의 어원은 그리스어 '프로페테스(profétés)'로 '주장하다'라는 뜻을 가지고 있다. 그 본래의 의미는 미래를 '예측'하는 것이 아니라 사람들에게 '경고'하는 것이었다.

좀 더 자세히 설명하면, 이 예언자들은 그러한 경고를 듣지 않았을 경우 발생할 수 있는 재앙들을 미리 알려 주는 것을 자신들의 존재 이유로 생각했다. 즉 미래에 벌어질 일을 족집게처럼 예측하는 일을 자신들의 임무라고 생각하지 않았던 것이다. 그렇기 때문에 예언이란 미래에 대한 것이 아니라 현재에 대한 것이고, 좀 더 엄밀하게는 미래에 무엇을 해야 할지가 아니라 현재에 무엇을 하지 말아야 할지에 대한 것이었다.

금융과 경제를 예측하는 것이 현재는 완전히 만족스럽지 않아도 언젠가는 좀 더 만족할 만한 이론이 나올 것이라는 일종의 순진한 믿음이 사회 전반에 퍼져 있는 듯하다. 그런데 이는 그렇게 쉽고 간단한 문제가 아니다. 자연계와 달리 금융 시장은 다수 사람들의 상호 작용으로 만들어지는 대표적인 사회적 복잡계(complex system)이기 때문이다. 그런 데다 그 복잡계를 이루는 구성원들은 예측을 무용지물로 만

드는 조삼모사하는 인간들이다. 어떤 때는 가격이 비싸다고 안 사기
도 하지만 어떤 때는 가격이 비싸다고 더 많이 사기도 하는.

　경제학의 출발점은 '계의 균형 상태'라는 개념에 있다. 만약 금융 시
장과 경제계가 균형 상태로 존재하는 것이라면 미래 예측이 조금은
가망 있는 일이었을지도 모른다. 그런데 사실 경제학자들이 말하는
균형 상태라는 것은 죽어 있는 상태다. 복잡계 이론가들에 의하면, 비
유기적 대상에서 균형 상태는 관성에 의해 달성되지만, 유기적 대상
에서는 오직 그 유기적 대상의 죽음만이 균형 상태를 가져온다. 즉 살
아 있는 유기체는 살아 있는 한 영원히 균형 상태를 달성할 수 없다.
따라서 유기체라면 무작위성과 혼돈, 불확실성을 어느 정도는 좋아하
고 받아들여야 한다는 뜻이기도 하다.

　다른 한편으로, 예측이 의미를 가지려면 원인과 결과 사이의 관계,
즉 인과 관계가 성립돼 있어야 한다. 그런데 경제학은 이러한 인과 관
계를 밝히기보다는 상관관계를 다룬다. 그리고 상관관계를 가지고 인
과 관계를 다룰 수 있다고 주장하곤 한다.

　다음의 예를 보자. 경제학에서는 일반적으로 교육 수준이 높아지면
소득이 증가한다고 가정한다. 그런데 세계은행의 경제학자 랜트 프리
칫(Lant Pritchett)은 "교육 수준의 향상이 그 나라의 소득을 늘린다는
증거가 없다."라는 연구 결과를 내놨다. 물론 경제학적 상식에 반한다
는 이유로 프리칫은 큰 곤욕을 치렀다. 케임브리지 대학 경제학자 장
하준 또한 비슷한 내용을 언급한 적이 있다. 1960년대 한국의 문맹률
이 아르헨티나보다 높았고 그때는 아르헨티나가 한국보다 훨씬 부국
이었는데 지금은 정반대가 됐다. 일반적으로 낮은 문맹률과 높은 소

득은 서로 상관있는 것처럼 보인다. 그렇지만 문맹률이 낮아진 것 때문에 높은 소득이 생기는 것은 아니라고 주장했다.

만약 문맹률과 소득이 상관관계가 있다면 문맹률이 높았던 1960년대 한국이 무슨 수로 현재의 부유한 한국이 될 수 있었겠는가. 이들 사이의 인과 관계를 곰곰이 생각해 보면 "소득이 올라가다 보니 결과적으로 문맹률이 낮아지게 됐다."라는 것이 좀 더 타당한 설명일 것이다. 소득이 늘어나면 학력 같은 것이 일종의 지위를 과시하는 수단이 돼 그에 대한 수요가 증가한다. 요즘 우리나라에서 고학력자 실업자가 양산되는 현상도 같은 맥락으로 파악할 수 있다.

의원성(醫原性)이라는 단어는 이러한 원인과 결과가 뒤바뀐 상황을 잘 보여 준다. 이 말은 없던 병이 의사 때문에 생기는 것을 지칭한다. 헝가리 산부인과 의사 이그나즈 제멜바이스(Ignaz Semmelweiss)가 의사의 불결한 손가락이 산욕열의 원인이라고 주장했던 것이 시초다. 우리는 사소한 질병을 치료하려고 손을 댔다가 오히려 다른 큰 병을 야기하는 경우를 심심찮게 본다. 이는 유기체인 인간의 몸을 단순한 선형적 시스템으로 잘못 이해하는 것이 원인이다. 이러한 역설적인 상황들은 금융이나 경제 문제에서도 흔히 발견할 수 있다. 미래에 대한 각종 예측과 그에 대한 섣부른 판단으로 문제가 해결되기보다 오히려 악화되는 것은 비단 어제오늘 문제가 아니다.

예측을 기반으로 미래 계획을 세우는 것은 회사나 개인이 흔히 행하는 일이다. 하지만 실제 미래의 그 시점이 되면 예측한 대로 계획이 흘러가지 않는다는 것을 누구나 경험해 봤을 것이다. 예측에 기반을 둔 계획이 항상 틀리는 것에 대해 심리학자들은 '계획 오류(planning fallacy)'라고 말한다. 여기에는 인간의 오류나 심리적인 문제 말고도 구조적인 원인이 있다. 계획의 개별 구성단위들은 각각 예상 수량이나 예상 소요 시간과 같은 것들을 가지고 있다. 이들은 작아지는 데는 0이라고 하는 한계가 있지만 커지는 데는 한계가 없다. 그렇기 때문에 항상 프로젝트를 완수하는 데 걸리는 시간은 예상보다 오래 걸리기 마련이고, 실제 비용도 항상 예상보다 더 들기 마련이며, 실제 불량품은 항상 예상보다 더 많이 나오기 마련이다.

경제학자들의 예측은 거의 예외 없이 틀리지만 대부분의 사람들은 개의치 않는다. 잘못된 예측을 한 경제학자들도 개의치 않는 것은 마찬가지다. 결국 맞지 않는다는 것을 모두가 아는데도 이 예측이 계속 행해지는 것은 일종의 사회적 쇼라고 보면 너무 지나친 판단일까? 고대 예언자들은 오늘날 자신들이 현대 경제학자들과 비교되는 것을 알면 분통을 터트릴지도 모른다. 왜냐하면 고대 예언자들의 직업윤리를 엿볼 수 있는 대목이 다음과 같이 고대 라틴어 표현에 있기 때문이다.

"베리타스 오디움 파리트.(Veritas odium parit.)"

이 말은 "진실은 증오를 낳는다."라는 의미다. 헛된 미래 예측을 피하고, 현재의 진실을 경고하려 했던 고대의 예언자, 선지자 들이 어떤 대접을 받았는지는 성경 등을 보면 잘 알 수 있다. 한마디로, 진정한 예언자들은 속세에서 고초를 겪었다. 하지만 고초를 겪었다는 경제학자를 만나 본 적은 없다.

치과 의사는 치아만, 경제학자는 정규 분포만 본다

치과 의사가 선을 보러 나가면 다른 것은 보지 않고 오직 상대방의 치아만 쳐다본다는 우스갯소리가 있다. 어디 비단 치과 의사뿐이겠는가. 피부과 의사는 상대방의 피부만 쳐다보고, 안과 의사는 눈만 쳐다보고, 성형외과 의사는 성형 수술할 만한 부위만 눈에 들어온다. 교사와 교수는 가르치려 들고 판사는 판결하려 든다. 자신이 알고 있는 것만 눈에 들어오는 것이다. 다른 것들이 눈에 들어오려면 관심 분야를 넓히려고 노력해야 하는데, 생각보다 많은 사람들이 그러지 못한다.

마찬가지로 경제학자들의 눈에는 정규 분포만 보이는 듯하다. 앞에서 언급한 여러 이론들이 정규 분포를 가진다는 가정하에 성립했음을 기억하자. 자산 가격이나 수익률 등이 정규 분포를 가진다고 가정하면, 수학적으로 뭔가 그럴듯해 보이도록 계산해서 보여 줄 수 있는 것들이 많다. 어려운 수식을 동원하는 것처럼 보이지만 사실은 그다지 어렵지 않은 연산을 통해 결과를 얻을 수 있다.

정규 분포의 성질을 한마디로 요약하면 세상은 대칭이라는 점이다. 평균이 주어지고 그 평균을 중심으로 좌우 면적과 모양이 전적으로 같은 것이 정규 분포가 가지고 있는 성질 중 하나다. 수익률의 평균이 연 5퍼센트라고 할 때, 연 10퍼센트의 수익을 달성할 확률과 0퍼센트의 수익을 달성할 확률이 같다는 것이다. 그리고 정규 분포의 또 다른 중요한 성질은 평균으로부터 꽤 멀어지는 일이 발생할 가능성은 매우 낮다는 점이다.

세상에는 정규 분포를 가지는 것들이 분명 있다. 대부분 자연계 영역에 존재하지만 사람과 관련된 것들도 많다. 가령 사람들의 몸무게, 키, 허리둘레 등을 직접 재 보면 그 분포가 정규 분포에 매우 가깝다는 것을 알 수 있다. 게다가 무작위한 것들이 중첩돼 쌓이면 결국 정규 분포가 된다는 것을 수학적으로 입증할 수도 있다. 그래서 정규 분포를 너무나 당연한 것으로 간주한다.

그런데 사실 세상에는 정규 분포만 존재하는 것이 아니다. 이론상으로도, 실제로도 말이다. 이론적으로 정규 분포와 다른 성질을 가진 분포를 만들어 내는 것은 사실 일도 아니다. 그중 흥미로운 성질을 가지고 있는 한 예를 살펴보자.

19세기 프랑스의 저명한 수학자 오귀스탱 루이 코시(Augustin Louis Cauchy)가 고안해 낸 '코시 분포(Cauchy distribution)'라는 것이 있다. 코시 분포 또한 정규 분포와 같은 확률 분포로, 그 곡선 아래쪽의 면적을 구하면 1이 돼 정규 분포와 꼭 같다. 그리고 그 분포를 정의하는 수식은 오히려 정규 분포보다 더 간단해 보인다. 그래프로 그려 보면 좌우 대칭으로 나타나는 것이 정규 분포와 잘 구별되지 않을 정도로 비슷하다. 그런데 이 코시 분포는 중앙값(median)과 최빈값(mode)은 상식에 부합되게 나오지만, 평균(mean)과 표준 편차는 무한대로 계산돼 아예 정의할 수가 없다.

이뿐 아니다. 20세기 초반 프랑스 수학자 폴 레비(Paul Lévy)가 고안해 낸 '레비 안정 분포(Lévy stable distribution)'는 더 흥미로운 특징을 가지고 있다. 이 또한 생긴 것은 정규 분포와 비슷하고, 코시 분포와는 달리 평균도 잘 정의되지만, 이번에는 표준 편차가 무한대가 되는 특징을 가지고 있다. 표준 편차가 리스크라는 정의를 레비 안정 분포에 적용하려고 하면 무한대의 리스크가 나온다. 사실, 엄밀히 말해 19세기 뛰어난 수학자 카를 가우스(Carl Gauss)의 이름을 따서 '가우스 분포(Gaussian distribution)'라고도 불리는 정규 분포는 레비 안정 분포의 특수한 경우다. 레비 안정 분포는 몇 가지 변수를 가지고 있는데 그중 한 변수가 특정한 값을 가지게 되면 정규 분포가 나오는 것이다.

코시 분포나 레비 안정 분포 같은 것들은 상상 속의 산물일 뿐 실제와는 무관한 것이 아닌가 하는 생각이 들 수도 있다. 미리 답을 알려주면, 그 추측은 아쉽게도 틀렸다. 자연계에는 정규 분포가 아닌 확률 분포를 가지는 시스템이 많다. 예를 들어, '태양 폭발'은 정규 분포로 묘사되지 않고 레비 안정 분포 같은 것들로 표현된다.

실제의 통계 분포들을 조금 다른 방식으로 보면 좀 더 재미있는 현상을 볼 수 있다. 다루고 있는 변수의 값이 큰 범위를 가지고 있는 경우, 그러니까 가령 0.00001부터 1,000,000 사이의 값이 모두 실제로 관찰되고 의미를 가지는 경우, 일반적인 그래프로는 제대로 파악하기 곤란하다. 이런 경우, 그 척도를 로그 함수를 이용해 표현하면 값들의 지수적 크기를 볼 수 있다.

그런데 실제의 통계 분포를 그와 같은 방식으로 나타내면 데이터가 직선으로 나타나는 경우가 꽤 많다. 이러한 성질을 '멱 법칙(power law, 한 수가 다른 수의 거듭제곱으로 표현되는 두 수의 함수적 관계)'이라고 한다. 예를 들어, 지진의 세기와 발생 빈도를 로그로 나타낸 그래프에 표현해 보면 거의 완벽한 직선이 그려지는 것을 볼 수 있다. 이뿐 아니다. 달의 표면에 있는 분화구의 크기와 발생 빈도 사이의 관계, 장마 때 강물의 수위와 그 발생 빈도 사이의 관계 같은 것들도 로그로 나타낸 그래프에 그려 보면 직선으로 표현된다.

그런데 문제는 바로 정규 분포를 가지는 변수를 로그로 나타낸 그래프에 그려 보면 직선이 아니라 곡선으로 나타난다는 점이다. 정규 분포에서는 값이 지수적으로 커지는 것보다 발생 확률이 더 빠른 속도로 줄어들기 때문에 로그로 나타낸 그래프에서 데이터가 직선이 되지 못한다. 그런데 실제의 많은 통계 분포들이 로그로 나타낸 그래프에서 곡선이 아닌 직선으로 묘사되니 이러한 통계 분포들은 정규 분포일 수가 없는 것이다.

원래 정규 분포는 평균을 다루기 위해 만들어졌다. 평균으로부터 먼 극단적인 값은 발생하지 않는다는 가정하에 집단의 특성을 그 평균값으로 표현해 보자는 취지에서 만들어진 통계 분포다. 바꿔 말하면, 정규 분포를 가지고 양극단의 값과 그 성질을 논하는 것은 정규 분포의 기본 취지에 맞지 않는 것이다. 조금만 생각해 보면 스스로를 부정하는 꼴인 이러한 모순적 논리가 광범위하게 사용되고 있다.

광기가 만든 비합리적 투기 열풍

주가나 환율 같은 금융 변수들이 정규 분포가 아닌 멱 법칙에 의해 지배된다는 것은 어떤 의미일까? 그 핵심적 의미는 정규 분포에 의해 예측하는 것보다 실제로 극단적인 일들이 발생할 수 있고 또 자주 발생할 수 있다는 것이다. 달리 말하면, 금융 시장에는 비이성적으로 보이는 폭등과 버블, 갑작스러운 폭락이 실제로 존재한다는 것이다. 그렇다면 우리는 어떻게 투자해야 할까? 수요와 공급이 만나 가격이 결정되고 그러한 균형 가격이 안정적으로 유지된다는 경제학의 가정은 실제 금융 시장의 모습과 상당한 괴리가 있다는 것을 인정해야 한다.

금융의 역사에서 비이성적 수준으로 가격이 상승하다가 예고 없이 갑자기 폭락하는 사례는 어렵지 않게 찾아볼 수 있다. 이러한 상황을 일컫는 '버블'이라는 표현이 최초로 사용된 것은 1700년대 초에 발생한 남해회사(South Sea Company) 사건 때다. 역사적으로 이때의 일을 '남해 버블'이라고 부른다. 남해회사는 1711년 영국에서 주식회사 형태로 설립돼 그 주식을 일반 사람들이 거래할 수 있었다. 당시 남해라는 명칭은 남반구 전체를 지칭하는 말이었고, 스페인의 지배를 받고 있었던 남아메리카도 당연히 포함됐다. 영국 왕정이 남아메리카에서 발생하는 모든 무역을 독점할 수 있는 권리를 남해회사에 부여하자 이 회사 주식이 영국 주식 시장의 총아가 됐다. 스페인의 지배를 받고 있는 남아메리카에서 영국 회사가 어떻게 무역을 해서 수입을 올리겠다는 것인지 구체적인 방안은 없었다.* 그럼에도 영국인들은 남해회사에 엄청난 잠재력이 있다고 생각해 주식을 마구 매입했다. 주가가 오르고, 또 올라간 주가를 보고 더 사려 드는 전형적인 버블 혹은 광증이 나타났다. 1719년 초반에는 1주당 100파운드 정도에 불과했던 주가가 1720년 중반에는 1천 파운드까지 상승했다. 그러던 것이 하루아침에 200파운드까지 폭락했고, 1721년에는 결국 100파운드도 못 미치는 가격으로 거래됐다. 이미 오를 대로 오른 상태에서 주식을 매입

* 왜냐하면 그런 영국 상선을 당대 최강의 스페인 무적함대는 곧바로 나포하거나 격침시킬 것이기 때문이다.

한 투기 거래자들과 투자자들은 엄청난 손실을 입었다. 그럼에도 남해회사는 1850년대까지 영국 왕실의 부채를 처리하는 회사로서 존속했다.

남해회사에 손을 댔다가 큰 손실을 입은 사람 중에는 유명한 과학자 아이작 뉴턴(Isaac Newton)도 있었다. 당시 뉴턴은 영국 왕립조폐국의 대표 책임자로 일하고 있었는데, 이는 지금으로 말하며 중앙은행장의 지위에 비교할 만한 것이다. 뉴턴이 "나는 별들의 움직임은 계산할 수 있지만 사람들의 광기는 계산할 수가 없다."라고 말하며 자신의 손실을 사후 약방문식으로 합리화했다는 일화는 매우 유명하다.

역사적으로 유명한 또 다른 버블은 바로 네덜란드의 '튤립 광증(tulip mania)'이다. 네덜란드는 1600년대 국력이 강해지면서 막대한 잉여 자금이 국내에 축적되기 시작했다. 그 자금은 어디론가 흘러들어 가 자산 버블을 만들 가능성이 농후했다. 암스테르담은 당시에도 세계적인 꽃 시장을 형성하고 있었는데, 그중 대표적인 상품인 튤립에 바로 자산 버블이 생겼다. 특히 흔히 볼 수 없는 희귀한 종류의 튤립일수록 투기 수요가 몰렸고, 특정한 바이러스에 감염돼 그 모양과 색깔이 기이하게 바뀐 튤립 종자는 가장 귀하고 가치가 높은 자산으로 간주됐다. 그중 가장 유명했던 '영원한 황제(semper augustus)'라는 종자는 한 송이가 광증의 최정점에서 무려 4만 9천 제곱미터의 땅과 교환될 정도였고, 숙련된 기술자 연봉의 20배가 넘는 가격에 팔리기도 했다.

네덜란드에 이러한 광풍이 분 요인은 무엇이었을까? 당시 네덜란드는 세계 금융의 최전선에 위치한 금융 혁신의 진원지였다. 세계 최초로 공식적인 거래소를 발명해 낸 곳이어서, 실물 튤립이 거래되는 튤립 현물 시장(spot market)뿐 아니라 파생거래의 일종인 선도가 거래되는 튤립 선도 시장(forward market)이 크게 형성돼 있었다. 선도는 앞에서도 보았듯이 자산을 사고팔 때 계약만 하고 실제 물건의 인도와 대금의 지급은 당장이 아닌 미래의 시점에 이행하는 것이므로, 선도가 투기의 목적으로 사용될 경우, 굉장히 효과적인 수단이 될 수 있다.

또 '공매도(short selling)'가 엄격하게 금지됐다는 점도 이러한 자산 버블의 형성에 영향을 미친 요인이다. 공매도란 수중에 없는 물건을 팔고 싶을 때, 이를 빌려 와서 파는 기법을 말한다. 공매도가 허용된다면 튤립 가격이 비정상적으로 올라갔을 때 이를 교정하는 수단으로서 사용될 수 있기 때문에, 튤립 광증의 형성 자체를 막을 수는 없을지라도 정도가 지나치지 않도록 미리미리 바람을 빼는 역할을 할 수는 있었을 것이다. 튤립 광증의 최정점은 1636~1637년으로, 1636년 11월에 10 정도에 불과했던 튤립 가격 지수는 1637년 2월 3일 200에 달했다. 이후 급락을 거듭해 5월 1일경에는 다시 원래의 수준인 10 정도로 복귀했다.

버블은 결코 먼 과거의 일만은 아니다. 19세기에만 10여 번의 공황과 주가 폭락 사태가 발생했고, 20세기에 들어서도 마찬가지다. 대표적인 예로, 1929년 9월 초부터 10월 말까지의 기간 동안 뉴욕 주식 시장이 40퍼센트 가까이 폭락해 세계 대공황의 시발점이 된 것부터, 1987년 10월 하루 사이에 뉴욕 주식 시장이 전일 대비 22.6퍼센트나 폭락한 검은 월요일, 1992년 9월 영국 파운드화가 유럽 환율 기제에서 빠져나온 검은 수요일, 1997년 태국, 인도네시아, 한국 등 아시아 국가에서 발생한 외환 위기, 1998년 러시아의 국채 지급 불이행(moratorium) 선언, 2000년 미국의 닷컴 버블, 2007년 서브프라임 사태 등 나열하고자 하면 끝이 없다.

세상은 온통 멱함수 천지다

자산 가격과 수익률에 멱 법칙이 성립한다는 것을 부인하기는 어렵다. 하지만 그러한 사실을 받아들이는 것은 여전히 금융경제학계에서 금기시되는 듯하다. 지난 50여 년간 정립돼 온 현대 금융론이 과학적 이론이라기보다는 허점은 좀 있어도 어느 정도 유용한 도구쯤으로 인정되기만 해도 여전히 설 자리는 있다고 본다. 쓸모없는 것은 아니지만 한계가 있고 작동하지 않는 경우가 있으니 그 이론들을 절대적인 것으로 받아들이거나 과신하지 않는다면 말이다. 바꿔 말하면, 과학이 아니라 기술로 받아들이면 문제는 의외로 간단해지는 것이다. 그런데 문제는 금융경제학계가 별로 그러고 싶은 마음이 없다는 점이다.

주식이나 외환 같은 자산의 수익률이 완벽한 정규 분포를 따르는 것은 아니지만, 마찬가지로 완벽한 멱 법칙을 따르는 것도 아니라는 주장도 있다. 경우에 따라서는 정규 분포처럼 보이는 특정 시기나 특정 자산을 고르고 골라 그 데이터를 가지고 자산의 수익률이 정규 분포를 따르는 증거라며 제시하기도 한다. 하지만 이는 한마디로 논점에 어긋난 것이다. 어떤 분포가 정규 분포가 아니라는 것을 인정하면, 그 분포가 멱 법칙을 얼마나 정확히 따르느냐는 중요한 문제가 아니기 때문이다. 즉 반쯤 정규 분포이면서 반쯤 멱 법칙이라는 말은 있을 수 없다. 그리고 특정 시기의 데이터를 가지고 정규 분포를 주장하는 것 또한 이치에 맞지 않는다. 그 말은 정규 분포가 성립하지 않는 시기가 있다는 것을 자인하는 꼴이고, 그 자체가 결과적으로 정규 분포가 아니라는 근거가 되기 때문이다.

멱 법칙은 자연계와 금융 시장에만 존재하는 것은 아니다. 우리가 사는 사회에서 더 흔히 발견할 수 있다. 가장 대표적인 예로, 19세기 이탈리아 엔지니어이자 경제학자 빌프레도 파레토(Vilfredo Pareto)가 처음 발견한 '80대 20'의 법칙이 있다. 이는 상위 20퍼센트의 사람들이 전체 80퍼센트의 부를 가지고 있다는 의미다. 파레토는 사람들이 소유한 부의 크기와 발생 빈도를 정리하다가 이를 발견했다. 파레토 이후 많은 경제학자가 80대 20 법칙이 성립하지 않는 사례를 발견하려고 애를 썼지만 성공하지 못했다. 이는 사람들의 소득이나 재산과 같은 것은 정규 분포를 따르지 않고 로그로 나타낸 그래프에서 직선으로 표현된다는 의미이기도 하다. 비유하자면, 전 세계 70억 인구의 재산이 정규 분포를 따른다면 그 평균값을 감안컨대 게이츠나 버핏 같은 사람은 나올 수 없어야 하지만 실제로는 존재한다. 즉 재산은 균등하게 분배되기보다는 쏠리기 마련이다. 한마디로 부익부 빈익빈이라는 말이 실제로 성립한다는 뜻이다.

재산이나 소득이 정규 분포를 따르기보다는 왜 멱 법칙을 따를 수밖에 없는지는 여러 가지로 논증해 볼 수 있다.

가장 근본적인 수준에서는 부와 소득은 아래로는 한계가 있는 반면 위로는 한계가 없다는 점이 한 원인이다. 사람이 가질 수 있는 재산은 0이 하한이다. 이 말은 재산이 마이너스라는 것은 실제로 존재하지 않는다는 말이기도 하다. 가지고 있는 재산보다 빚이 더 많으면 재산이 마이너스가 아닐까? 하지만 이런 경우 본인이 파산을 선언해 버리면 (물론 철창신세를 겨야 할 수도 있긴 하지만) 잔여 빚은 정리가 돼 버리니 결국은 마이너스의 재산이란 존재하지 않게 된다. 반면, 부의 상한에 는 제한이 없기 때문에 통계상에서 극단적인 값으로 보이는 어마어마한 부와 소득은 갈수록 규모도 커지고 빈도도 늘어날 수밖에 없는 것이다.

또 다른 설명으로, 경제적인 관점에서 볼 때 동일한 수익률을 거둔다고 하더라도 재산 규모에 따라 그 소득 금액의 절대적인 크기 자체가 달라진다는 점을 들 수 있다. 예를 들어, A는 재산이 1천만 원이고 B는 재산이 1억 원이다. 세금을 제하고 A와 B 모두 연 10퍼센트의 수익을 거둘 수 있다고 하자. 10년이 지나고 나면, A는 1600만 원이 조금 못 되는 돈을 벌 뿐이지만, B는 같은 기간 동안 1억 6천만 원에 달하는 돈을 벌게 된다. 여기에 재산이 많을수록 고급 정보를 접할 기회가 많을 것이라는 점과 큰 규모로 금융 시장에서 거래할수록 시장의 미시 구조에 더 큰 영향을 미쳐 얻게 되는 가격 상승의 효과*를 감안한다면 B의 수익률이 A보다 높을 가능성이 많다. 결국 A와 B의 소득 불균형은 더 크게 벌어질 가능성이 높다.

이와 같은 멱 법칙을 만들어 내는 중요한 원인의 하나로 사회에 존재하는 '되먹임 기제(feedback mechanism)'가 있다. 다른 말로 '삶의

---

* 현재의 호가 수준에는 비교적 큰 유동성이 있지만 그 유동성을 다 흡수할 정도로 큰 규모로 거래하게 되면 가격 상승이 더 쉽게 발생하는 것을 말한다.

비선형성(nonlinearity, 함숫값이 독립 변수의 값과 비례 관계에 있지 않음)'이
라고 부르기도 한다. 그러면 삶의 비선형성에는 어떤 것들이 있을까?
예를 들어, 처음 자동차를 만들어 냈을 때는 걷는 것보다 훨씬 빠른 속
도로 목적지에 도달하게 해 주는 좋기만 한 기계였을 뿐이다. 어느 누
구도 자동차가 나중에 커다란 사회적 문제가 되리라고 상상하지 못했
다. 그런데 편리하고 좋다 보니 너도 나도 사게 되고 도로에 자동차가
넘쳐 나 결국 걷는 것보다 더 느린 속도로 가게 되는 일이 생겼다.

 이러한 도심 교통 체증이 커다란 사회 문제가 되자 일부에서 해결책
을 들고 나왔다. 겉으로 보기에는 완벽해 보이는 해결책이었다. 바로
도로를 더 많이 건설하는 것. 이러한 것을 바로 '선형적인 사고방식'이
라고 부른다. 도로가 더 많아지고 넓어졌으니 당연히 교통 체증이 해
결될 거라는 생각이다. 그런데 도로가 더 많이 생기고 나니 이번에는
예전 같으면 자동차를 타지 않을 사람들도 자동차를 구입하려는 생각
을 하게 됐다. 그래서 도로의 수용 능력보다 자동차 수가 더 많아졌다.
결과적으로 자동차의 평균 속도는 더 떨어져 버렸다. 지금까지 사람
들은 이러한 삶의 비선형적 모습을 예측하는 데 거의 예외 없이 실패
해 왔다.

 '롱테일(long tail) 법칙'이라는 말이 있다. 이는 파레토의 80대 20의
법칙을 뒤집어 놓은 것이다. 파레토 법칙이 상위 20퍼센트가 전체의
80퍼센트를 가지고 있다는 의미였다면, 롱테일 법칙은 하위 80퍼센트
가 상위 20퍼센트보다 더 많은 기여를 한다는 의미다. 아마존 같은 온
라인 서점 매출을 분석해 보니 몇 권밖에 안 팔리는 하위 80퍼센트 책
들의 판매량을 다 모은 것이 결과적으로는 잘 팔리는 상위 20퍼센트

의 책들의 판매량보다 많더라는 것이다. 별 볼 일 없어 보이는 다수가 눈에 띄는 소수 엘리트들보다 결과적으로는 더 중요한 역할을 한다는 의미로도 이해할 수 있다. 롱테일 법칙은 사실 우리 삶은 멱 법칙이 지배한다는 또 다른 예에 불과하다. 로그로 나타낸 그래프에서 직선의 기울기만 다를 뿐이다.

린디 효과(Lindy effect)는 멱 법칙의 또 다른 측면을 이야기한다. 이는 "오래된 것일수록 더 오래가고 생긴 지 얼마 안 된 것일수록 빨리 사라진다."라는 것을 가리킨다. 이러한 내용은 멱 법칙의 수식을 이용해 이론적으로 증명할 수 있다. 좀 더 직관적인 예를 들어 보면, 가령 그리스 시대에 쓰인 고전들은 이미 수천 년을 생존해 왔기 때문에 앞으로도 더 오래 생존할 가능성이 높은 반면, 나온 지 얼마 안 된 책들은 거의 대부분 1~2년 안에 아무도 찾지 않아 사라지게 될 것이다.

이러한 내용은 그 대상이 소멸하기 쉬운지(perishable) 아닌지에 따라 달라지며, 린디 효과는 쉽게 소멸되지 않는 대상에 나타난다. 가령, 사람의 육신은 소멸할 수 있기 때문에 오래 살수록 남은 생존 기간은 점점 줄어든다. 반면에, 개념이나 사상은 소멸하지 않기 때문에 오래 살아남을수록 더 오래 생존한다. 다시 말해 오래된 것의 기대 수명이 오래되지 않은 것보다 크다면 이는 멱 법칙이 지배하는 대상이라고 볼 수 있다. 반면 오래된 것의 기대 수명이 오래되지 않은 것보다 작다면, 이는 정규 분포가 지배하는 대상이라고 볼 수 있다.

미래에 대한 전망과 예측은 무의미하다

이쯤에서 다시 한 번 '무작위성'이라는 단어의 의미를 되짚어 보는 것도 의미가 있을 것이다. 경제학에서 어떤 변수가 무작위하다는 말은 그 변수가 정규 분포를 갖는다는 말과 거의 진배없다. 무작위하다는 말의 원래 의미는 결정론적으로 그 변수의 미래의 값을 예측할 수 없는 경우를 지칭한다. 경제학에서 다루는 변수들은 모두 예외 없이 비결정론적일 수밖에 없으니, 이를 통계적으로 보겠다는 것은 일견 타당한 일이다.

그런데 이 무작위하다는 것을 기계적으로 50대 50의 확률로만 이해하겠다고 드는 것이 문제의 시발점이다. 이러한 선험적 확률을 바탕으로 논리를 전개하면 결과적으로 정규 분포가 나오는 것은 사실이다. 하지만 실제의 모습과 일치하지 않으니 도로 아미타불이다. 앞에서도 언급했지만, 금융 변수들이 정규 분포를 갖는다는 주장이 무작위성에 대한 하나의 결정론적 예측으로 퇴화해 버렸다. 안타깝게도 그 예측은 옳지 않다.

무작위하다는 것을 다른 방식으로 받아들일 수도 있다. 그 변수가 불확실하다는 것을 있는 그대로 받아들이는 것이다. 불확실하다는 의미는 결정론적이든 비결정론적이든 아니면 통계적이든 그 변수가 어떻게 될지 섣불리 예측할 수 없다는 것을 의미한다.

불확실성을 받아들이는 태도에도 여러 수준이 있을 수 있다. 약한 수준에서 받아들이는 한 가지 방법으로는 금융 시장의 변수가 정규 분포가 아니라 멱 법칙을 따른다는 것을 인정하는 게 있다. 강한 수준에서 불확실성을 받아들이는 방법으로는 통계적 분포는 머릿속에서 지워 버리고 벌어질 수 있는 최악의 상황을 가정하는 것이 있다. 이는 바로 반취약성의 정신과 맞닿아 있다. 반취약성에 대해서는 잠시 뒤에 다시 언급하겠다.

삶이 멱 법칙을 따른다는 것은 궁극적으로 무엇을 시사할까? 미래를 정교하게 전망하거나 예측하는 것은 무의미한 행위가 될 수 있다는 점이다. 이해하기 쉽도록 지진을 예로 들어 설명해 보자. 진도 10의 지진이 발생할 확률은 물론 매우 작은 값이지만 그렇다고 0은 아니다. 진도 15, 진도 20의 지진 또한 마찬가지로 진도 10의 지진보다는 발생할 확률이 작겠지만 여전히 0은 아니다. 그리고 결정적으로 그 확률들이 작다고 내일 당장 그런 지진이 발생하지 않는다는 보장은 없다. 갑자기 그냥 발생할 수도 있다. 그러니 예측은 무의미하다. 좋든 싫든 엄연한 사실이다. 결국 우리에게는 삶이 이와 같이 불확실하다는 것을 눈을 크게 뜨고 받아들이느냐, 아니면 타조처럼 고개를 땅에 처박고 그렇지 않다며 헛되이 믿을 것이냐의 선택만 남아 있을 뿐이다.

삶의 다운사이드는 제거하고 긍정적 서프라이즈만 남겨라

우리 아버지는 교장 선생님으로 정년 퇴임을 했다. 한평생 교직에 몸담은 탓인지 자부심이 무척 강하고 꼼꼼한 편이다. 그래서일까, 이자를 연 0.1퍼센트라도 더 주겠다는 곳을 늘 찾아다닌다. 그런 모습이 안쓰러워 얼마 전 아버지에게 한 말씀 드렸다. 숫자상으로는 그 차이가 크게 느껴질 수 있지만, 연 1퍼센트라고 해도 원금이 1천만 원이면 1년 동안 정기 예금을 들었을 때 세전 이자는 10만 원에 불과하다고. 10만 원이 물론 작은 돈은 아니지만 그 돈 때문에 세상이 달라지지는 않는다고 말이다. 또 이자 조금 더 주는 데 돈을 맡겼다가 문제라도 생기면 어쩌려고 그러시냐고 물었다. 아버지는 10만 원으로는 대세에 지장을 주지 않는다는 말에는 반신반의하는 표정이었지만 부실 저축은행 같은 곳은 문제가 생길 수도 있다는 말에는 확실히 공감했다. 일제강점기와 6.25를 겪고 한평생을 사신 분에게 은행이 망해 버리는 것은 아무 일도 아니다. 그보다 더 심한 일도 아무렇지 않게 일어날 수 있다는 것을 아버지는 직감적으로 이해했다.

잘못될 일은 제거해 버리고 잘될 일만 남겨 놓는 것, 세상의 불확실성으로부터 손실을 입는 것이 아니라 오히려 그로부터 이익을 보는 것, 그러한 상태를 '반취약성(anti-fragility)'이라고 한다. 이것은 강건성(robustness)과도 다르다. 강건성은 예상외의 큰 변동이 발생해도 좋을 것도 없고 나쁠 것도 없는 상태를 말한다. 제일 불리한 상태는 취약성(fragility)이다. 예상외의 큰 변동 앞에 취약한 상태는 속절없이 큰 손실을 입는다. 반면 반(反)취약한 상태는 변동이 큰 만큼 이익도 커진다. 그렇다면 반취약성에서 우리는 무엇을 배울 수 있을까?

제일 먼저, 삶에 필연적으로 존재하는 손실 가능성을 줄이거나 제거하는 방향으로 의사를 결정하고 행동하는 것이 바람직하다는 것이다. 삶에 존재하는 취약성을 인식해 그것을 강건하거나, 가능하면 반취약한 상태로까지 만들려고 한다면 성공적인 삶을 살 수밖에 없다. 이와 같이 손실 가능성을 없애는 행위들을 전문 용어로 '볼록 변환(convex transformation)'이라고 한다.

연봉은 만족스럽지 않지만 안정적으로 오래 일할 수 있는 직장에 들어가려고 애쓰는 것은 대표적으로 취약한 일이다. 거기에는 긍정적인 측면(upside)이 전혀 없다. 또 기대했던 것과는 달리 한창 나이에 퇴직을 강요당하기 쉽다.(정년이 60세인 줄 알고 들어갔는데 실은 그보다 오래 다닐 수 있더라는 말은 들어 본 적 없지만, 그 반대의 경우는 무수히 많다.) 그러한 노력은 그만두고, 작더라도 자신만의 사업을 시작해 훨씬 큰 부를 목표로 달려가는 것이 볼록 변환의 좋은 예다.

그러한 관점에서 보면, 위험 감수(risk taking)는 선택의 문제가 아니라 일종의 의무다. 자연에서는 의견이나 예측은 하찮은 일이고 오직 생존만이 중요하다. 볼록 변환을 달성하고 나면, 미래가 더 불확실할수록 양의 옵션성(optionality)이 더욱 발휘되고, 그로 인해 더 큰 성과를 거둘 수 있다.

이러한 성질은 삶에 매우 중요하다. 불확실성이 당신을 망하게 하기보다는 흥하게 하도록 해야 한다. 여기에 한 가지 덧붙이고 싶은 게 있다. 삶에는 '호르메시스(hormesis)'라는 성질이 있다는 점이다. 호르메시스는 "약간의 독이 결과적으로는 오히려 이익이 된다."라는 의미다. "좋은 약은 입에 쓰고, 바른말은 귀에 거슬린다."라는 말은 이러한 호르메시스의 다른 표현으로 이해할 수 있다.

여러 대상에 호기심을 가지는 것은 그 자체로 반취약하다. 이러한 태도는 미래의 불확실성을 두려워하기보다는 그 불확실성에서 혜택을 보려는 출발점이 될 수 있다. 그렇지만 당신이 가지고 있는 진정한 호기심과 선호는 사실 당신의 생각과 말로는 알 수 없고 오직 당신의 행동으로써만 알 수 있다. 즉 당신이 정말로 어떠한 사람인가는 삶에서 옵션과 선택을 마주했을 때만 드러난다. 자신에게 주어진 리스크를 회피하지 않고 의연하게 떠안는 모습에서 사람들은 일반적으로 감동을 받는다. 여기서 한 걸음 더 나아가 자기 자신만을 위해서가 아니라 다른 사람들을 위해 리스크를 지는 사람을 우리는 영웅이라고 부른다. 이들에 대한 존경은 사회가 바치는 일종의 보상인 셈이다. 다른 사람의 범주를 보편적 인류까지 확장할 수 있는 사람은 성인이나 순교자의 반열에 오른다.

삶을 반취약하게 만들기 위해서는 뭔가 새로운 것을 더하는 것이 아니라 있는 것을 버리는 것이 순리다. 이를 그리스정교회에서는 ‘부정의 길(via negativa)’이라고 불렀다. 16세기 이탈리아 조각가이자 건축가 미켈란젤로(Michelangelo Buonarroti)는 “다비드상을 어떻게 만들 수 있었느냐?”는 질문에 “간단해. 다비드가 아닌 모든 것을 제거해 버리면 돼.”라고 답했다.

어디 미켈란젤로만 그런 이야기를 했겠는가. 애플의 설립자이자 디지털 시대의 혁신가 스티브 잡스(Steve Jobs) 또한 비슷한 말을 남겼다. 사람들은 집중이라는 말의 의미가 집중하고 있는 대상에 대해 ‘예’라고 답하는 것이라고 생각했지만 잡스는 달랐다. 집중의 진정한 의미는 현재 집중하고 있는 대상과 비교할 만한 다른 수백 가지의 것들에 대해 철저하게 ‘아니요’라고 답하는 것이다. 즉 혁신이란 수천 가지의 대상에 대해 ‘아니요’라고 분명하게 말하는 것이다. 이러한 부정의 길은 영국 과학철학자 카를 포퍼(Karl Popper)가 유사 과학(pseudo science)과 진정한 과학(hard science)을 구별할 때, 진정한 과학에 도달하기 위해 필요로 했던 방법론과도 맥을 같이한다.

여기서 중요한 점은 반취약성은 오직 '실행'에 의해서만 달성할 수 있다는 점이다. 이론으로는 반취약성을 달성할 수 없다. 실행을 중시하고 그에 따른 결과에 책임을 지는 사람들은 결정을 내릴 때 행동의 결과, 즉 페이오프(payoff)에 집중한다. 반면, 결과에 책임을 지지 않는 책상머리 이론가들은 예측이 맞는지 틀리는지에 집중한다. 그렇기 때문에 그들은 취약하다. "경기는 끝나기 전까지 아직 끝난 것이 아니다."라는 말로 유명한 미국의 전설적인 야구 선수 요기 베라(Yogi Berra)는 야구 실력에 버금가는 핵심을 찌르는 말솜씨로도 알아줬다. 그중에 "이론적으로는 이론과 실제 사이에 차이가 없다고 하지만, 실제로는 있다."라는 명언도 있다.

모든 이론가가 자신이 내놓은 예측에 따르는 결과에 책임진다면 적어도 무책임한 예측으로 인한 취약성이 어느 정도는 줄 수 있을 것이다. 이에 관한 좋은 선례가 있다. 로마 제국에서는 다리가 완공되면 그 다리를 건설한 기술자를 그 밑에 서 있게 했다. 그 시대에 건설된 상당수의 다리들이 아직까지도 멀쩡히 남아 있는 것을 보면 이 방침은 확실히 효과가 있었다. 외적의 오랜 침입에 시달린 탓에 이론보다는 경험에 더 높은 가치를 부여할 줄 아는 실용적인 영국인들은 로마의 방침을 좀 더 보완했다. 기술자뿐 아니라 기술자 가족까지도 다리 밑에서 생활하게 한 것이다.

삶에 존재하는 불확실성을 감안컨대, '완충 장치'와 약간의 '중복'은 불필요해 보여도 사실 꼭 필요하다. 이는 여러 형태로 존재한다. 예를 들면 일에서 벗어나 온전한 휴식을 취할 수 있는 휴가, 급할 때 그 즉

시 사용할 수 있는 약간의 현금 같은 것들이다. 또 너무 엄격하고 엄밀한 것들은 그 자체로 취약하기 쉽다. 19세기 영국 물리학자 제임스 맥스웰(James Maxwell)은 엔진의 작동을 너무 철저하게 제어하려고 하면 그 시스템에 내재돼 있는 성질로 인해 오히려 더 불규칙하게 회전한다는 것을 수학적으로 증명했다.

여기서 우리가 잊지 말아야 할 것은 취약성과 반취약성의 궁극적인 리트머스 시험지는 시간과 역사라는 점이다. 취약한 것들은 결국 시간이 지나면 여지없이 그 성질을 드러내고 만다. 당신이 리스크를 회피하지 않으며 감내하고 당신의 운명에 대해 위엄을 가지고 맞서면, 그 어떤 것도 당신을 초라하게 만들 수 없다. 반대로 당신이 리스크를 감내하지 않는다면, 그 어떤 것도 당신을 위대하게 만들 수 없다. 결국 나를 비천하게 만들 수 있는 존재는 남이 아니고 오직 나뿐이다.

# 멱 법칙에서 프랙털기하학으로 나아간 망델브로

멱 법칙을 좀 더 일반화하면 '프랙털기하학'이라는 수학의 한 분야를 만나게 된다. 프랙털(fractal)은 '부수다'는 뜻의 라틴어 '프랑게레(frangere)'에서 나온 말로, '반듯한 가장자리가 없는 물체'를 뜻하는 단어다. 이러한 프랙털의 이론을 백지상태에서 시작해 정립한 사람은 브누아 망델브로(Benoît B. Mandelbrot)다.

망델브로는 1924년 폴란드 바르샤바에서 태어났다. 그의 아버지는 의류 판매업을 했고 어머니는 치과 의사였지만, 사실 망델브로 가문은 매우 학구적인 성향이었다. 삼촌 숄렘 만델브로이트(Szolem Mandelbrojt)는 1930년대 프랑스 수학계를 꽉 쥐고 있던 부르바키*(Bourbaki)의 일원이기도 했다. 유대인 집안이었던 망델브로 가족은 1936년 나치 독일의 폴란드 침공을 우려해 파리로 이민을 갔지만, 결국 1940년 프랑스가 독일에 항복함으로써 1944년 파리가 수복될 때까지 숨어 지내야 했다. 이런 이유로 망델브로는 정규 교육을 받지 못했다.

1945년 2차 세계대전이 종식되자 망델브로는 프랑스 최고 엘리트 교육 기관 에콜 폴리테크니크에 입학해 '쥘리아 집합'으로 유명한 가스통 쥘리아(Gaston Julia)와 폴 레비 밑에서 공부했다. 1947년부터 1949년까지 2년간 미국 캘리포니아 공과대학에서 항공공학으로 석사

* 부르바키 회원은 수학의 형식성과 엄밀성을 추구한 수학자들의 모임이었다.

과정을 밟고 다시 프랑스로 돌아와 1952년 파리 대학에서 수리과학으로 박사 학위를 받았다. 1958년에는 IBM 연구원이 되면서 아예 미국 시민이 됐다. 망델브로는 처음에는 신호와 잡음 사이의 관계를 연구하면서 그 사이에 일정한 구조가 존재한다는 것을 깨달았다. 이 구조가 프랙털이다.

우연히 경제학에 손을 대다

망델브로가 경제학 분야에 손을 대기 시작한 계기에 대한 재미있는 일화가 있다. 망델브로는 소득 분포에 대한 실제 데이터를 가지고 파레토 법칙이 성립하는지 확인하는 일을 일종의 부업 삼아 했는데, 1961년 하버드 대학의 한 경제학 교수의 초청으로 자신의 연구 결과를 소개하는 강연을 하게 됐다. 강연이 예정된 강의실에 들어서자마자 망델브로는 깜짝 놀랐다. 자신이 발표하려는 내용과 동일한, 로그로 나타낸 그래프가 칠판에 그려져 있었던 것이다. 초청한 교수에게 어떻게 발표 내용을 미리 알았느냐고 묻자, 그 교수는 이해가 안 된다는 표정을 지었다. 알고 보니, 칠판에 그려진 로그로 나타낸 그래프에서 직선, 즉 멱 법칙의 대상은 망델브로가 발표하기로 예정돼 있던 소득 분포가 아니라 시카고상품거래소에서 거래되는 면화 가격이었다.

그 교수는 당시의 표준적인 금융학 이론에 따라 면화의 수익률이 정규 분포를 따를 것이라고 생각해 실제 데이터로 입증해 보려고 했으나 도저히 원하는 결과가 나오지 않자 막 집어치우려던 참이었다. 망델브로는 직관적으로 면화 가격 데이터가 멱 법칙을 따른다는 것을 깨달았고, 이 주제가 더 이상 논문거리가 되지 못한다고 생각한 그 교수로부터 모든 데이터를 넘겨받았다. 망델브로는 면화 가격이 레비 안정 분포를 따른다는 것을 알아차렸다. 흥미가 생긴 그는 다른 원자재들과 주식, 외환, 채권 등 다양한 금융 자산에 대해서도 분석을 수행했다. 그런데 놀랍게도 모든 자산이 예외 없이 레비 안정 분포를 갖는다는 사실을 발견했다.

혹시 그 데이터들이 특정한 짧은 시기에 수집된 것일 수도 있지 않을까? 그렇지 않았다. 망델브로가 분석한 데이터는 두 차례의 세계대전과 남북 전쟁의 시기를 모두 포함한 1816~1940년의 100년이 넘는 기간에 걸쳐 얻은 것이었다. 이러한 연구 결과가 발표되자 학계에서는 엄청난 관심을 보였다.

심지어 망델브로는 1963년 당시 시카고 대학 경영대학원장이었던 조지 슐츠(George Shultz)로부터 교수직을 제안받기도 했다. 그런데 그러고 나서 얼마 지나지 않은 어느 날 저녁, 망델브로는 슐츠에게 한 통의 전화를 받았다. 교수직 제안을 취소한다는 내용이었다. 그리고 마치 망델브로를 제외한 세상 사람들이 서로 약속이라도 한 듯 망델브로의 발견은 일종의 금기가 돼 경제학계에서 더 이상 언급되지 않았고 잊힌 사실이 돼 버렸다. 왜 금기시됐을까?

경제학계에 염증을 느끼고 프랙털의 세계로 이동하다

금융 변수들이 레비 안정 분포를 따른다는 사실을 인정하게 되면,

● 레비 안정 분포의 변수를 알파라고 하는데, 알파가 2인 경우에만 정규 분포가 되고, 그 외의 경우에는 보통의 레비 안정 분포가 된다. 면화 가격의 경우는 그 알파가 1.7 정도에 불과했다.

자산 수익률의 표준 편차가 무한대가 되어 정의 자체가 안 된다는 것을 받아들여야 한다. 그런데 그렇게 되면 1950년대 현대 포트폴리오 이론을 시발점으로 해 새로운 과학으로 자리매김해 가고 있던 금융론의 성과가 모두 무의미해지게 된다. 그러니 경제학계는 이를 도저히 받아들일 수 없었던 것이다.

결국 적잖은 염증을 느낀 망델브로는 경제학에서 손을 떼고 프랙털 기하학을 정립하는 데 에너지를 쏟기 시작했다. 그는 1967년 「영국의 해안선 길이는 어떻게 되는가(How Long Is the Coast of Britain? Statistical Self-Similarity and Fractional Dimension)」라는 논문을 《사이언스(Science)》에 발표하면서 프랙털 차원의 개념을 소개했다. 그리고 기하학적으로 프랙털이 어떻게 보이는지에 대한 많은 연구 결과들을 내놨다. 프랙털이라는 용어는 물론 망델브로가 1975년에 처음 만든 것이다.

망델브로는 1987년 IBM을 퇴사하고 예일 대학에서 수학과 교수를 지내다가 2005년에 은퇴했다. 그리고 5년 뒤인 2010년 세상을 떠났다.

미래의 불확실성에 대처하는 탈레브의 반취약성

반취약성은 나심 탈레브(Nassim N. Taleb)가 주창한 개념이다. 학계에서는 그의 이름을 아예 들어 본 적이 없는 경우도 적지 않을 것이다. 반면 세계 금융계의 최전선에서 금융 실무를 직접 수행하던 사람들에게 그는 동료이자 전문가, 선구자였고, 급기야는 '불확실성의 철학자' 반열까지 올랐다.

탈레브는 1960년 레바논에서 그리스정교회를 믿는 프랑스 국적의 부모 밑에서 태어났다. 아버지는 종양학자면서 의사이자 인류학자였고, 외가는 레바논의 전임 부총리를 여러 명 배출한 집안이었다. 탈레브는 유복하고 영향력 있는 환경에서 자랐지만, 레바논의 지정학적 상황과 내전 등으로 인해 가세가 기우는 것을 지켜봐야만 했다. 탈레브는 파리 대학에서 학사와 석사를 마치고 펜실베이니아 대학 와튼 경영대학원에서 MBA를 받은 후 다시 파리 대학으로 돌아와 경영과학으로 박사 학위를 받았다. 탈레브는 박사 학위 논문에서 파생거래의 가격 결정에 대한 수학적 내용을 다뤘다.

탈레브는 박사 학위 후 비정형 옵션을 거래하는 트레이더로 경력을 쌓기 시작했다. 지금은 도이체방크에 합병돼 사라진 뱅커스트러스트에서 차익 거래를 맡았고, 비엔피파리바에서 자기 자본 트레이더로 일했다. 그 외에도 앵도수에즈은행, 퍼스트보스턴, 크레디스위스, 유비에스 등을 거쳤다. 이후 자신의 헤지 펀드를 설립해 운용을 계속해

왔으며, 2006년부터는 대학 교수로도 활동하고 있다. 그가 거친 학교로는 옥스퍼드 대학, 런던 경영대학원, 매사추세츠 애머스트 대학, 뉴욕 대학 쿠랑 연구소, 뉴욕 폴리테크닉대학 등이 있다.

남다른 혜안을 보여 주는 저술들

탈레브는 1997년 『동적 헤징(Dynamic Hedging)』이라는 첫 책을 출간했다. 이 책은 굉장히 기술적이면서 기묘한 책으로, 파생거래에 대한 모든 책 중에서 가장 독보적이다. 파생거래를 다룬 책은 대개 두 부류로 나뉜다. 파생거래 트레이딩을 실제 해 본 적이 없는 이들이 수학적, 물리적 지식을 과시하듯 써 놓은 부류와, 현장에서 실제로 거래를 수행하는 사람들이 이런저런 시장의 관행을 나열한 부류다.

그런데 이 책에서는 수학적 측면과 실제 트레이딩에서 발생하는 실행의 문제를 결합해 제시했다. 내가 2005년 비정형 옵션 트레이더로 일하면서 이 책을 읽었을 때는 입을 다물지 못할 정도로 깊은 인상을 받았다. 실제로 돈을 잃어 가며 배운 너무나 귀중한 노하우들이 적나라하게 설명돼 있었기 때문이다. 참고로 트레이더들은 그러한 노하우를 자신의 밑에서 도제식으로 수련하고 있는 몇몇 트레이더에게만 전수할 뿐 어느 누구에게도 말해 주지 않는다. 그런데 탈레브는 그러한 주제에 관심을 가지고 있는 사람이라면 누구나 습득할 수 있도록 이 책에 낱낱이 밝혀 놨다.

파생거래의 트레이딩과 리스크 관리에 대해 최고 수준의 전문가로만 인식되던 탈레브는 2001년 『무작위성에 희롱당하다(Fooled by Randomness)』라는 책을 내놓으며 다시 한 번 사람들을 놀라게 했다.

한마디로 이 책은 투자은행과 금융 회사, 투자자, 트레이더, 리스크 관리자 등이 등장하는 일종의 소설이었다. 제목에서 알 수 있듯이, 탈레브는 무작위성과 확률, 불확실성, 운, 리스크 같은 주제를 소설과 수필의 형식을 빌려 그만의 비꼬는 어법으로 현란하게 써 내려갔다.

탈레브는 파생 트레이더와 헤지 펀드 매니저로서 미래의 불확실성에 노출된 채 매일매일 엄청난 이익과 손실에 직면해 왔다. 그렇기 때문에 앞의 개념들에 대해 누구보다도 심각하고 진지하게 고민해 왔다. 금융론은 과학연하는 이론과 도구 들을 통해 미래의 리스크를 관리하고 통제할 수 있는 것처럼 이야기한다. 실제 금융 시장에는 제어 불가능한 '운'에 의해 좌우되는 경우가 너무 많다는 것을 절감한 그는 이 책을 통해 다음과 같은 이야기를 하려고 했던 것으로 보인다. "모든 것은 당신이 생각하는 것보다 조금 더 무작위하고 불확실하다."

그러던 탈레브가 2007년 초 『블랙 스완(The Black Swan)』이라는 책을 내놓을 것이라고 누가 상상이나 했을까. 이 책으로 탈레브는 대중적으로 유명해졌다. 책의 출간 시점 또한 참으로 절묘했다. 책의 한 부분에 미국 서브프라임 모기지 위기를 경고하는 내용이 있었는데, 책이 출간되고 채 몇 달이 지나지 않아 실제 그 문제가 불거지면서 전 세계적인 금융 위기가 시작됐다. 사실, 서브프라임 위기를 경고한 부분은 잠깐 하나의 사례로 언급한 것에 불과했고, 귀납적 진리 체계가 가지는 한계와 이에 관련된 확률 개념의 문제점을 굉장히 진지하고 지루할 정도로 논한 것이 주된 내용이었다. 『무작위성에 희롱당하다』를 내고 6년 동안 생각이 더 많아졌고, 전작의 우회적인 서술만으로는 세상의 잘못된 인식과 관행을 바꾸지 못할 것이라는 판단에 논증이 길게 이어지는 이론적인 책을 쓰게 됐을 것이다. 이 책의 내용을 한마디로 요약하면 이렇다. "드문 일의 확률을 계산하고 예측하는 것은 전적으로 부질없다."

2010년에는 고대 아포리즘 형식을 빌려 그동안 자신이 천착해 왔던 주제들을 논한 『프로크루스테스의 침대(The Bed of Procrustes)』를 펴냈고, 2012년에는 기존의 그의 사상에서 한 발 더 나아간 『반취약성(Antifragile)』을 내놓으며 사상적으로 완전히 일가를 이뤘다. 그에게 "불확실성의 철학자"라는 칭호를 붙여 주는 것이 전혀 아깝지 않다.

미래의 불확실성은 반취약성 철학으로 대처하라

탈레브의 반취약성 이론은 금융 시장에서 실제로 성립하는지 아닌지를 고민해야 하는 정도의 이론이 아니라, 금융 시장에서 맞닥뜨리게 되는 불확실성과 리스크를 어떻게 통제하고 대비할 수 있을 것인가에 대한 철학적 방향을 제시하는 지침과도 같다.

이러한 반취약성 철학의 결론은 '파스칼의 내기(Pascal's Wager)'라고 알려져 있는 논증을 연상시킨다. 17세기 프랑스 수학자이자 철학자 블레즈 파스칼(Blaise Pascal)은 사교계의 총아로서 20대를 방탕한 생활을 하며 보냈다. 확률론을 수립한 것도 도박을 위해서였다. 하지만 30대 들어 가톨릭에 귀의해 독실한 신자가 됐다. 그런 그가 하느님이 존재할 것인가에 대한 새로운 논증을 내놨는데, 이것이 바로 '파스칼의 내기'라고 불리는 것으로 그 내용은 다음과 같다.

하느님은 존재하거나 존재하지 않거나 둘 중 하나다. 그런데 내가 하느님을 믿고 하느님이 존재하면 그로부터 얻을 수 있는 이득은 무한대이고, 하느님을 믿었지만 하느님이 존재하지 않는 경우의 손실은 제한적이다. 하지만 반대로 하느님을 믿지 않고 하느님이 존재하지 않는 경우의 이익은 제한적인 반면, 하느님을 믿지 않고 하느님이 존재하는 경우의 손실과 처벌은 음의 무한대가 될 것이다. 그렇기 때문에 하느님이 존재하느냐 하지 않느냐의 확률에 구애받지 말고 그 결과를 보고 하느님을 믿는 편이 현명하다. 즉 하느님을 믿으면 잘되면 무한대의 이득이고 못 돼도 큰 손실은 아닌 반면, 하느님을 믿지 않으면 잘돼 봐야 신통치 않은 이익인 데 반해, 못 되면 무한대의 손실을 보게 되니, 믿는 편이 현명한 것이다.

이와 유사하게 반취약성 철학은 확률보다는 발생할 수 있는 결과의 경중에 집중하라고 조언한다. 그렇게 하는 것이 왜 더 바람직한가를 기술적으로 증명할 수도 있다. 확률은 0과 1 사이의 값만 가질 수 있기 때문에 유계적(bounded)이지만, 결과의 경중은 무계적(unbounded)이기 때문에, 무계적인 것에 집중하는 편이 더 현명하다는 것이다.

반취약성 철학의 또 다른 사상적 원류는 고대 로마 시대의 금욕주의자라고 할 수 있다. 로마 황제 네로의 선생님이었던 세네카(Lucius Annaeus Seneca)가 대표적인 인물이다. 세네카의 핵심적인 사상은 세상의 운과 불운에 휘둘려 충동과 감정에 휩싸이는 것은 해가 되므로 이러한 정념을 피하고 마음의 평정을 유지하라는 것이다. 세상의 불확실성으로 인해 정신적으로 휘둘리지 말고, 욕망을 줄이고, 어떠한 경우가 발생하더라도 스스로의 품위를 잃지 말라는 세네카의 사상은 정신적인 관점에서의 강건성 혹은 반취약성을 이야기하는 것으로 볼 수 있다.

시행착오 방식은 이론과 과학의 세계에서는 그다지 높은 대접을 받고 있지 않지만, 반취약성 철학을 실제에 적용함에 있어서 매우 중요한 역할을 맡는 접근법이다. 어떤 의미로는 이론과 과학은 취약한 것인 반면, 경험과 기술은 강건하거나 반취약한 것이다. 과학의 이론은 서로 경쟁하는 관계에 있고, 어느 하나가 이기면 나머지는 폐기돼야 한다.

그런데 한때는 과학적 진리라고 인정받은 이론이 과학의 패러다임이 바뀌면 하루아침에 더 이상 진리가 아닌 것이 되는 일이 벌어졌다. 그렇기 때문에 과학과 이론은 취약할 수밖에 없다. 또 실제의 세상은 이론과는 어떤 식으로든 다르기 마련인데, 이론을 완벽한 것으로 간주해 실제의 세상에서 이를 극단까지 밀어붙이게 되면 반드시 실패에 이르게 되니 그러한 측면으로도 취약하다.

여기서 한 가지 주의를 환기할 필요가 있는 부분이 있다. 이론으로 무장한 금융의 해설가(postdictor)가 금융의 예측가(predictor)보다 똑똑해 보이지만, 결과적으로는 별반 다를 바 없는 존재들이라는 점이다. 이미 벌어진 일의 원인을 이런저런 것으로 해석하고 해설하는 것은 미래에 어떻게 될 것이라고 예측하는 것보다 훨씬 쉬운 일이다. 하지만 그 해설가가 예측을 하게 하면 결과는 대동소이하다. 미래의 불확실성 자체가 누가 무슨 말을 하든 달라지는 것은 아니기 때문이다.

미래의 불확실성을 대하는 방식에 있어서 반취약성 철학과 7장에서 이야기한 옵션 가격 결정 이론을 비교해 보는 것도 의미가 있다. 옵션 가격 결정 이론에서 사용된 동적 헤징은 미시적 수준에서 불확실성에 대처하는 것이 목표이며, 그 결과로 한시적 강건성을 달성하고자 한다. 앞에서도 언급했지만, 이 방법은 완벽하지 않고 때때로 큰 규모의 변동성이 덮치면 큰 실패를 겪게 된다. 한편, 반취약성 철학은 거시적 수준에서 불확실성에 대처하는 것이 목표이며, 그 결과로 보편적인 반취약성을 달성하고자 한다. 궁극적으로 어느 것이 더 우월할지는 분명해 보인다.

해마다 성탄절 무렵이면 스크루지 영감에 관한 영화가 텔레비전에서 지겹게 나온다. 스크루지 영감은 돈을 벌 줄만 알고 쓸 줄은 전혀 모르는 몰인정한 구두쇠였는데, 어찌나 지독했던지 거지들도 스크루지에게는 동전 한 닢도 구걸하지 않았다. 심지어 맹인의 안내견들조차도 스크루지를 피해 뒷골목으로 자신들의 주인을 이끌었다.

크리스마스 전날 밤, 스크루지는 꿈을 꿨다. 꿈속에서 스크루지는 자신의 과거와 현재 모습, 그리고 미래의 자신이 죽은 모습을 보게 된다. 생전에 그토록 많은 재산을 모았지만, 그의 장례식에 참석한 사람들은 오직 점심을 얻어먹으려는 극소수의 사람들뿐이었고, 자신의 청소부와 하녀 그리고 동네 장의사조차 그의 시체를 내팽개친 채 그의 물건을 훔쳐 장물아비에게 팔 뿐이었다. 다음 날 아침, 잠에서 깬 스크루지는 큰 충격을 받았다. 이후 그는 개과천선해 자선을 베풀고 조카의 월급을 올려 주고, 비로소 행복을 느끼기 시작한다.

이 이야기는 영국 소설가 찰스 디킨스(Charles Dickens)의 소설 『크리스마스 캐럴(A Christmas Carol)』(1843)이 원작이다. 디킨스는 이 작품을 통해 자본주의 초창기 영국 자본가들의 탐욕을 비웃고 인간답게 사는 방법을 이야기하고자 했다. 이 이야기의 스크루지처럼 돈을 어떻게 쓸 것인가의 문제는 문학과 소설의 영역이기도 하고, 세상을 살아가는 가치관이 담겨 있는 것이므로 철학의 문제이기도 하고, 또 이웃과 내 재산의 관계를 어떻게 설정할 것인지에 관한 사회학과 윤리학의 문제이기도 하다.

당연히 돈을 불리기보다 그렇게 불린 돈을 어떻게 쓰느냐가 더 중요한 일이다. 그러나 그것은 지금의 내가 이야기할 수 있는 영역은 아니다. 언제가 될지는 모르겠지만 문학과 철학과 사회학과 윤리학을 아우르는, '돈을 어떻게 쓸 것인가'라는 책을 한참 후에라도 쓸 수 있게 되기를 소망한다.

권오상 지음, 『금융의 대량살상무기』, 탐진, 2013.

권오상 지음, 『기업은 투자자의 장난감이 아니다』, 필맥, 2013.

권오상 지음, 『파생금융 사용설명서』, 부키, 2013.

권오상 지음, 『노벨상과 수리공』, 미래의창, 2014.

니얼 퍼거슨 지음, 김선영 옮김, 『금융의 지배』, 민음사, 2010.

댄 애리얼리 지음, 장석훈 옮김, 『상식 밖의 경제학』, 청림출판, 2008.

데이비드 오렐 지음, 김원기 옮김, 『경제학 혁명』, 행성B웨이브, 2011.

로버트 쉴러 지음, 이강국 옮김, 『이상과열』, 매일경제신문사, 2003.

로버트 쉴러 지음, 정지만·황해선·도은진 옮김, 『새로운 금융질서』, 민미디어, 2003.

로저 로웬스타인 지음, 이주형 옮김, 『버블의 기원』, 동방미디어, 2004.

리처드 세일러 지음, 최정규·하승아 옮김, 『승자의 저주』, 이음, 2007.

마르크 블로그 지음, 연태훈·옥우석 옮김, 『위대한 경제학자들』, 동인, 1994.

백성호 지음, 『현문우답』, 중앙북스, 2011.

스티븐 랜즈버그 지음, 이무열 옮김, 『발칙한 경제학』, 웅진지식하우스, 2008.

안청시·정진영 지음, 『현대 정치경제학의 주요 이론가들』, 아카넷, 2003.

에릭 바인하커 지음, 정성철·안현실 옮김, 『부의 기원』, 랜덤하우스코리아, 2007.

월터 블록 지음, 이선희 옮김, 『디펜딩 더 언디펜더블』, 지상사, 2007.

윌리엄 파운드스톤 지음, 김현구 옮김, 『머니 사이언스』, 도서출판 소소, 2006.

장영재 지음, 『경영학 콘서트』, 비즈니스북스, 2010.

조지 애커로프·로버트 쉴러 지음, 김태훈 옮김, 『야성적 충동』, 랜덤하우스, 2009.

조하현·이승국 지음, 『카오스와 금융시장』, 세경사, 2002.

존 케네스 갤브레이스 지음, 장상환 옮김, 『경제학의 역사』, 책벌레, 2002.

폴 스트레턴 지음, 김낙년·천병윤 옮김, 『세계를 움직인 경제학자들의 삶과 사상』,

몸과마음, 2002.

폴 크루그먼 지음, 김이수 옮김, 『우울한 경제학자의 유쾌한 에세이』, 부키, 2002.

피터 번스타인 지음, 안진환·김성우 옮김, 『리스크』, 한국경제신문사, 1997.

Akerlof, George and Rachel E. Kranton, *Identity Economics*, Princeton University Press, 2010.

Ashley, Gerald, *Uncertainty and Expectation: Strategies for the Trading of Risk*, Wiley, 2003.

Bertoin, Jean, *Levy Processes*, Cambridge University Press, 1996.

Bodek, Haim, *The Problems of HFT*, Decimus Capital Markets, 2013.

Boer, F. Peter, *The Real Options Solution*, Wiley, 2002.

Bookstaber, Richard, *A Demon of Our Own Design*, Wiley, 2007.

Borge, Dan, *The Book of Risk*, Wiley, 2001.

Bossaerts, Peter, *The Paradox of Asset Pricing*, Princeton University Press, 2002.

Bouchaud, Jean-Phlippe and Marc Potters, *Theory of Financial Risk and Derivative Pricing: From Statistical Physics to Risk Management*, 2nd edition, Cambridge University Press, 2003.

Brown, Aaron, *Red-Blooded Risk: The Secret History of Wall Street*, Wiley, 2011.

Brown, Aaron, *The Poker Face of Wall Street*, Wiley, 2006.

Chew, Donald H., *Corporate Risk Management*, Columbia Business School Publishing, 2008.

Cover, Thomas M. and Joy A. Thomas, *Elements of Information Theory*, Wiley-Interscience, 2006.

Davis, Mark and Alison Etheridge, *Louis Bachelier's Theory of Speculation*, Princeton University Press, 2006.

Derman, Emanuel, *My Life as a Quant: Reflections on Physics and Finance*, Wiley, 2004.

Duffie, Darrell, *Dynamic Asset Pricing Theory*, 3rd edition, Princeton University Press, 2001.

Dunbar, Nicholas, *Inventing Money*, Wiley, 2000.

Easley, David and Jon Kleinberg, *Networks, Crowds, and Markets*, Cambridge University Press, 2010.

Falkenstein, Eric G., *Finding Alpha: The Search for Alpha When Risk and Return Break Down*, Wiley, 2009.

Falkenstein, Eric G., *The Missing Risk Premium: Why Low Volatility Investing Works*, CreateSpace Independent Publishing Platform, 2012.

Fama, Eugene, "Efficient Capital Markets: A Review of Theory and Empirical Work", *Journal of Finance*, 1970, 25(2), pp. 383-457.

Fama, Eugene and Kenneth R. French, "The Cross-Section of Expected Stock Returns", *Journal of Finance*, 1992, 47(2), pp. 427-465.

Fosberg, Richard H., "A Test of the M&M Capital Structure Theories", *Journal of Business & Economics Research*, 2010, 8(4), pp. 23-28.

Fox, Justin, *The Myth of the Rational Market*, Harper Business, 2009.

Graham, Benjamin and David Dodd, *Security Analysis: The Classic 1934 Edition*, McGraw-Hill, 1996.

Guthrie, Graeme, *Real Options in Theory and Practice*, Oxford University Press, 2009.

Hazlitt, Henry, *Economics in One Lesson*, Three Rivers Press, 1979.

Krugman, Paul, *The Conscience of a Liberal*, Norton, 2007.

Kwon, Ohsang, , "Hedge Funds' Long-Short Strategy", *The Korean Journal of Financial Engineering*, 2012, 11(3), pp. 139-162.

Johnson, Neil F., Paul Jefferies and Pak Ming Hui, *Financial Market Complexity: What Physics Can Tell Us About Market Behaviour*, Oxford University Press, 2003.

Joshi, Mark, *The Concepts and Practice of Mathematical Finance*, Cambridge University Press, 2003.

Levitt, Steven D. and Stephen J. Dubner, *Freakonomics*, Penguin Allen Lane, 2005.

Lowenstein, Roger, *When Genius Failed: The Rise and Fall of Long-Term Capital Management*, Random House, 2001.

Mackenzie, Donald, *An Engine, Not a Camera: How Financial Models Shape Markets*, MIT Press, 2006.

MacLean, Leonard C., Edward O. Thorp and William T. Ziemba, *The Kelly Capital Growth Investment Criterion: Theory and Practice*, World Scientific Publishing Company, 2011.

Malkiel, Burton G., *A Random Walk Down Wall Street*, W. W. Norton & Company, 1973.

Mallaby, Sebastian, *More Money than God*, Penguin Press, 2010.

Mandelbrot, Benoit B. and Richard L. Hudson, *The (Mis)Behaviour of Markets*, Profile Books, 2004.

Mandelbrot, Benoit B., *The Fractalist: Memoir of a Scientific Maverick*, Pantheon, 2012.

Mankiw, N. Gregory, *Intermediate Macroeconomics*, Palgrave Macmillan, 2010.

McCauley, Joseph L., *Dynamics of Markets: Econophysics and Finance*, Cambridge University Press, 2004.

Mehrling, Perry, *Fischer Black and the Revolutionary Idea of Finance*, Wiley, 2005.

Miller, Ross M., *Experimental Economics*, Wiley, 2002.

Modigliani, Franco and Merton Miller, "The Cost of Capital, Corporation Finance and the Theory of Investment", *American Economic Review*, 1958, 48(3), pp. 261-297.

Modigliani, Franco and Merton Miller, "Corporate Income Taxes and the Cost of Capital: A Correction", *American Economic Review*, 1963, 53(3), pp. 433-443.

Neftci, Salih N., *An Introduction to the Mathematics of Financial Derivatives*, 2nd edition, Academic Press, 2000.

Neftci, Salih N., *Principles of Financial Engineering*, Elsevier, 2004.

Ormerod, Paul, *Butterfly Economics*, Faber and Faber, 1998.

Page, Scott E., *Diversity and Complexity*, Princeton University Press, 2011.

Patterson, Scott, *The Quants: How a New Breed of Math Whizzes Conquered Wall Street and Nearly Destroyed It*, Crown Business, 2010.

Patterson, Scott, *Dark Pools*, Crown Business, 2012.

Pompian, Michael M., *Behavioral Finance and Wealth Management*, Wiley,

2006.

Ries, Eric, *The Lean Startup*, Crown Business, 2011.

Ross, Stephen A., Randolph W. Westerfield, and Jeffrey Jaffe, *Corporate Finance*, 6th ed., McGraw Hill, 2001.

Rubinstein, Mark, *A History of the Theory of Investments*, Wiley, 2006.

Savage, Sam. L, *The Flaw of Average*, Wiley, 2009.

Schelling, Thomas C., *Micromotives and Macrobehavior*, W. W. Norton & Company, 1978.

Schwed, Fred Jr., *Where are the Customers' Yachts?*, Wiley, 1940.

Shleifer, Andrei, *Inefficient Markets: An Introduction to Behavioral Finance*, Oxford University Press, 2000.

Sornette, Didier, *Why Stock Markets Crash: Critical Events in Complex Financial Systems*, Princeton University Press, 2004.

Taleb, Nassim Nicholas, *Fooled by Randomness: The Hidden Role of Chance in the Markets and in Life*, Texere, 2001.

Taleb, Nassim Nicholas, *The Black Swan: The Impact of the Highly Improbable*, Random House, 2007.

Taleb, Nassim Nicholas, *Antifragile: Things that Gain from Disorder*, Random House, 2012.

Thorp, Edward O., *Beat the Dealer*, Vintage, 1966.

Trigeorgis, Lenos, *Real Options*, MIT Press, 2000.

Voit, Johannes, *The Statistical Mechanics of Financial Markets*, Springer, 2005.

Weatherall, James Owen, *The Physics of Wall Street*, Houghton Mifflin Harcourt, 2013.